MICROTF

小趋势²

复杂世界中的微变量

MARK PENN　MEREDITH FINEMAN

[美] 马克·佩恩　[美] 梅勒迪斯·法恩曼　著

曲磊　译

中信出版集团·北京

图书在版编目（CIP）数据

小趋势 . 2 /（美）马克·佩恩，（美）梅勒迪斯·法
恩曼著；曲磊译 . -- 北京：中信出版社，2019.1（2019.4重印）
　书名原文：MICROTRENDS SQUARED
　ISBN 978-7-5086-7464-3

　I. ①小… 　II. ①马… ②梅… ③曲… 　III. ①世界经
济-经济发展趋势-研究 Ⅳ . ① F 113.4

　中国版本图书馆 CIP 数据核字（2018）第 266212 号

小趋势 ²

著　者：[美] 马克·佩恩 　[美] 梅勒迪斯·法恩曼
译　者：曲 磊
出版发行：中信出版集团股份有限公司
　　　　　（北京市朝阳区惠新东街甲 4 号富盛大厦 2 座 　邮编 100029）
承 印 者：北京楠萍印刷有限公司

开　本：787mm×1092mm 　1/16　　印　张：21.5　　字　数：272 千字
版　次：2019 年 1 月第 1 版　　　　印　次：2019 年 4 月第 3 次印刷
京权图字：01-2018-8250　　　　　广告经营许可证：京朝工商广字第 8087 号
书　号：ISBN 978-7-5086-7464-3
定　价：59.00 元

目　录

序言

　　我们身处一个不同寻常的时代，数字和事实同预感、信仰和观点相比不值一提。我之所以在 2007 年开始《小趋势》一书的创作，是因为在表象之下，在我们眼前，有很多细微的变化正在发挥着巨大的影响。要发现这些小趋势，我们不妨采取这样一种方法：对于那些不同寻常的新发展，我们需要进行数据核实，记录变化和起因，然后判断其可能产生的影响。一些小趋势会给企业主带来红利：一家服装生产厂商可以重新改造服装生产线，以适应那些为保护自己孩子免受阳光曝晒而肯下血本的家长的需求。吉姆·克莱默在其主持的电视节目中花了一周的时间来介绍《小趋势》一书，他向投资者详述了书中所阐述的小趋势对他们的意义。英国保守党则根据该书的提议为分居的伴侣们提供免税政策。世界经济论坛则为新兴的小趋势举行了专题讨论会。莫琳·多德在专栏文章中写道："我本身就代表了一种小趋势。"这恰好表明她自己就属于那些缺乏主见的精英中的一员。

　　十年后，在世界迎来新的发展变化之际，我已着手《小趋势 2》的创作，以期阐明正在出现且汇聚在一起对我们的社会产生颠覆性影响的这些新势力。虽然这些新势力表面上看起来很令人费解，但是我们如果深入探究，就会从乱象中洞悉这些明显趋势和变化的轮廓，尽管很多趋势和变化是大相径庭的。当千禧一代羽翼渐丰时，被遗忘的一代也在重申其权力。当脱离实际的"书呆子政治"失败后，务实的态度再一次为人们所推崇。当美国的城市在重新振兴时，乡村地区的选民则卷土重来。

当硅谷和新经济腾飞时，愤怒的传统经济的选民们在大声疾呼。尽管科技的发展给予我们更多的选择，但我们自己一直吝于做出选择，反而蜗居于自己的安乐之所。当我们追求更加健康的饮食时，蛋白质则成了一种人们竞相追捧的食品。与此同时，全球化和科技继续朝着新方向迅猛发展，如果我们不知道如何控制某些发展，以及如何让它们变得更加透明，我们就可能遭受到毁灭性的打击。

如果你正在为自己经历的这些颠覆性发展寻求一个简单的解释，那么你将无功而返。因为这些颠覆性发展是发生于瞬间的一系列复杂变化的结果。但是，如果你想洞察正在发生的是什么、发生的原因以及我们需要做什么来阻止这些趋势所带来的某些危险，那么你和我写作此书的目的不谋而合。我希望你也能发现并思考一些新的商业理念、社会趋势以及对我们如何调整我们的生活方式以适应 21 世纪的发展所需要的清晰的解释。通过回顾引起社会变化的一些主要势力，我在本书的开篇如实地描写了一些小趋势。在本书的末尾，我也推荐了我个人认为我们有必要采纳的一些具体的对策。

我们也回顾了一些传统的小趋势，因为随着时间的推移，它们的重要性会日益凸显。在美国，非法移民（那些正在不断发展壮大的非法移民）的势力变得更加强大，并形成了一股政治力量。通过网恋而步入婚姻殿堂的现象已司空见惯，这对社会阶层的维护或融合都有深远的影响。受过教育的精英分子在做出某项决定时不是基于证据而是依据其在《纽约时报》和有线电视中所看到的观点，这种做法的危险性愈发严重，它使得我们的代议制民主本末倒置。

在这些发展之外，我还担心的是，如今的一些明显的事实被忽略了，而且某些人在对其描述时故意迎合公众的喜爱。在脸书网耗费 10 万美元进行的广告宣传（其实大部分发生于 2016 年的美国大选结束后），在某种程度上被认为对总花费高达 24 亿美元的美国总统选举造成了影响。一次又一次的民意调查显示，越来越多的人尽管没有真凭实据，也宁愿相信俄罗斯插手了美国总统选举。而正确的做法恰恰相反，人们应该掌握真凭实据，而不是凭空相信某件事情的真实性。这表明我们正在进入一个危险期，公众总是能够被一些后来被证明是错误的热门话题信息煽动。而本书的强大基石就是我们以事实为依据来形成观点，而不是用观点去蒙蔽事实。

我想借此机会感谢本书的合作者，梅勒迪斯·法恩曼，感谢她对本书做出的不懈努力，她的努力让本书得以准时完成，她还对我提出的所有观点进行了认真的扩展。我还要感谢我的研究员阿米莉亚·肖沃尔特，感谢她在本书数据和背景资料的搜集中所做的卓越工作。我感谢她们对本书所做的热忱奉献和辛勤付出。我希望这些新趋势对诸位能有所启发，从而帮助你们发现未来将要出现的小趋势。

导言　当今变化的构成要素

小趋势的力量

我们生活在一个由小趋势构成的世界里。我们的世界由细微但通常又对立的人类行为模式驱动,这些行为模式看起来并不起眼,但产生的影响却不可估量。这些行为模式被称为小趋势,而在我们的世界里,这些小趋势随处可见。它们共同组成了一幅具有全球性意义的印象派画作,只有当我们后退一步,用一种整体性的眼光来审视这幅画时,我们方能识得其庐山真面目。这些小趋势在过去十年里变得更具影响力——它们已经初见端倪,甚至开始颠覆我们的社会。

十年前,当我在《小趋势》一书中第一次指出这些变化模式时,我看到整个世界充满了机遇。对小趋势如何给我们带来一个充满个性化产品的新世界,以及在华盛顿哥伦比亚特区如何带来让人耳目一新的一流政治选择时,我表现得过于乐观了。当然,最后的结果并不是我想象的那样。

相反,信息化时代已让位于虚假信息横行的伪信息时代。

这个建立在言论自由基础上的国度正在为如何在这样一个充斥着网络暴民的时代维护言论自由而做着努力。

我们对美国经济所持有的乐观态度,伴随着2008年那场突如其来的金融危机烟消云散了,而在过去的十年里,美国经济复苏速度史上最低。直到今天,美国的经济才算真正地在复苏。

数量空前的消费者选择非但没有帮助更多的创业公司崛起，反而助长了少数互联网企业的垄断地位，这些互联网企业通过搜集消费者的信息不断地积蓄力量，消费者在信息时代往往是心甘情愿地提供自己的信息，却对自己的信息被搜集一事毫不知情。

在年轻时表现叛逆的老一代人，却旗帜鲜明地反对起今天新一代人所倡导的政治和文化。

小趋势在当下之所以能够发挥出强有力的作用，是因为它能梳理和解释我们所无法理解的变化。比如，表面上看中产阶层似乎在没落，这一情况看似令人担忧，但是，只有通过更深入的探究，并看到教育正在推动更多的人跻身上层社会，我们才能在细微的层面上理解所有的统计数据。通常，我们在一般的统计数据中无法察觉正在同时发生的两种截然不同的趋势，但是如果明白它们是作为诸多小趋势发展的结果时，我们就会立刻明白它们的重要性。

再比如，今天的政治中已经没有呈现出一边倒的意识形态的转变了；相反，一些温和派在变得更加保守的同时，另外一些温和派则会变得更加自由。这使得社会出现极端化发展，一端变得更加自由，而另一端变得更加保守，两种极端相互抵触。这种不断增长的极端化甚至会带来更多的僵局和困惑。纵观整个社会，我们会看到类似的相互抵触：有人追求更炫酷的科技产品，必然有人喜欢安静的旅途；有人无法忍受只有6秒的广告，必然有人喜爱长达数小时的电视节目；有人推崇全球化的世界，必然有人渴望实行更加彻底的民族主义。我们可以借鉴牛顿的物理学来解释这一切：相对于每一个趋势而言，总有一个逆向趋势存在。人性在信息时代的表现就是：朝一个方向行进的一些人的每一个举动或欲望，似乎都会引发在相反方向上的另外一些人的对抗性举措。每一个激进组织的出现都会导致另外一个新的保守组织的诞生。移动技术的每一项新产品的出现都会促使一些人坚持使用翻盖手机。只有理解这些发展的复杂性，我们才能真正理解这个看似毫无意义、令人困惑甚至混乱的世界。

2007 年,《小趋势》一书帮助人们从容应对时代的变化,而今天,本书则会帮助人们更好地理解世界上所发生的不确定性,这种不确定性是对立的势力为了在社会、政治和文化领域取得统治地位而相互竞争的结果。过去十年,科技通过人工智能和大数据来定制产品乃至我们的生活,试图利用甚至控制这个充满小趋势的世界。这些尝试已经改变了我们的生活方式,也导致了一些令我们的社会进一步不确定的意想不到的严重后果。这些小趋势解释了很多变化,也帮助我们看清了当今世界存在的不确定的权力之争的根源。关于这些正在进行的争斗的描述会贯穿本书,这些争斗造就了很多意外的胜者和败者,也引发了社会权力版图的变化。

科技进步和生活方式改变带来的意外结果

面临更多的选择却导致做出更少的选择

虽然推动更多定制化产品和服务的科技在日常生活中给我们提供了更多的选择,但是我们自己却在做出更少的选择,把自己置于安乐窝中。曾几何时我们期待着提高定制化产品和服务的能力能为我们打造出一个全新的世界,能让我们进行永不停止的摸索和试验。短短十年后,却事与愿违,我们的社会变得更加极端化,人们找到了他们喜爱的选择,并始终重复着这些选择。

2007 年,《小趋势》一书解释了星巴克式经济如何取代福特式经济。福特式经济里的名言就是:只要它是黑色的,人们就可以把它喷成任何颜色。那时,工业的目标就是以尽可能低的成本进行大规模的生产,即所谓的标准化生产。然而,21 世纪的新经济却与之截然不同,即它主张为客户提供他们想要的颜色。

星巴克式经济的理念主张通过定制化产品,包括咖啡和茶这样简单的产品,来创造更高的价值。全世界的人在品味上变得更加个性化,不再追求仔细修剪的草坪和白色的栅栏。市场也对这些趋势做出回应，允许人们"按照自己的方式来做出选择"，而人们也的确这样做了。过去我们曾认为提供更多的选择会使客户感到更加幸福和满足。多样性会给客户带来新的体验，在很多方面拉近我们的距离，帮助我们进行融合、匹配和尝试各种新选择。

然而，随着客户选择的增加，更加令人震惊的事情发生了。那些人们极其喜欢的选择演变成了他们唯一的选择。选择种类的增多最终导致人们做出更少的选择。一个对待婚姻越来越不专一的社会却在产品选择上变得越来越专一。一旦人们有机会在星巴克挑选出自己最喜欢的饮品，那么大多数顾客会做出"固定"的选择，即每天他们都会点大杯的摩卡星冰乐。

我们可以把美国想象成一家只提供鸡肉和鱼肉两种单调食物选择的餐馆。为了让菜单变得更丰富一些，它又提供了牛排和精选的寿司作为另外两种选择。这样做的结果就是那些曾选择鸡肉和鱼肉的顾客并不是特别喜欢他们的选择，他们本身其实更喜爱牛排或寿司。但是喜爱牛排的顾客则非常钟爱牛排，而寿司爱好者则全部是从日本进口而来的上等鱼肉的忠实拥趸。这些选择了牛排和寿司的顾客对他们的新选择极其满意，以至他们不会再做其他选择了。选择种类的增加导致了一个极端化的世界，人们会一直忠实于他们所喜爱的选择。

同样的事情也发生在新闻界、政治领域以及产品和服务业。在有线电视频道问世之前，人们会从三家极其相似的电视新闻节目中选择一家收看（想象一下鱼肉和鸡肉的例子）。随着有线电视频道的诞生，很多观众只钟爱福克斯新闻（Fox News），如同选择牛排的那些顾客一样，不会再收看其他台的新闻节目。在微软美国有线广播电视公司（MSNBC）变得更"左"之后，它发现自己拥有了相当稳定的收视群（如同寿司爱好者一样）。这个提供更多选择的世界实际上使得人们做出了更少的选择。

因此，我们都已见证了我们目前所面临的这个现代悖论：增加的选择并没有重新激励公众总是尝试新鲜事物，相反，却造就了一批土拨鼠式人群的产生，他们将自己深深地禁锢在自己的洞穴中。因此，人们停止了广泛地参与各种活动，而仅仅将自己束缚于那些他们非常喜欢的活动之中。当人们只在一个越来越小的圈子中花费时间时，他们便察觉不到发生在社会其他领域的巨大变化了。

本打算通过增加选择而使人们尽可能地生活幸福的过程，也导致了分化现象的产生，而这些分化造成了社会紊乱和人口分裂的后果。科技非但没有团结我们，反而将我们分化成了不同的对抗阵营，减少了社会的凝聚力量。小趋势所带来的强大却意外的结果，就是程度更高的个性化造成了更加严重的极端化。

为你制定的选择真的是在替你考虑吗？

在面对科技、个性化和选择时，我们还要注意另外一个有趣的发展。随着大数据和人工智能的发展，个性化将越来越多地由无形的运算法则来实现。理论上，这些法则能够对你有足够多的了解，然后代替你去处理问题，使你的生活变得更加便利，比如，你回家时它们会为你把拖鞋准备好。微软公司的人工智能负责人曾对我说："人类，在我面前已毫无秘密可言。"那么，好吧，他认为他已经完全了解了人类做决定的过程。

从一波又一波小趋势中我们将看到，推动定制化发展的动力依然是新市场的决定因素。实际上，为你制作一杯符合你口味的咖啡和生产一辆定制化汽车的这种定制化模式已经扩展到你生活中的每一个部分，从你所看的房产，到你的约会对象的选择，再到你所接受的新闻和信息。但是所有的这些定制化服务，都号称基于成千上万的数据点来提供最符合你需求的服务。人工智能正在改变你所使用的产品，甚至是你所看到的产品，伴随着你在网上每一次点击一件物品的瞬间与之对应的广告就已经被选择和生成了。通过分析你的个人信息，一则关于你昨天在另外一家网站上浏览的衣服的广告就会出现在你的眼前。这些事情都发生在一瞬间。你每次的网上点击都成了某种小趋势的一部分。

在充满小趋势的世界里，你的智能手机不仅仅是一部电话——在营销者眼里，它是一名终极间谍，能够探知你何时起床、何时就寝、去过哪些地方，甚至是说过什么话和买过什么东西。未来数年后，数据会取代石油和黄金成为这个星球上最宝贵的财富。全球超过 50 亿人在使用按需服务，而按需服务意味着在正确的时间将正确的歌曲、电影、广告、汽车、宠物或者服务，呈现在正确的消费者面前。而数据则推动着整个流程的运转。更好的方法会带来更准确的市场定位，并为身处数据链的从业者提供更丰厚的利润。

人工智能发展的初衷很单纯，但是由于人工智能的运用从本质上讲是一个不为人知的过程，所以人工智能难免会被用于其他一些目的——当公司的利益与你的利益背道而驰时尤其如此。在你享用大多数科技服务时，你并没有向科技公司支付费用，而是科技公司的广告客户支付了相关费用，所以从这个层面讲，广告客户（而不是你）才是科技公司真正的服务对象。在后面的一章我会讲到，一些看似简单的天气预报应用程序实际上是在用不为人察觉的方式出售更多的雨伞，而不是在真正播报何时可能会下雨。这一应用程序的目的从保护你不被雨淋，变成了帮助广告客户售卖其产品。

这一商业模式也发展了十个年头了，但很少有人意识到它已泄露了自己太多的个人信息，或者很少有人明白这些信息是如何被政治活动、各种组织、营销人员，甚至是外国政府利用的。这个世界上并没有免费的应用程序——只有付费程序，差别就在于是你来付费还是广告商来付费，或者是通过兜售你的个人信息来付费。

在微软工作时，我发起了"防广告陷阱运动"，警告消费者正在发生的事情。这一运动清楚地告诉人们谷歌能够并且的确在扫描和阅读他们的邮件，并向消费者解释了很多他们认为是中立的东西，也指出免费产品清单实际上隐藏了很多已支付过费用的广告。消费者对这一运动表现出了出人意料的热情。每天大约有 25 万人浏览该运动的主页，他们迫切地想查明自己的个人信息出了什么问题。我又开了一家"防广告陷阱"商店，30 个小时之内有 45 万人光顾了我的商店，购买一些印有"当我们下载你的个人数据时，请保持冷静"标语的马克杯和其他产品。当然，谷歌对此并不高兴。

今天，数据搜集的最主要用途是对你进行广告定位。但是，随着时间的推移，其他的用途也会出现，这些用途可能对你的生活至关重要，或者给你带来极大的不利影响。最终，目前正在发生的事情意味着科技公司能够为每个人从出生到死亡创建出习惯、做法和个人喜好的数据信息。今天，脸书网可能用最完整和简单的方式来采集现存的个人数据。随着越来越多的人进行脱氧核糖核酸（DNA）测试，基因与人们的习惯和医疗数据将会连接起来——这虽然有助于研究，但是也会破坏最基本的隐私概念。

在以云计算为信息储存中心的帮助下，大数据在大大小小的使用案例中通常会以一种出乎意料的方式被创建。比如，某著名的电梯制造商已经把其在全世界安装的电梯或提供的服务连接起来。它搜集了每一部电梯的运行数据——掌握了相关的运行时间、楼层和运行次数。这些数据为电梯维护提供了依据，但同时，由于这些数据来自该公司 5 万部电梯的相关信息，所以它们变得非常宝贵和实用。脸部识别和加密锁具透露了人们的去向，并能计算出电梯运行的负荷，甚至可以对电梯进行远程操控。电梯制造商利用人工智能可以计算出电梯的维护需求，并进行事故预测。通过科技、大数据和人工智能，电梯管理发生了革命性的变化。如果像电梯这类简单的事物都可以通过这种方式进行管理，那么，我们距离从手表和运动手环上搜集数据，并把人像电梯那样对待的日子还会远吗？很快，做膝部手术的医生便会挑选出潜在的病人，而这些人却还未发觉他们需要接受膝部手术。但医生会根据这些人走路和跑步速度的数据进行推断。

随着大数据不断满足人工智能发展的需求，越来越多你所看到和经历的事情正在由机器管理。你可能知道亚马逊会根据你过去的购买记录为你推荐商品。网飞也以同样的方式向你推荐电影或电视剧。与传统商家精心设计外观的方式不同，无形的运算法则在这里发挥着作用，它们逐渐接管了越来越多你所见到和听到的事物。经商的艺术正在被程序取代。这的确是一个伟大的发展，没错，可是所有个性化的事物都符合我们的需求吗？也许吧。但这也取决于运算程序本身是如何被设定的。想象一下网飞和亚马逊把家庭电视的主界面变成了它们公司的产品陈列窗口的画面吧。它们会根据你的喜好以及如何去攫取最大利益的原则来自由地决定屏幕上所显示的内容。所以，虽然你可能喜欢科幻电影，但是它们会展示能给它们带来最大利益，而不是能够最大限度取悦你的节目。而谷歌上的节目则需要付费才能播放。正因为这一服务看起来似乎是免费的，所以你自然而然地认为它是在为你服务。但问题就出在这里——定制化服务正在逐渐地被程序操控，成为一种为公司谋取最大利润的手段，然而你认为这些服务是为了你的利益而制定的。

这些趋势之所以令人担忧，是因为市场的集中度在科技产业里不断增加。仅一家公司就能销售 50% 的在线商品。仅一家公司就扮演了一个全球性的社交平台的角色。仅一家公司新闻来源的影响力就远超《纽约时报》。同样，仅一家公司就在世界范围内占据了 98% 的搜索引擎市场。创业公司在衰退，科技公司在壮大，它们在各行各业迅速发挥着力量。五大科技公司的市场占有率现在已经远超七大银行的市场占有率。

另外，潜在的麻烦是我们不仅日益倾向于让人工智能代替我们做出决定，而且利用人工智能创造伴侣或者"生命"。我们离与机器人或程序建立感情的日子越来越近了。一方面，这些程序和机器人将具备非凡的能力，使我们感到愉悦并听候我们的差遣，最常见的代表是 Siri（即苹果公司产品的语音助手）和 Alexa（即亚马逊公司的虚拟语音助手）。随着它们不断改进对人类的学习，它们可能会被设计出来用于利用我们的感情和我们人性中的弱点。在未来十年，它们会从如美国航空公司那种令人厌烦的数字管家，进化成家庭健康助手、性伴侣和智能司机。这些关系将会显得很真实，因为它们生动地反映出了你是谁以及你过去的做法。但它们并不是真实的。它们并不具备真正的情感——它们只不过是一些被高科技伪装的"海妖"而已，它们只是想把你引诱到它们的阴谋诡计和被掩饰的推销游说里。作为追求更高个性化推动力的必然结果，它们通过宣称建立永不失落的情感而将人们孤立起来，从而进一步造成极端化。

千禧一代正在适应机器

千禧一代平均每天查看自己智能手机的次数为 237 次。机器没有适应他们——他们已适应了机器，他们依赖机器，听从机器的指令去做事、穿衣和饮食。

信息时代和新经济的要求正在颠覆我们的生活方式：如今超过 2/3 的高中生毕业之后进入大学，生育第一胎的平均年龄也向后推迟了 5 年，变成了 32 岁。难怪在有这么多年额外的自由时间里，很多千禧一代不信仰宗教，相反，在他们的生活中，他们接触了更多的科技，发生了更多的一夜情，拥有更多的伴侣，拥有长期同居者或像孩子一样被疼爱的宠物。

而在年龄谱的另外一端，我们看到了经济振兴和科技革命的成果：老一代人的生活比以往任何时候都富足，活到 90 岁的人越来越多。这些趋势带来了各种各样的生活方式和社区的产生，比如在大学周围以年轻人为目标的整年公寓租赁，以及禁止 40 岁以下人士加入的注重积极生活体验的老年人社区。那些曾经抱怨年轻人过着"罪恶"生活的人，现在也在退休社区中过起了同样"罪恶"的生活，比如，最近一位年纪 70 岁的参选者获得了最火辣单身汉的称号。

今天的生命如同一架手风琴，无论你是精力充沛且单身的 20 多岁的年轻人，还是更加年长、睿智并即将步入期颐之年的老人，都会以新颖的方式在未来的岁月里延展自己的生命。我们度过生命成长期和黄金期的这种方式的延展，可能是带来意外变化和新的小趋势的最高产的创造者之一——在过去十年和未来数年都是如此。

当今权力图谱中的赢家和输家

我们现在已经看到了小趋势在如何强化科技、广告和生活方式的发展，各公司现在把产品个性化的目标瞄向了小趋势的一种：你。小趋势帮助我们理解这些发展，同时阐明了位于当今最混乱争斗中心的根本性权力的转移。这些争斗不仅仅是人们从喜欢冻酸奶又转回去喜欢淡口味的冰激凌，或者购买更多的宠物狗这些变化。当对立的小趋势相互进行火花四溅的争斗时，其结果会在国家层面乃至全球层面形成赢家和输家。

我们可以看一下有据可查的一种简单的小趋势：人们对蛋白质的食用数量在上升，而且超过了对碳水化合物的食用。这看起来微不足道，甚至有些可笑。但是，农场主和农民的斗争从历史上看是促使西方世界形成的伟大斗争之一，而这种斗争一直在延续。仅这一小趋势就影响着资产多达数十亿美元的农业公司控股人的财富；关乎数百亿英亩①的土地使用和污染防治政策；关乎对数百万人饮食和健康的长期影响。过去十年，农场主和养鸡户击败了以往身处强大地位的小麦农户而成为赢家。

正是这种权力从一个群体向另一个群体的转移造成了《小趋势》一书所描写的小趋势不同于今天本书所描写的小趋势。《小趋势》一书谈论的小趋势好比线性数学，是一种反作用与另外一种反作用的直接交锋，如同两条直线在显著的一点上交会。但是，本书谈论的小趋势好比一个二次方程式——一个变量进行二次乘方的方程式——其与一条直线经常

---

① 1英亩≈4046.86平方米。——编者注

交会于两个不同的点。这就是今天的小趋势的情况。这些新的小趋势变得更加强大，将我们拉向两个甚至多个方向——它们与人类的行为不是在一个点交会，而是在两个甚至更多的不同的点和方向上交会。这种交会将会产生赢家和输家，而在今天由社交媒体推动的社会里，输家自然有话要说。

灰色权力正在击败千禧一代的权力

当市场营销人员说服你相信这是一个由千禧一代掌控的世界时，肯尼迪的支持者们（即那些在20世纪60年代为约翰·F.肯尼迪投票的人）已在文化、政治、消费品和娱乐领域重申了自己的权力。在英国和美国，老年人在权力掌控上已经击败了年轻人，这是造成年轻人产生挫败感和进行反抗的根源。

在一些更发达的国家，比如美国、英国、意大利、日本，从20世纪60年代的性解放到今天，另外一件极其出人意料的事情发生了。人们的收入越多，他们生育的孩子越少。培养一名成功的孩子的成本越来越高。对于男性和女性来讲，工作和生活变得越来越有趣，因为大部分职业从不断重复的艰苦的体力劳动变成了脑力劳动。生儿育女的吸引力在下降，养猫养狗的吸引力在上升。这就造成了宠物数量的剧增，而人口数量的增长却相当缓慢。

随着婴儿潮一代步入老龄，这些国家的人口结构开始出现变化，除非最终发生大规模的颠覆性改变，否则人口金字塔将会变成人口广场。1960年，美国18岁到29岁的人口是65岁以上人口的2倍；今天，这两部分人的数量基本持平。随着年龄中位数开始上移，政治力量也随之上移。2016年的美国大选，是老年人口而非千禧一代发挥着作用。在美国和英国，数量可观的老年投票者帮助唐纳德·特朗普和脱欧派取得了胜利。

例如，1964年，美国年龄超过65岁的人占总人口的9%，而且他们中的大部分人投票支持了林登·约翰逊。2016 年，年龄超过 65 岁的人占了美国总人口的 15%，而且这个比例还在增加，这一群体支持特朗普的比值比其他群体高出了 8 个百分点。同时，大洋彼岸的英国，在年龄超过 65 岁的人口中，61% 投票支持英国脱欧，而剩下的 39% 支持英国留在欧盟。

在位于天秤两端的两股完全相反并高度极端化的小趋势的相互争斗中，年轻一代在本轮较量中落败。在对待社会、移民和经济问题上，较年轻的人持有更加自由的态度，而较年长的人则变得更加保守。英格兰和美国的年轻人完全支持由德国总理安格拉·默克尔和欧盟所支持的进一步发展全球化和开放边境的理念。他们赞成同性婚姻和大麻合法化，他们认为现有的政治和经济制度滋生了种族主义和不平等。今天年龄超过 65 岁的人在 40 年前在他们年轻的时候扮演着反战运动和性解放先锋者的角色。今天，同样是这批选民很好奇地发问："为什么现在的年轻人不能像我们年轻时那样做到尽善尽美？"他们认为这个世界陷入了政治正确性的泥沼中，正在失去信仰、宗教、价值观以及与婚姻和家庭的联系。

在千禧一代内部我们看到了另外一对有趣的小趋势：没有任何一代人能够像千禧一代那样受惠于美国的繁荣；然而同时，千禧一代比之前任何一代人都更加质疑资本主义，并更加支持社会主义。

千禧一代没有经历过需要征兵的战争或大规模的兵役义务。从个人电脑到互联网的科技发展，为他们带来了新颖和令人兴奋的职业。他们可能已经被工厂排除在雇用范围之外，但是他们的确获得了机会去从事新鲜和有趣的工作，比如工程师、数字营销人员、优步司机。从与数字打交道的对冲基金经理到亚马逊公司仓库里的铲车司机，新工作出现在经济的各个层面。女性权利得到切实加强，美国选出了第一位黑人总统，他以绝对的支持率成功连任。

然而，他们对资本主义或爱或恨的情感植根于他们特殊的人生经历。一方面，他们见证了自由创业取得的一些最伟大的成就，一些大学辍学的学生成了亿万富翁，像《鲨鱼坦克》这样疯狂崇拜创业文化的电视节目极受欢迎。另一方面，他们也经历了一些资本主义最糟糕的失败。2008年的金融危机和创纪录的收入不平等，让很多千禧一代相信资本主义就是一种由华尔街的贪婪所驱动来欺诈普通大众的制度，这也使得像《大空头》之类的电影大受欢迎。

　　千禧一代经历这些文化和政治的变化是适应信息时代的必然要求，而作为旁观者的年长一代却日益心生不满，甚至对他们的孩子的发展状况感到气愤不已。随着这些新生代势力和影响的增长，年长一代做出了回应，因为他们认为新生代放弃了很多悠久的文化传统——比如宗教、婚姻、自由创业、尊重警察以及不依赖政府而取得个人成功。他们认为大学掩饰了政治正确性，不仅允许年轻人否定老一代人的更符合常识的是非价值观，甚至还在为这种否定进行辩护。所以，信息时代赋予了两代人不同的权力，并创造了相互交会和冲突的小趋势，而这引发了一场能够再持续20年的权力之争。根据《小趋势[2]》的描述，年长一代在一些关键的政治交锋中已取得胜利，但是千禧一代绝不会善罢甘休。

超越城市，数量减少的农村居民展示出实力

　　2016年之前，年长一代与年轻一代相比看起来处于下风，与此类似，农村选民随着资金、资源和人才全部涌向城市而备受忽视。尽管政府做出了各种承诺，最落后的20%的农村地区依然没有享受到农村宽带服务。随着制造业岗位进一步削减，工厂再也没有恢复生机。家庭农场被工业生产基地取代。

　　这些数据令人震惊。当城市居民为过度拥挤和几近瘫痪的交通状况发愁时，居民数量最少的地区的人口开始变得更少。在过去的40年间，农村人口数量减半，这一趋势最近几年一直在持续。比如，根据大选后的民意调查显示，2000年农村选民占全部选民的23%，而在2012年，

这一比例仅为14%（而在2016年又略微上升至17%）。

以气候变化为名对煤炭宣战，也造成了重大的政治后果。居住在西弗吉尼亚州和其他州的人们发现自己的生活变得更拮据了，甚至受到了精英人士的直接侵害。俄亥俄州和密歇根州的人们认为自己忍受了数十年的制造业工作岗位流失的后果，紧接着又被排除在2008年后的经济复苏之外，他们把这归咎于北美自由贸易协定和其他的自由贸易政策。他们认为，这些政策仅仅帮助了一部分美国人在沃尔玛超市享受了价格低廉的商品，但这是以牺牲他们的工作和工资为代价的。这些地区徘徊在愤怒的边缘。

由于美国《宪法》规定，每个州无论其面积大小均享有两个参议员席位，所以农村地区的政治力量比平均人口的政治力量要高得多。褒奖总统选举人的赢家通吃法则，以及民主党人士过度集中于纽约州和加利福尼亚州，限制了这些州不断增长的超级民主党支持率发挥作用。有人认为这成了美国民主制度里一个日益凸显的问题，但是这恰恰是出于担心那些较大的州会处于支配地位，以及权力不会基于人口进行分配而做出的考虑。

大选后的民意调查清楚地显示，2016年大选当天投票的美国人分为三类。在农村选民中，支持唐纳德·特朗普的农村选民比例为2∶1，而郊区选民对每位候选人的支持率基本持平，城市选民支持希拉里·克林顿的比值为2∶1。然而，这种选票的分配将中西部和南部州划入了特朗普阵营。人口再一次成了决定性因素。那些过分关注自家后院的媒体错过了在美国后院发生的事情。等它们看到这些逆向趋势时为时已晚。

理想化理论对比务实性政策

在最近一些小趋势开辟出来的另外一片战场上，正上演着我称之为理想化理论与务实性政策之间的战争。数十年来，用理想化方式来制定政策一直是胜者。一些政策专家认为从20世纪90年代直到今天，一些不明显甚至是违反直觉的因素推动着很多政策变化。

比如，按照古典经济理论，贸易可能使我们损失了一部分工作，但是实际上会降低物价和扩张经济。现在，如果看一下数千万生活在美国内陆地区的人所感受到的实际影响，我们就会清楚地发现我们误判了这些贸易所带来的影响，并明白我们需要进行重新谈判或摆脱这些贸易。

在理想化政治中，对无赖国家采取伺机而动的策略是有道理的，因为这能够确保彻底施加压力。况且谁知道未来世界的走向会是什么样子？在务实性政治中，你会不待见那些整天高喊"去死吧美国"，或一边测试洲际弹道导弹一边保证说他们推迟了核武器研制的人。

根据理论和数据，气候变化在未来的50年内不会成为一个问题，但是如果在减少二氧化碳排放方面我们不立刻对目前的做法进行调整，我们的世界就会面临灭顶之灾。但在现实世界中，我们正在失去煤炭行业的工作，以及知道未来50年科学能够做什么的人。

而现实中那1100万虽无劳工证却愿意为更少的报酬而工作的低技能劳动者，将会拉低美国人的平均工资。尽管如此，工会领袖们却从反对自由移民政策转变为支持无限制移民。普通大众依然无法理解他们的这一转变。

选民们无法理解共和党精英、大学教授和管理者、工会领袖和力主改革的民主党领导者之间在一件又一件事情上所结成的同盟关系。所以他们开始反抗——他们停止接受这些空洞的理论，声称当他们看到的这个世界与这些理论所描述的不一致时，他们将不再相信这些理论。简明的常识胜过了诺贝尔奖得主最优秀的理论。

民族主义者重创全球主义者

随着美国国内民族主义的重新崛起而产生的强烈抵制清晰可见。"二战"结束后，美国的发展得益于全球化，但讽刺的是，这是一个美国利益至上的概念。帮助欧洲和日本在第二次世界大战后重建的马歇尔计划

便是美国人提出来的。冷战时期，开放市场的基本理念便是将各国紧紧
维系在美国而不是苏联的周围，这是全球化概念的一个重要组成部分。
只要美国引领全球化，美国就能保持繁荣。约翰·F.肯尼迪相信美国依靠
其自由创业、自由宗教和自由民主，就会成为世界其他地区反对共产主
义政权的灯塔。人们会看到美国的伟大，并复制美国模式。里根总统从
苏联在没有军事冲突的情况下解体的事实中确认了这一点。

　　然而，布什总统在中东推行同一理念时就没那么幸运了，他发现那
里的部落主义、宗教和地方主义的势力太过强大，以至无法将这些国家
改造成他自认为的自由民主的国家，尽管伊拉克是一个例外。布什认为，
美国可能拥有最好的政府模式，但是这是历史造成的，美国的历史与一
些地区的人民和国家的历史完全不同——无法在武力的威胁下推行这种
模式。

　　贝拉克·奥巴马总统也是全球化的一名热心的支持者。但是他认为
全球化不应建立在美国例外主义基础上。肯尼迪和布什把全球化看作美
国价值观在世界上的拓展，而奥巴马则持相反观点——他认为全球化要
求美国采纳一个更加多元化的世界价值观，甚至要放弃一些美国的主权。
他用长远的眼光来看待一些问题，比如，用他的话说，恐怖主义不是一
个"存在的威胁"。

　　从根本上讲，在很多美国人眼里，布什和奥巴马都过于天真。他们
认为布什愿意不惜一切代价帮助其他国家发展，这种以美国人民数万亿
美元的血汗钱为代价的一厢情愿，注定徒劳无功。奥巴马总统被认为在
经济方面给予了伊朗和中国太多帮助，他的思路同样愚蠢。

　　但是那些肯尼迪时代的选民不会忘记肯尼迪的话。他们将全球化
看作另外一条由一个强大的美国在世界舞台上展现其领导力的康庄大
道。奥巴马在这条道路上舍弃了美国的部分领导力，他在没有得到国会
同意的情况下独自签署了一些多边条约，比如关于伊朗核问题的协议和
在巴黎签署关于气候变化的协定。奥巴马对全球主义的定义和部署的变

化，在民族主义崛起的浪潮中引发了一股反对这些政策和其整体思路的逆向潮流。同时我们不要忘记民族主义在其他国家的崛起，包括英国和法国——这些国家诞生了帮助它们在 20 世纪定义其民族品格的伟大领导人，比如温斯顿·丘吉尔和夏尔·戴高乐。这种爱国的民族主义很容易被讽刺为同阿道夫·希特勒和他建立的第三帝国所倡导的民族主义如出一辙，但这忽略了一个观点，即这些国家都经历了"二战"并认识到了建立更多全球联系的必要性，它们都形成了清晰的民族认同，正是这种认同击败了希特勒妄图征服它们的企图。今天兴起的民族主义便是这样一种强烈的逆反应，是对受移民和开放边界驱动的更加全球化的世界公民概念，取代这些个体民族认同的蓄意尝试的抵制。这也将成为一种贯穿 21 世纪的权力之争，并会使争斗的双方滋生出许多相互竞争的小趋势。

新经济受限，传统经济崛起

当你认为我们即将拥有机器人和无人驾驶汽车时，现实又将我们拉了回来。相反，最终似乎帮助我们从事越来越廉价劳动的机器人，并不像其虚假的营销广告里所吹嘘的那样智能。我依旧在等待这样一种机器人的问世，它能在我工作的时候自动帮我清扫地毯，而不会伤害到我的猫或者把自己卡在某处。但是至少现在我可以在 4 分钟之内叫到一辆黑色的高档汽车为我服务。

过去十年里，很多重要的小趋势与日益发展的互联网和数字经济联系在一起。我们置身于信息时代的高级发展阶段，我现在可以用极短的时间解决我小时候需要在图书馆里花费数天时间去解决的问题。甚至我动动手指就可以在沃尔弗拉姆的阿尔法上找到复杂的科学和数学问题的答案。我可以随时与身处这个世界上任何地方的朋友取得联系。新闻变成了一种全天候不间断的产业。脸书网的用户每天要发布 40 亿条消息。人们通过网络建立了一个全球社区，人与人之间建立起了史无前例的联系——但是他们仍然焦虑、谨慎，并感到恐慌。

尽管互联网使得这些巨大的发展成为可能，但它也让一个黑暗的世界通过互联网的便利性蔓延开来，把硅谷最狂野的梦想拉回到现实。欺诈在虚拟世界中变得比以往任何时候都更加猖獗。每5个在线账户中就有一个是欺诈账户。千禧一代通过脸书网获取新闻，但是，2017年哈佛大学美国政治研究中心和哈里斯民意调查的统计数据显示，60%的受访者表明他们不相信网络信息。虚假信息可以将儿童变成恐怖分子；欺诈者在网上兜售假药；有人伪造广告点击量骗取公司广告费；有人甚至诱骗人们汇钱给一位并不存在的尼日利亚王子。

这种矛盾也影响到了人们对整个经济的态度。今天的孩子们成长于一个科技发达但经济衰退的时代，他们经常听到父母对经济的担忧。但是，无论在美国还是在整个世界，人们都生活在历史上最繁荣的时代。人们可能对这句话感到震惊，但是，在全世界，无论是对中产阶层还是对中上阶层来说，他们从未体验过如此之高的人生舒适度。很多文章声称中产阶层在减少——理论上讲这样说没错。但是这些文章忽略了一个事实，即上层阶层也在显著增长，每4位离开中产阶层的人中就有3位跻身中上阶层。

即使身处繁华，但由于这些逆向趋势的存在，很多人对世界的发展并不乐观。传统经济和新经济的冲突在美国愈演愈烈。虽然一个又一个产业变得更加数字化或者开始进行数字化发展，我们却选出了一位代表传统经济的总统——他把将制造业工作带回中西部地区视为主要任务，其一生都从事于基础设施建设。同样的情况也发生在英国，民粹主义革命引燃了反对移民、贸易和全球化的情绪，英国也深深受到制造业工作转移的影响。

尽管新经济取得了巨大的发展和进步，但传统经济依旧强势，这要求发达国家不能放弃制造业工作。这一要求在选票上得到了清楚的阐释。

通过小趋势理解大选结果

对于美国的学者阶层来讲，大选带来的冲击非常意外，很多精英和选民都确信如果没有俄罗斯人干预大选的话，唐纳德·特朗普不会获胜。

我猜想弗拉基米尔·普京是一个缺钱的人，或者一些俄罗斯博客使用者洞悉了连美国人自己都不知道的关于花费高达24亿美元的美国大选获胜的秘诀。我与一些美国高级知识分子座谈过，他们当中不乏拥有多种专业学位的人，他们告诉我他们知道特朗普受到了俄罗斯的帮助，而在他的公司进行的秘密洗钱行为则推动了这一阴谋的实行。当你询问这些人有什么证据能够支撑这一结论时，他们会明确地说他们"知道"这件事。他们很可能是正确的——某些事情有朝一日会大白于天下，但是通常是证据在前，信任在后。而在这一特殊事件上，信任在前，证据在后。对这一悖论的解释仅仅是因为他们真的不相信唐纳德·特朗普能够赢得大选——考虑到一年来高级知识分子们一直强调这样的结果是不可能的，那么他们不能根据自己对现实的感受来接受现实就不足为奇了。

缺乏主见的精英们更加倾向于传播半真半假的消息，早在2007年他们就被标注为一股重要的小趋势。过去十年这一趋势得以持续，直至达到顶峰：简单地说，我们当中接受过最优秀教育的人，也是我们所依赖的依靠其更好的知识和专业技能去做出艰难决定的人，放弃了他们真理守卫者的身份。相反，他们变成了一群像旅鼠那样毫无主见的人，只会听信于《纽约时报》的标题和有线电视的话题。无论你信与不信，凯丽安妮·康威比任何人都更加准确地预测出选举人团的投票结果，以及特朗普会如何当选。当时康威在采访中解释自己的看法时曾被人嘲笑，有些节目后来甚至将她封杀，理由是它们认为她在说谎。但是，她对特朗普获胜之路的预测后来被证明是极其准确的。同时，仅在一周之后，《纽约时报》则告诉精英们，希拉里·克林顿的获胜概率为93∶7，对于精英们来说这就是不可动摇的真理，尽管它被马上证明是错误的预测。

　　大选前的媒体报道几乎没有涉及对选举人团的分析以及它的结果。世界上没有一个人能做出可靠的结论来解释根据美国和各州的民意调查，每个州潜在的总得票数是多少，并解释特朗普在艾奥瓦州和俄亥俄州取得两位数领先的情况下，美国民意调查如何显示他与希拉里的支持率是持平的。真实的答案无疑是希拉里在纽约州、加利福尼亚州，甚至得克萨斯州等较大的州表现得更好，但是在佛罗里达州、北卡罗来纳州，尤其是在中西部地区，从印第安纳州到宾夕法尼亚州却表现得较差。尽管能够解释出所有这些分散信息中的一条就至少能够预测出特朗普虽然在民众投票上输了，但会赢得大选，可是绝大多数评论员都做出了相反的结论——希拉里会赢得选举人团的投票。

　　但是大选的结果不仅仅体现了每个州的投票数，它更体现了潜在的小趋势的发展，一些小趋势使得希拉里变得更加支持变革，而这受到千禧一代支持者的拥护。同时，我们看到的老一代人所产生的反作用力，使得共和党选民帮助一位局外人力压17名传统的候选人脱颖而出。共和党的支持者们更多地转向右翼，而共和党现在的领导人却向中间路线进一步靠拢。

　　在大选当天，农村选民投票给特朗普的比例为2：1。他获得了代表传统经济的关键州的支持，这些州包括密歇根州、宾夕法尼亚州、俄亥俄州、威斯康星州、艾奥瓦州和印第安纳州。特朗普在年龄超过65岁的选民中的得票率领先了8个百分点，而该群体中的男性对其的投票率则更高。超过60%的年轻选民将选票投给了希拉里。如同之前的分析所显示的那样，年长一代的势头盖过了千禧一代，农村选民削弱了城市的势力。特朗普务实的计划远胜于希拉里更加细腻和革新的政策。我们只要从变化的态度和人口来着手，就很容易解读这场貌似意外的选举。你能看到本次大选也引发了抵抗，因为城市里年轻且主张革新的选民失去了他们在近20年进行自由扩张的势力。这也是本书展开分析的中心所在——要透析这次大选，单单一个"解释"是不够的，而需要了解多种经常相互对抗的趋势，这些不受控制的趋势为权力而争斗，其造成的结果我们很难一眼就看透，但是，我们如果后退一步，就很容易看清这一结果，并解释清楚潜伏在我们的社会表象之下同时发生的各种势力的你争我夺。

展望未来

《小趋势》一书问世十年来，时间如白驹过隙，但是这期间发生的变化可谓沧海桑田。这些变化的双面性和权力的转移使得这个世界令人琢磨不透。与以往相比，年轻人单身的时间更久，所受的教育程度更高，所以美国的社会实际上变得更加老龄化。资本主义创造了全新的产业，允许人们通过创业分享经济成功的果实，但是银行业危机又使得社会主义成为话题。随着人口从农村地区流出，城市得到重新振兴，但是，留守农村的人口与新社会日益疏远。精英们的权力变得更加强大的同时却与普通选民所面对的现实进一步失联——直到那些工人阶级的选民重申自己的权力，选择了务实的政治。精英们越来越受到有线电视上谈话嘉宾的影响，而不是亲自引领一个讨论，而这本身也是星巴克经济增强的一个象征。科技的进步使得更多的产品越来越数字化，人们做出的选择越来越少。对产品和政治个性化的追求将我们分割成不同的群体。科技利用大数据和人工智能不断地取得新的巨大的进步，这一趋势似乎还会继续，甚至变本加厉。能够为癌症提供治疗方法的同一数据也会促生新的虚假网络组织，或者给独裁者提供控制手段，让他们加强对社会的紧密控制或者排除异己。

我们社会的每一部分都受到这些复杂和看似矛盾的变化的影响。但是，如果我们分析得当，我们所看到的这些颠覆性变化就会变得更加清晰，如同权力在相互竞争的组织之间转移，以及由人口、科技和价值观变化而促成的选择那般显而易见。

　　随之而来的众多新趋势从过去十年的变化大潮中涌现出来。它们不是一系列完整的变化，而是生活中不同部分的变化；这些变化代表着数以百计甚至数以千计的新趋势，而这些新趋势会随着社会经历的新时代不断涌现。一些小趋势会在全世界造成影响，一些小趋势会显得既有趣又古怪，一些小趋势会帮助你理解上次的大选。很多小趋势看似相距遥远或并无关联，但是实际上的确存在着一种将它们凝聚起来的联系。如同两个地质板块的微小运动所造成的结果那样，这些变化起初看起来并不起眼，但是随着时间的推移，它们可以将不同的大陆分隔于千里之外。

　　与 2007 年世界看起来将取得更大的和平和团结不同，今天的世界似乎将要崩塌。我们不仅需要了解这些变化，了解它们如何对我们造成影响，而且要准备采取救助行动来应付社会中出现的分裂。我们有必要对这些小趋势进行说明，并制定行动纲领以确保社会的新生势力有益于我们的民主、市场和个人自由，而不是给我们带来破坏性的结果。

第一章

爱情和感情

1.

全职先生

　　由男性养家糊口的传统观念业已被颠覆，这是因为众多的美国女性正在为家庭创造可观的收入，而很多年轻的男性在事业上毫无起色，或是每况愈下。一些事业前景颇佳的女性在择偶上会选择同样事业有成的男性，而另外一些事业有成的女性却有不同的择偶目标——她们寻找着能够在家庭生活中扮演配角的丈夫。而扮演这一新角色的丈夫们明白，如果他们的另一半财权在握，那么自己需要承担更多的传统家庭责任以及抚养孩子的责任。而过去，这些责任都是由女性来承担的。

　　女性在婚姻关系中总是大权在握，然而这通常与教育、职业和金钱并无关联。如今，这些权力与这三者间的联系与日俱增。今天接受教育的女性人数胜过以往任何时期，女性大学毕业生比男性大学毕业生多40%到60%。据预测，到2023年，女性大学毕业生的人数将比男性大学毕业生的人数几乎多一半。如同很多生活在《广告狂人》时代的男性所推崇的女性不应该有太多的抱负那样，现在的女性具有类似的想法也在预料之中。

　　从历史上看，男性时常会陷入一种窘境。他们如果在事业上不顺心，那么在家庭生活中也会不如意。随着工作性质的变化，即工作由原来的与工厂和体力相关转变成越来越多地依靠脑力劳动、社交和耐心时，很多男性会身处劣势。他们成了车祸、霸凌事件和服药过量事故中的主角，并锒铛入狱。甚至普通男性在向信息时代过渡中的状况也不尽如人意。

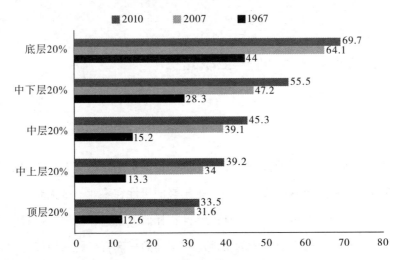

按家庭收入划分为5档的与丈夫收入持平或
高于丈夫收入的职场妻子百分比

图 1.1　按家庭收入划分的女性养家糊口者（1967—2010 年）

数据来源：美国进步中心。

　　如今，一名全职先生可能在事业上处处碰壁，但这并不妨碍他作为一名爱意绵绵、忠于婚姻的丈夫在家庭生活中取得成功。没人会用收入和职务去评价他的人生。对于那些承担起这些新责任并认可这种新观点而走入婚姻殿堂的男性来说，扮演全职先生这一角色实属天赐良机，将他们从工作的焦虑和失败中解放了出来。

　　无论在美国，还是在其他国家和地区，全职先生的人数都在上升。尽管双职工家庭的工作时间在增长，但这种增长几乎完全来源于女性工作时间的增加。在教育程度较高的人口中，挣钱养家的妻子的人数是最多的，这看起来是因为美国女性的教育程度高于男性，而这种状况也导致了成功男士的约会人数降低。

　　全职先生人数增多的部分原因，是男性对家长的角色和工作的态度发生了变化，也由于他们能够更加平等地看待抚养孩子和职业之间的关系。认可女性作为家庭收入主要来源在千禧一代的男性之中非常普遍。皮尤研究中心的一项研究显示，全职父亲的人数自 1989 年以来翻了一番，从 110 万人增长到 2012 年的 220 万人。失业，包括经济萧条，也是其中的因素之一，但是从长期来看，男性主理家庭生活的趋势在不断上升。这份研究还表明，有报道称有 21% 的全职父亲负责料理家庭生活，这一数字比 1989 年的 5% 增长了 4 倍。

全职先生也成为我们的流行文化中所关注的对象。从电视剧《欲望都市》里的米兰达和史蒂夫（米兰达是一位强势的律师，而史蒂夫在一家酒吧工作）到电影《实习生》（安妮·海瑟薇饰演一名成功的电商创业公司的首席执行官，而她的丈夫则全职料理家务）。然而，这些并没有展现出全职先生家庭最美好的一面。在这两个例子中，两位丈夫都背叛了自己的妻子，而两位妻子都认为错在自己以及自己"忘我工作"的习惯。希望随着全职先生数量的上升，这种情况会有所改善。

包含全职先生的婚姻大致有两种类型。一种是双方主动选择，丈夫和妻子共同决定妻子将成为家庭中主要负责养家糊口的人，而共同做出决定经常是他们婚姻中主要的处事方法。另一种是由外因决定的被动选择，比如患病或失业。通常，双方主动选择这种模式的婚姻，比被迫采取这种模式的婚姻要更幸福。

《时代周刊》杂志 2014 年的一项财富调查显示，女性和男性收入均等的家庭，夫妻双方彼此相爱，且比普通家庭生活得更幸福一些。该调查还发现，83% 的全职先生家庭生活非常或者极其幸福，而普通家庭的这一数字为 77%；并且，这些家庭里从来不缺少浪漫——实际上，51% 的受访者认为他们的感情"非常好"或者"好得不得了"，而所有受调查的配偶中只有 43% 的人做出了这样的回答。美国社会学协会 2012 年的一份关于平等婚姻的研究表明："对家务进行更传统安排的夫妻的性生活频率更高……"这表明这些婚姻大多数是双赢的婚姻。

而被动"全职先生"的婚姻并不幸福。他们不是主动承担起料理家务的角色。58% 的全职父亲曾积极地寻找工作，而只有 27% 的全职妈妈这样做过。我们尚不清楚他们这样做是为了挣更多的钱，还是想通过找工作来证明自己并不软弱。上文中提到的皮尤调查还发现，23%的受访父亲曾试图找工作，但失败了。35%的全职父亲由于患病或残疾的原因才担任这一角色，这种全职父亲占据了这一群体的最大比例。与其形成鲜明对比的是，只有11%的全职妈妈属于这一情况。

根据伯恩和巴林2017年的研究，当妻子的收入高过丈夫时，有时会产生研究人员所称的"地位亏损"现象，也就是所谓的"对丈夫较低地位的负面情绪"，甚至对婚姻产生不满。当双方被动地形成全职先生式婚姻时，更多情况是女性经常对丈夫较低的地位产生负面情绪，而男性更多的是感到自己无能。2013年勒斯科姆引用了凯特·拉特立夫的一篇文章的结论——这些婚姻能引发竞争和憎恨心理。该文章还表示，尽管伴侣之间并不是竞争对手的关系，"男性会自然地将伴侣的成功看成自己的失败"。

根据2013年伯特兰等人的研究，受访者普遍反感妻子的收入高于丈夫这种情况。这种"反感也影响婚姻的形成、妻子的就业状况、妻子的工作收入、婚姻满足感、离婚的可能性以及家务的分工"。但是这没能阻止女性创纪录地去攻读学士学位甚至更高的学位。夫妻双方教育程度不一致的婚姻的确存在这样一种增势，即具有大学学历的妻子们"下嫁"给了她们的丈夫。这一类型的婚姻占新婚的比例从2008年的12.8%上升到2015年的14.7%。而另一种类型的婚姻，男性受教育程度高于女性，则尤其稳固。其所占新婚的比例为8.6%。但同时，夫妻双方均接受过大学教育的婚姻占新婚的比例由19.9%上升至24.5%。这自然是由于越来越多的人（尤其是女性）接受了大学教育的结果。

从国际上看，全职先生式的婚姻的数量也在上升。2015年，马丁·克莱斯蒙特和让·范·巴维尔在一项覆盖欧盟全部成员国的调查中发现，如果女性受教育程度更高，那么她成为家庭的主要经济支柱的概率则会增加。调查同样还发现："与40年前的情况不同的是，当今妻子的就业将会有助于婚姻的稳定。但是，如果她的收入占据了家庭收入的60%以上，那么离婚的风险则会增加。"

英国21%的异性婚姻中，妻子是主要的家庭经济支柱。2006—2010年，这一数字在欧盟成员国内呈增长态势。然而，在一些崇尚男性作为家庭主要经济支柱和一家之主的国家，意大利、希腊、奥地利和德国，则排斥全职先生式婚姻这一趋势。

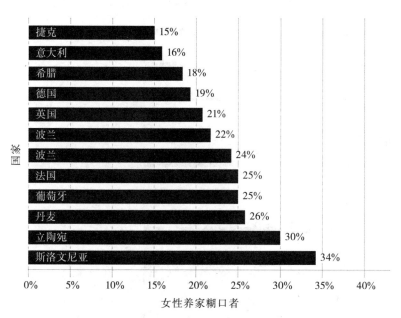

图1.2 部分欧盟国家女性养家糊口者百分比

数据来源：马丁·克莱斯蒙特和让·范·巴维尔。

不断增长的女性养家糊口者也与经济危机有关，因为很多高收入的男性在经济危机中失业。在希腊和西班牙等受2008年金融危机冲击严重的国家，女性挣钱养家者的数量增加。2008年的金融危机中第一次出现了这样一种现象，即男性首当其冲被解雇，而女性则更多地保住了她们的工作。

在美国和世界其他地区，随着女性的经济地位越来越强大，她们会避免结婚就马上生孩子，除非有足够多的潜在全职先生能够满足需求。这一现象正在韩国出现，并在美国变得更加显著。在日本，媒人通常把男性与经济条件较差的女性撮合在一起，因为成功的、受过教育的女性拒绝按照传统标准成为全职主妇，因为那意味着她们必须辞掉工作。尽管有很多政策在帮助女性成为全职主妇，但为全职先生着想的政策一般力度不足，且经常沦为笑柄。

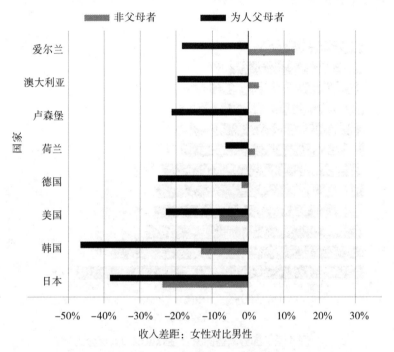

图 1.3　为人父母者与非父母者收入差距百分比（按性别）

数据来源：《大西洋月刊》。

全职先生式的婚姻也会影响生活方式、购买习惯和资金管理。魏瑟尔和伦祖利 2014 年的研究发现，女性挣钱养家者愿意打理自己的资金，并具有足够的理财素养。并且妻子挣钱越多，"其家庭财政参与度越高——尤其是在承担那些传统上属于男人特权的责任方面，比如制订投资和退休计划。这样会产生更多将来需要帮助的欠缺理财素养的男性，他们也无力处理离婚、就业或者退休。随着全职先生的数量越来越多，对于高收入的妻子们来讲，如果她们要支付高额的生活费和离婚赔偿金的话，那么离婚协议可能令她们大吃一惊。所以，你会头一次听说有相当数量的男性在依靠生活费过活，因为他们不是主要的挣钱养家者，而且没什么机会找到一份好工作。

全职先生的趋势在美国很显著，同时这种趋势在韩国也在产生巨大的影响。根据2016年一位马姓研究员的研究，韩国女性收入越高，她们想要生孩子的数量越少。而过去韩国妻子的身份是家庭主妇，她们的主要工作是生养孩子，随着韩国女性占据劳动力的比例越来越大，教育程度和收入越来越高，她们不太可能想要太多的孩子。同美国的情况一样，在韩国，女性的收入要比男性少。当韩国女性有了孩子之后，这种收入差距便会急剧加大。在美国，母亲比父亲的收入大约少25%，而在韩国，这一数据达到近50%。

韩国也不支持革新式的工作政策，比如弹性工作时间，以便韩国女性既能生育孩子，又不耽误职业发展。韩国直到2001年才实行稳定的带薪产假。全职先生式婚姻在一些传统上坚信女性要照顾家庭的国家中不是很成功，韩国就是一个例子。所有的这些趋势表明韩国可能需要一番彻底的思想变革。

成为一名成功的全职先生的关键，在于不要把排在收入榜第二名所带来的裨益转变成憎恶和嫌弃，相反，应把这一身份变成通往更加幸福和稳定婚姻的跳板。全职先生可能永远不会成为大多数。然而，随着女性不断地接受更高的教育和在职场上不断向上攀登，她们更可能成为主角妻子——她们需要自己的支撑网络和发展框架。这些主角妻子需要能够照料孩子、进行投资咨询和享有离婚保护。这些强势女性的另一种归宿就是错过了婚姻和养育孩子，成了不婚族，这对于今天的男性和女性，以及我们的子孙后代来说，都是一种巨大的损失。

2.

不婚族

在经典电影《生活多美好》中，詹姆斯·斯图尔特在上帝的帮助下，看到了假如自己未曾来到这个世界，他的女朋友的生活会怎样。结果令他恐惧，她变成了一位独自生活的"大龄单身"图书管理员。这使得斯图尔特伤心欲绝，他决定放弃自杀——这源于斯图尔特想让她避免这一可怕的命运。几十年后的今天，关于这个老旧的"大龄单身养猫女"的说法正在消逝——它重新变得热门，即体现了人们的一种新选择。选择不婚的美国人在数量、势力和影响力方面都在上升；"不婚"不再是一种生活失败的象征，而可能成为社会新赢家的一种生活方式。

现在美国成年人很少结婚，这极大地影响了美国人的生活方式。35岁以上没有配偶的美国人数量在快速增加，这影响着都市生活、政治，甚至山姆会员店里的超大号牙膏的销售。

所有35岁以上的美国人中，有13%从未结婚——这一比例在过去5年里上升了45%。36至45岁从未结婚的人占了美国成年人口的22%。除非这些从未结婚的人中的很多人后来结婚了，否则你会看到这类人的数量增长会更加迅猛，其比例将超过成年人的30%。占支配地位的生养孩子的传统家庭生活将会消亡。白色尖桩篱栅和在郊区拥有一幢房子的想法会被新理念取代。

引领这一趋势的不是时尚的单身一族，而是女性。她们选择保持单身，而不是结婚，尽管这样做会大大地减少她们组成家庭和养育孩子的可能性——或许我们也能看到自愿生孩子的女性人数的增长。相反，男性似乎更喜欢结婚，即使单身一族的创造者之一休·海夫纳也一直在结婚。可以肯定的是，不断增长的不结婚的趋势与美国和世界其他地区的女性有更高的教育程度和财务独立密切相关。在 25 岁及以上未婚黑人群体中，这一比例也从 1960 年的 9% 大幅上涨到 2012 年的 36%。

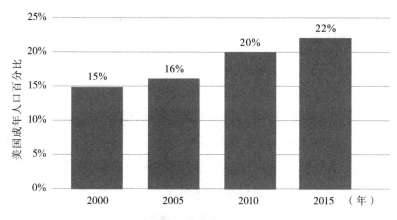

图 2.1　36~45 岁美国从未结婚人口百分比

数据来源：综合公共使用微数据系列之美国社区调查数据。

在美国，单身的未婚成功职场女性并不是一个新概念，它出现在流行文化中还要追溯至广受人们喜爱的电视剧《玛丽·泰勒·摩尔秀》，剧中的女主角是一位刚刚崭露头角的单身新闻高管。该剧于 1970 年首映，当时就取得了轰动效应，赢得了创纪录的 29 项艾美奖，塑造了第一位成为一档主要电视真人秀节目负责人的单身成功女性。它成了其他类似电视剧的鼻祖，比如描写美国有事业心的单身女性选择男人的故事的电视剧《欲望都市》。《欲望都市》中的人物萨曼莎·琼斯在与男朋友分手时，完美地总结了这样一句话——它也是该剧的核心台词："我爱你，但是我更爱我自己。"

然而，不婚族兴起的原因不是完全出于人们自愿的选择，根据一项皮尤研究报告显示，55% 的男性和 50% 的女性愿意结婚，所以这就使得快乐的不婚族人数减半。对于很多人来说，不婚只是因为没有在正确的时间遇到正确的那个人。

显而易见的是，美国家庭不再保持一成不变的模式。这一现象从 20 世纪 70 年代开始，在 20 世纪 90 年代盛行。从来不工作的全职妈妈的比例在直线下降，这种情况被休带薪产假，并可能提早休假数年的职场妈妈取代。但是，这种情况当时并没有被人们认为是婚姻和家庭发生彻底变化的原因。

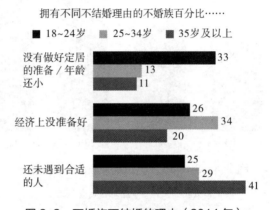

图 2.2　不婚族不结婚的理由（2014 年）

数据来源：皮尤研究中心。

工作变得更有吸引力，甚至更有魅力。随着教育和个人成功不断推动工作的发展，工作对女性的褒奖也在增加。过去，女性可能愿意待在家中照看孩子，而不愿从事一些低级的重复性劳动。但是有谁会不愿意代表一家大公司去周游世界，而去选择做一名全职家庭主妇呢？工作越好，人们越可能去珍惜它——这也正好符合事实。避孕措施的普及、晚婚以及随工作升迁而来的收入的提高，使得结婚与不婚的方程式逐渐倾向于帮助不婚族发展壮大，对于那些教育程度更高且生活更富裕的人来说，尤其如此。

图2.3 36~45岁美国不婚族的百分比（1880—2015年）

数据来源：综合公共使用微数据系列之美国社区调查数据。

公司无论大小，都对这一变化普遍认可。他们喜欢雇用奉行不婚主义的员工，因为他们有更少的私人事假、更低的医疗保险花费以及更长的无抱怨期。不婚族有更自由的时间去追求他们梦想的事业，而不用受到来自家庭的"拖累"。目前，不婚族可能拥有更多工作选择和更快晋升的前景，但是他们没有意识到（除非他们有了孩子），他们没有享受3个月的带薪产假，或者请假去开家长会的权利。如果这一趋势继续保持，那么，你可以想象不婚族会要求每5年有3个月的学术休假，他们可能因为更低的个人医疗花费而不是更高的家庭医疗报销而要求对其进行奖励。每一家科技公司，包括脸书网在内，都出资为其女性雇员冷冻卵子——给予她们更多的机会和能力能够为公司服务更长时间。

所以，当我们估算一下不婚族在当今世界拥有的财富、自由和奖励时，我们将会看到这一趋势的爆发。它只花了大约一代人的时间便从不为人熟知变得家喻户晓。

平心而论，很多不婚族拥有没有签订任何协议的长期伴侣关系。这些关系有时会持续数年，有时会持续数十年。最近，我一直以为结了婚的一对情侣告诉我，他们依然单身，这令我非常吃惊，因为他们维持了他们的伴侣关系，表面上看他们结婚了，而实际上却保持着各自的独立性。这表明人们一旦组建了一个家庭，他们通常不愿放弃它。

1990 年的美国人口普查开始允许家庭户主指定一名家庭成员为他们的非婚配偶。当年被指定为非婚配偶的人数达到了 330 万人，这意味着有 660 万人拥有非婚伴侣关系。今天，超过 1 400 万人过着非婚伴侣生活，而且这一群体每年增长的人数超过 25 万人。美国沃克斯新闻评论网的马特·依格雷西亚斯评论道："同居是一种新颖的婚姻形式，即使对为人父母的人来说也是如此。"

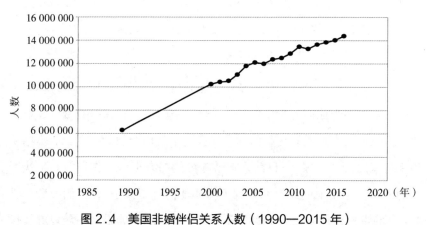

图 2.4　美国非婚伴侣关系人数（1990—2015 年）

数据来源：综合公共使用微数据系列之美国社区调查数据。

在美国，不婚族的一部分人是拥有自己孩子的成年人。这一群体的人数增长很快。依格雷西亚斯说："在过去的一代人的时间里，未婚母亲的宝宝出生数量急剧增加，从 20 世纪 80 年代占总出生人口的 21% 上升到 2009 年至 2013 年的 43%。"然而，这些非婚伴侣关系不可能像婚姻关系那样稳定，非婚伴侣们也无法享受和承担婚姻关系中相同的权利和责任。如果关系破裂，那么非婚伴侣中的女性无法像结婚女性那样在孩子养育和离婚抚养费方面受到相同的保护。

这一趋势不仅仅发生在美国人身上。在其他地区，比如韩国，每 10 个成年人当中就有 4 位未婚，单身女性被赠送"备选方案"指导手册来帮助她们如何保持单身和安全，并活得幸福。1990—2010 年，韩国未婚人口增加了 1 倍。但是，在那些由于重男轻女观念而经常堕掉女性胎儿的某些亚洲国家中，正是由于女性数量的不足才导致了很多男性被迫单身。

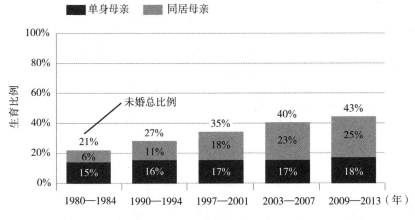

图 2.5　单身母亲与同居母亲生育比例（1980—2013 年）

数据来源：温迪·曼宁、苏珊·布朗和巴特·斯蒂奇斯。

　　甚至在人们认为婚姻的传统价值观根深蒂固的中东地区的一些国家中，男女关系也在经受着挑战。根据沙特中央统计局的最新调查，在沙特阿拉伯，超过 526 万人（该国目前人口为 3 300 万人），包括 300 万男性和 226 万女性，依然未婚。在一个大多数家庭在女儿高中毕业后就会很快将其嫁掉的国家中，这一趋势令人琢磨不透。但是随着越来越多的女性获得高学历，以及虚拟世界将信息时代引入该地区，年轻的男性和女性在合适的人生伴侣出现之前并不着急结婚。

　　尽管令一些人感到不适，但未婚人数的增多创造着大量的经济机会。城市地产经纪人通过出租一居室赚取了房租，而约会场所和约会服务也因更成熟的服务对象而获利。不婚族很少做饭，多在外用餐，他们会购买更多的私人服务，更加倾向于民主党，这对于单身父母来说尤其如此。尽管终身保持单身生活有很多好处，但是当他们到了暮年，问题就会随之而来，尤其是缺少孩子和那位发誓"无论好坏"都会伴你左右的那个人的陪伴。随着这一群体步入老年，相比起那些儿孙满堂的人来说，他们的安全保障则低得多。

现代生活的这些趋势能够被逆转——关键的问题在于我们是否相信对于这 20%~30% 的人来说，不结婚、生育较少的孩子和多为自己生活是更好的选择。根据答案的不同，我们或者需要能够解决不婚族老年生活问题的政策，或者需要更强劲的经济和文化奖励吸引人们结婚和组建家庭。我断定不结婚这一趋势在达到峰顶后不会继续上升，下一代将会回归婚姻，而现在正在寻找另一半的超过半数的不婚族将会在婚姻中找到归宿。结婚将会回归。

3.

开放式婚姻

这是一个人们忌讳的话题，但是越来越多的美国情侣在体验开放式婚姻。相传几年前在美国各地的僻静郊区，人们会在自家前院的草坪上放两把蓝色的阿迪朗达克椅①以表明他们的开放式婚姻的情侣身份。可能这种说法只是坊间的传闻而已。但是郊区人家的草坪上确实有很多阿迪朗达克椅。

当较少的美国人准备结婚时，更多的已婚人士却在戏弄婚姻的真谛。我们不难得出结论，比尔·克林顿和希拉里·克林顿至少采取了一种单向的开放式婚姻。可能这不是他们主动做出的选择，但是直到真相大白时，相关的传闻也经历了数年的日积月累。另外一点毫无疑问的是，与此同时，他们的婚姻关系根深蒂固且旷日持久。如果总统夫妇都采取这样一种婚姻态度，那么对于这个国家的其他人来说这意味着什么？

不专一的婚姻关系呈现上升趋势，令人感到好奇的是这一趋势的幕后推手是谁。而答案再一次指向了大多数千禧一代和一些失落的一代人，他们结婚较晚，在高中毕业后到 29 岁之前的 10 年自由和探索时间里，他们习惯了多样的情感关系。

在今天，如果你是一位郊区治疗师，会有越来越多的情侣上门找你治疗。这一现象虽谈不上普遍，但是越来越多的美国已婚人士将婚姻向其他伴侣开放——有时以一种双方都同意的方式，有时作为一次聚会后

① 一种户外沙发，靠背可以调整角度，沙发座通常用宽的长木条制成。——译者注

的有需求的选择，有时因为另一方陷入了情感的迷失之中。

今天的开放式婚姻与十年前的网恋很相似，正在变得日益普遍，但是你又不能把它透露给孩子或家人。伴侣交换能维持一阵子，但开方式婚姻与之不同。它们较少地建立在性的基础上，而较多地建立在爱的基础上——创造了额外的有意义的情感关系，从某种角度上说，这种关系又属于婚姻的一部分，以夫妻双方为中心去了又来，但是夫妻双方还是婚姻关系中的核心部分。

每个人对什么是"开放式婚姻"都有自己的理解。《新一夫一妻制》一书的作者、性学家塔米·纳尔逊认为："从广泛意义上讲，新一夫一妻制较旧一夫一妻制来说，就是越来越多的情侣认可婚姻的依附关系包含着与主要伴侣联系的更加不固定性。"按照对一夫一妻制的新理解，每位伴侣认为对方是且将来也会是自己的主要依附对象，但是允许存在一种或几种外在的依附关系——只要它们不会对主要的依附关系造成威胁即可。

由于没有很多情侣公开承认自己的开放式婚姻，所以我们很难对这一趋势进行追踪。但是我们得到了一个大致的数据范围，据估计，1.7%~9%的已婚夫妇存在开放式婚姻关系。人们依然对非一夫一妻制感到羞耻，所以很多事实上秉持开放式婚姻的夫妇保持着"社交上一夫一妻制"，换句话说，他们对各自社交圈内的每位成员都表现出遵循"一夫一妻制"的假象。实践着开放式婚姻的人不会去公开承认自己的这种做法。

谷歌是发现人们对开放式婚姻兴趣增长的好地方——谷歌搜索引擎的用户们在大量和多次地搜寻这一名词。《性研究期刊》的一篇文章2006—2015年对数以千计的搜索引擎用户进行了匿名调查："结果显示，一段时间内，对与一夫多妻制和开放式关系（但不是伴侣交换）相关词语的搜索显著增加。"

越来越多的美国人想了解开放式婚姻（无论他们是否认可它）。2016

年某项对 2 000 名美国人的调查表明，其中 4% 的人承认体验过类似的开放式关系。然而，这是一个很大的比例，也就是说，其中有 80 人公开承认突破了传统意义上的伴侣关系的界限。而那些曾经对开放式婚姻考虑过、讨论过，甚至可能实践过，但他们为避免成为别人的评判对象而不会承认的人数可能会更高。另外一项研究报告显示，超过 1/5 的已婚情侣在婚姻中有过双方同意的一夫多妻或一妻多夫行为。

对于好莱坞来说，开放式婚姻看起来是完美的生活方式——明星夫妻们似乎极少与一名伴侣厮守。可能他们认为司空见惯的短暂婚姻是一种更具吸引力的理念，即使最受人喜爱和地位牢固的明星的婚姻也是如此——她们总是在下一部戏中找到她们的下一任丈夫。公开开放式关系可能对于他们抚养的孩子来说更加习以为常。好莱坞发生的事情总是与好莱坞的剧本相同。比如《纸牌屋》中的主人公弗兰克和克莱尔·安德伍德夫妇拥有多名伴侣，其中一名甚至就睡在白宫，而二者却视而不见。似乎在表面之下他们都隐藏着一股妒忌之火。

真实的婚姻与我们在电影中所见到的或由男女演员表演出来的婚姻大相径庭。大多数婚姻都会在某一时刻遇到问题——有时候这些问题是仅出现一次的问题，然后生活继续前行；有时候它属于一些更加严峻的某个问题的一部分。这时候开放式婚姻则变成暂时的应急措施，而不是一种真正的社会体验。我认识的一对幸福的情侣，丈夫要求他的妻子尝试开放式婚姻，结果妻子将他甩了。她对开放式婚姻的理解是重新约会，但对象不是他。

在美国，不忠于婚姻的人数令人震惊。根据一份美国全国范围内的调查，60% 的已婚人士（超过半数）都有出轨行为，而这一数字似乎还在上升。华盛顿大学健康及风险行为研究中心的一项研究表明，过去 20 年时间里，年轻妻子的出轨人数上升了 20%，而年轻丈夫的出轨人数上升了 45%。

《纽约时报》的一篇占据封面的头条新闻指出，开放式婚姻可能更有助于夫妻幸福。而如此主流的媒体都在研究这一问题，足以说明美国人对这一概念越来越关注。这篇文章被广泛传阅，并引起了很多其他媒体的响应（博客、评论文章等）。而文章最后的结论则是：开放式婚姻适用于一部分人，而对另外一部分人不适用——我们现在不仅很有可能与我们的伴侣谈论这一话题，而且我们承认女性也有性需求。不仅男人需要开放式婚姻，而且女性也有同样的想法——"所谓女性的性需求低可能是一夫一妻制的一种症状而已"。

尽管开放式婚姻的讨论有潜在的积极面，但是不遵守婚姻的社会准则依然是一件非常令人不齿的事情。根据舆观调查网的调查，61%的美国人认为理想的婚姻就是一夫一妻制的婚姻，18%的人认为婚姻应该是一夫一妻制。只有7%的受访者渴望非一夫一妻制的婚姻。人类是进化而来的，他们的婚姻关系需要体现这一点。著名的性专栏作家和代表人物丹·萨维奇提出了"非完全一夫一妻制"这一概念，即夫妻双方在大部分时间内要相互忠诚，但同意偶尔各自拥有不同的伴侣。这一概念颇有道理，因为开放式婚姻并不一定意味着每时每刻的"完全开放"，而萨维奇自己在个人生活中也秉持着这一原则。

显然，科技便利了人们实践开放式婚姻。过去，约会几乎不可能发生在一个日夜操劳的母亲身上。现在陌生人可以通过网上即刻约会，而今天大多数人首先通过网络来践行开放式婚姻。而对于那些生活在丈夫与别的女性打情骂俏的单方开放式婚姻里的妻子来说，开放式婚姻也是一种解放。

从某种程度上来说，开放式婚姻能够形成两种关系：能够持续终生的主要关系和朝来夕去的次要关系。后者多发生在更加容易找到约会对象的单身人士身上。这样的关系对于已婚人士来说可能是一个好选择，但是对于处在这种毫无出路可言的附属关系里的单身人士来讲，则能造成毁灭性的影响。这种关系对自尊心也会产生相当不利的影响（"他爱我，但是他对她的爱更浓、更深、更久"）。

可能像伴侣交换一样，这一概念在形成之后会逐渐颓萎，成为一种更小的趋势。可能很多情侣会去尝试开放式婚姻，但是一旦他们有了孩子，他们就会认为这种尝试没有太大意义；也可能我们将会看到婚姻价值的一种普遍性衰退，越来越多的人甚至都不会结婚，即使结婚，他们也不会说"我愿意"之类的话。结婚之前约会时间越长的情侣，可能越容易这样做，而今天已婚人士普遍存在的分居和独立，可能是使开放式婚姻这一趋势变得更加普遍的原因之一。更多的情侣拥有各自的卧室，每天的生活交集不过短短的 20 分钟，他们保持着各自的职业生活——分房睡的生活方式将这一趋势升华。

就个人而言，我期望开放式婚姻更多的只是一种时尚而不是一个趋势——随着越来越多的人宣扬更牢固、更忠诚的婚姻关系的价值，可能会有人站出来反对开放式婚姻。如同我们看到的离婚潮一样，我认为人们越是尝试开放式婚姻，他们就越渴望稳定和安稳的持久性单一婚姻关系。我期待"一夫一妻制者"能够变成一种逆向小趋势。不管人们怎么说，同时保持多个伴侣的关系都不可能成为治疗我们感情空虚的良药。换句话说，如果说我的观点错了，那么十年前就该证明我是错的了。

4.

老单身汉迎来"第二春"

你可能熟悉这样一类真人秀节目，里面魅力四射的男女单身人士竞相获取关注和寻找"意中人"。然而，最新的趋势并不是你听到"单身人士"时脑海中所浮现出来的那一类人。

最新潮、最受欢迎和需求最多的单身人士为 60 岁、70 岁和 80 岁的男士，他们通常因离异而单身，通过晚年的约会而获得新生。他可能在高中时代被人拒绝，但是到了人生的晚年又变成了香饽饽。在 64 岁这个年龄段，每 62 位未婚的男士就对应着 100 位未婚的女士。这是男人一生中最佳的机会。

人的寿命也达到了史无前例的最高值：美国女性的平均寿命为 81 岁，男性为 76 岁。自 20 世纪 40 年代以来，男性的寿命要短于女性。这就造成了人数众多的寡妇的出现——晚年的单身女性人数众多，而对应的男性则越来越少。

在线约会不再是年轻人的专利，它也属于那些无论年纪多大，但拥有年轻心态的人。这些老年单身男士现在有办法进行大量的约会，而这在互联网问世之前是不可想象的，那时候福克斯新闻、周日体育赛事和热牛奶成为老年生活的代名词。与不约会的同龄人相比，约会的老年人"具备更多的社会优势，更可能接受过大学教育，拥有更多的财产，身体更健康，拥有更强大的社会关系网"。

如今，美国离婚和分居的人数众多，因此老年单身男士的人数也不在少数。根据美国退休人员协会的统计，45% 的年龄超过 65 岁的美国人处于离婚、分居或鳏寡状态。20世纪70年代之前，离婚仍旧属于罕见现象，但是45年前开始的离婚潮在今天所造成的结果就是老年人士约会激增。

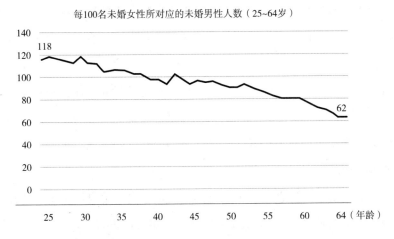

每100名未婚女性所对应的未婚男性人数（25~64岁）

图4.1　按年龄划分的美国未婚成年男女比例（2012年）

数据来源：皮尤研究中心社会和人口趋势研究。

老年单身男士现在的性生活相当频繁——可能比年轻的单身人士还要多。这也意味着这些行为正在带来一些后果，而伟哥、希爱力等一些药物的使用也与此有很大的关系。根据《纽约时报》的报道，最近一些调查显示，年龄超过60岁的美国人中，"一半以上的男性和40%的女性有着活跃的性生活"。

老年单身男士在健康方面存在一些令人担忧的问题，其中一个问题可能令人震惊，那就是性传播疾病的攀升。诚然，在六七十岁的年纪，你不必担心怀孕问题，但是性行为中缺少适当的保护措施导致了一些性病的死灰复燃，根据美国疾病控制与预防中心的报道，65岁以上人士衣原体（52%）和梅毒（65%）的感染显著上升——淋病的感染率居然增加了90%。婴儿潮出生的一代人在艾滋病危机和性病成为一个美国性话题之前就已成年。"根据2010年美国性健康和行为调查，在达到大学年龄的美国人当中，安全套在性行为中的使用率为40%，但是在年龄超过

61 岁的老年人当中，这一数字仅为 6%。《内科学年鉴》发表的一篇研究显示，使用伟哥或相似药物的老年人与 20 多岁的年轻人相比，使用安全套的比例是年轻人的 1/6。"

今天的退休社区，尤其是建在高尔夫球场附近的退休社区具有半乡村俱乐部、半联谊会的性质。与我很熟的一位老年单身男士曾告诉我他如何与他的女朋友分手，之后在专门为犹太人服务的约会网站 JDate 上将自己的状态更改为单身身份——不到 1 小时的时间，他原来的女朋友便联系了他，并打算继续他们的情侣关系。一位老年单身男士恢复单身身份应该算是一个重要消息，借助今天约会网站的帮助，这一消息会很快地传播开来。

然而，新机会与忠诚并不总是如影随形。老年单身男士更有可能背着他的女朋友或伴侣出轨。2008 年英国《每日电讯报》的一篇文章称："根据一项调查，今天的老年男性和女性，他们中很多人在'时尚的 20 世纪 60 年代'长大成人，比起二三十岁的年轻情侣来说更有可能出轨，且较少人有愧疚感。老年人士对不忠的定义范围也远远小于年轻人的定义，大多数超过 55 岁的人认为亲吻不是伴侣的人不算出轨。"

随着老年男士年纪的增大，他们的选择也变得更多，他们感兴趣并能接受的约会对象的年龄范围会变得更广，对于富有人士来说尤其如此。男性与比其小 30 岁的女性约会司空见惯，但是反过来则是一种忌讳。而女性在挑选伴侣时的年纪差异则在 5 岁之间，或大或小。另一方面，男性在挑选"能被允许的最低年龄"的伴侣时，他们继续奉行这样的宗旨：越年轻越好。

年收入超过 20 万美元的单身男士的结婚对象往往比其小 10 岁左右。最近的一项调查显示，这一收入水平的男士中有 10.3% 的人其配偶比他们要小 10 岁以上。唐纳德·特朗普总统现年 71 岁，而他现在的第三任妻子梅拉尼娅·特朗普才 47 岁，比他小整整 24 岁。

表 4.1　按家庭收入划分的美国配偶年龄差距显著的男女百分比

家庭收入	男性		女性	
	年龄差距 10 岁以上	年龄差距 20 岁以上	年龄差距 10 岁以上	年龄差距 20 岁以上
<20 000	10.2%	2.6%	3.7%	0.6%
20~50 000	7.8%	1.7%	2.3%	0.4%
50~100 000	7.7%	1.2%	2.0%	0.3%
100~200 000	8.9%	1.2%	1.2%	<0.1%
200 000+	10.3%	2.2%	0.5%	<0.1%

数据来源：奥斯汀学院。

2017 年《性行为档案》的一份研究显示，在美国，除了 70 岁以上的人群之外，其他年龄段人群的性行为频率都有所下降。"该研究自 1972 年以来最新的一次调查表明，与以前相比，千禧一代和失落的一代每年的性生活次数都有所减少。但是婴儿潮一代以及他们父母的性生活次数要比以前有所增加。"根据美国老年公民全国理事会的报告，老年人的性生活质量正在提高。理事会还认为："老年人认为他们现在的性生活无论从情感上还是身体上，都比他们中年时期的性生活更令他们满意。"

所以，当你认为所有一切都结束了的时候，在今天的世界上你可能需要好好享受一下人生。你需要买些新衣服、一辆新车、效果很棒的润肤霜和一名约会教练对你进行指导。你需要好好打扫一下你的公寓，或者雇清扫工帮你这个忙——没人愿意跟你回到一个午餐外卖盒子随地可见的邋遢公寓中。或者，你可以像越来越多的老年人正在做的那样，另找一处舒适之所。

流行文化正在反映出老年单身人士和老年美国人并不只是坐在摇椅上而是在享受人生乐趣的这一转变。老年人把旅行的含义提高到一个新的层面。"豪华旅行"作为一个时尚的概念正在变得热门起来，但是现在广受欢迎的是老年单身邮轮旅行——和一些，比如银海邮轮公司为 55 岁以上女士推出的绅士伴舞项目，帮助她们进行特别的"爱之船"体验。

谈到我们这里逐渐兴起的海上旅行，大洋彼岸的欧洲人正在大兴老年公寓，并为欧洲正在兴起的"银发经济"做出贡献。传统上讲，老年人一般与家庭成员生活在一起，但是最近的研究表明，更多的退休人士，尤其是男性，正在独自生活。欧盟委员会发布的一份报告显示，25名老年人中只有一名与他的子女生活在一起。在丹麦，最新的趋势是自力更生的退休社区正在兴起，而那里女性人数通常要多于男性。

然而，有这么一个地方的情况正好相反，那就是中国，那里的老年单身人士能做的最好的事情就是移民去美国。中国的单身男士的人数5年内有可能超过澳大利亚的总人口，而老年单身人士将很快会成为约会人群的主力。中国人似乎更喜欢生男孩。根据福建省统计局的数据，到2020年，男孩和女孩的出生比例很有可能为119：100。考虑到这种性别差异，这些单身人士可能需要看一看本书描述的性爱机器人那一章。

尽管电视剧《摩登家庭》里的那位年过半百的男主角娶了一位年轻的新妻子，但在接下来的数年里，这部剧的情景将必定会设置成为男主角在每一集都会有一位新的约会对象。这一趋势当然不仅仅只发生在美国，想一想那些老龄化的国家吧，日本、德国、意大利和希腊。除了罕见离婚的地区外，这些趋势正在全球展现出来，并带来相同的问题和快乐。

表4.2　65岁及以上人口百分比最高的5个国家

排名	国家	65岁及以上人口百分比
1	日本	26.3%
2	意大利	22.4%
3	希腊	21.4%
4	德国	21.2%
5	葡萄牙	20.8%

数据来源：世界地图集。

老年单身男士是一种常态。如果你的母亲和你一起生活，你可以检查一下她在婚恋网站 match.com 上的个人信息，如果有人把车停在你的私人车道或者按门铃，但他是来找你母亲而不是你女儿的话，请不要惊讶。他可能不是开着一辆敞篷福特野马跑车优雅而来，而是驾驶着一辆高尔夫球车，手捧着一束显眼的深红玫瑰花出现在你家门口。这就是现在老年单身人士新生活的写照。

5.

第三次婚姻的胜利者

在我成长的年代播出的一则非常著名的广告里，美国人努力克制只吃一片薯片，但是由于他们缺乏意志力，以及另外一片薯片的诱惑，他们最终管不住自己的嘴。在那个年代里，婚姻是只能进行一次的最终结合，或者，假如离婚属于无过错行为，人们就可以结两次婚。但是现在，越来越多的美国人看重的是希望，而不是经历，他们正在尝试第三次婚姻。

多次婚姻过去被认为是名人和怪人的专利。现在，一次又一次的婚姻是为了找到真爱——或者为当前的 10 年找到正确的爱情的想法越来越普遍，有 900 万成年人结过三次或更多次婚。这一趋势正在影响着婚姻产业、婚姻关系的文化理念以及婚姻制度，它使得名人的多次婚姻看起来更加平常。

在美国，一场婚礼的平均花费为 26 720 美元。但是谷歌的一项搜索显示："离婚只需简单的三步就能彻底结束婚姻关系，且花费只需 89 美元！"但是，即使最便宜的离婚也能给人们和他们的关系造成巨大的情感和社会代价，使朋友和孩子左右为难。20 世纪 80 年代美国的离婚率达到了顶峰，随后开始趋于平缓，甚至开始下降。人们愿意进行第三次婚姻的意愿同样也是一个积极的发展，强调了人们对深厚和持久结合的需求——抑或婚姻已变得更像一片一次性的纸尿裤，等到变得一团糟的时候就将其扔掉？今天，我们看到较少的人愿意结婚，但是每年人们尝试和再次尝试婚姻的却很多。

2008—2015 年，有过连续婚姻的人数从的 860 万人上涨至 920 万人。简单地说，到 2017 年，每 19 位已婚人士中大约有一位结过三次或更多次婚。结过三次或更多次婚的美国人的数量每年以接近 10 万人的速度增长。而增长人数最多的年份是 2013 年，这一年结过三次婚的人数上涨了 20 万人。而这一年美国人口普查局的美国社区调查开始将同性婚姻的数量计入总婚姻数量，可能这不是一个巧合。有一种可能是过去尝试过异性婚姻但失败了的美国同性恋、双性恋和变性人群体，在 2013 年他们后来的同性婚姻被官方正式纳入统计。

图 5.1 美国有三次及以上婚姻的人数

数据来源：综合公共使用微数据系列之美国社区调查数据。

离婚在 20 世纪 70 年代之前并不常见。1940—1970 年，只有 1% 的夫妻离婚。人们可能想离婚，但是直到 20 世纪 70 年代之后法律被修改，才使得离婚变成了一个较为简单和公平的过程。1970 年以前，夫妻一方必须证明对方有"过错"——出示通奸、滥情、家暴或酗酒等过错的证据——之后双方才能签署离婚协议。即使过错能被证明，双方还要分居很长一段时间才能正式离婚。就像莎莎·嘉宝在 1987 年所调侃的那样："钻石不是女孩的挚友，离婚律师才是。"随着女性参加工作，在经济上变得更独立，她们中越来越多的人决定不再依赖她们的第一任丈夫。

富人和名人的这种离婚和再婚的模式也损害了婚姻的神圣性。很多美国演员和摇滚歌星的形象和持续的自我重塑，几乎都代表着对多名配偶的需求。这些最为公众所注意和最受尊敬人士的不断离婚，也会对美国人如何看待结婚造成影响。简单列举几个结过三次以上婚姻的一线明星吧，他们有凯特·温斯莱特、汤姆·克鲁斯、金·卡戴珊、詹妮弗·洛佩兹和尼古拉斯·凯奇。这些人只是我们这个时代最大牌和最有影响力的明星中的一部分。人们不禁要问："如果连最富有魅力的婚姻都会破裂，为什么自己相当普通的婚姻却应该维持？"

持久性婚姻所经历的这些混乱和多变的时代，也能从我们的总统的身上反映出来。罗纳德·里根是第一位偕第二任妻子入主白宫的总统。唐纳德·特朗普是第一位偕第三任妻子入主白宫的总统。让人感到相当矛盾的是，特朗普得到基督教福音派的支持率达到了历史新高。

第三次婚姻一般发生在人们50岁左右。离异人士大致在三个不同阶段做出离婚选择：早期阶段，即当他们将第一次婚姻看作一种错误；7到10年的婚姻之痒阶段，即婚姻被孩子和责任等沉重负担所压迫；空巢阶段，即当孩子离家独自生活，为了孩子而结合在一起不再是一种必要。一般结三次婚的人都经历了这三个阶段。

不无意外的是，寻求第三次婚姻的人更可能会与离过一次婚的人结合，而这一事实也给家庭关系带来了一种新的复杂性，相比之下，电影《脱线家族》的家庭关系就显得简单明了了许多。决定哪个孩子跟哪个家长过哪个节日，可能得需要一款应用程序来帮忙。根据2015年（最新一次美国社区调查的实行年份）的数据，那些结过三次（或更多次）婚的人一般与其他离异者重新组成家庭。

我们想象一下一位有过两次婚姻的有代表性的50岁的人，正在寻找他们的第三段婚姻。让我们假设其约会对象的年龄范围在40岁到60岁之间。而这一年龄段未婚人士中（包括鳏寡和离婚者），不到20%的人已经结过两次或两次以上的婚。而多数人（44%）从未结过婚。

但是，在这些50岁左右且结过两次婚的人中，只有18%的人会与未婚人士结合。相反，对于第三次婚姻人士的配偶来说，此次婚姻更多情况下是他们的第二次婚姻（45%），或者，像他们的配偶一样，此次婚姻也是他们的第三次婚姻（37%）。似乎想要结第三次婚的人喜欢找寻那些有三次婚姻经历的人。

有 3 300 万名美国人已经结了两次婚。其中，2 200 万人依旧身处婚姻中，290 万人处于鳏寡状态，大约 850 万人离异或分居（再一次）。换句话说，大约 26% 的第二次婚姻以失败告终。

但是第三次婚姻真的有吸引力吗？在 920 万名结过三次婚的人中，有 560 万人依旧身处婚姻中，有 83 万人处于鳏寡状态，大约 270 万人离异或分居（再一次），这意味着大约 30% 的第三次婚姻已经以失败告终。所以对于结过三次婚的人来说，实际上他们比第一次结婚的人更加可能经历失败的婚姻。但是这并不意味着放弃尝试是正确的做法。第三次婚姻与前几次婚姻的差异并没有那么大，第三次婚姻与其他几次婚姻成功或失败的概率相同。这可能意味着第三次婚姻与第一次和第二次婚姻一样，需要做同样的努力，进行同样的付出和索取。

表 5.1　已婚人士的婚姻次数（2015 年）

目前为第几次婚姻	配偶目前为第几次婚姻		
	第一次婚姻	第二次婚姻	第三次及以上婚姻
第一次婚姻	88%	10%	2%
第二次婚姻	42%	46%	12%
第三次及以上婚姻	24%	46%	29%

数据来源：综合公共使用微数据系列之美国社区调查数据。

第三次婚姻可能对孩子造成较少的影响，更多的是为寻求年老时的一种安全和舒适，以及在步入老年时确保有人陪伴。但是这并不是说它不会造成家庭关系的紧张，成年的孩子可能会对没有直接血缘关系的继父母心生憎恶。

第三次婚姻的增长可能意味着婚姻本身变得并不牢靠，但是整个婚庆产业正在崛起——这是一个一年能创造 700 亿美元的产业。同样炙手可热的还有在线登记服务和业务——除了商业巨头威廉姆斯－索诺玛公司、陶瓷谷仓和塔吉特公司之外，还有很多成功的婚庆产业创业公司，比如 Wedding Wire 和婚礼筹备资讯网 Lover.ly，与婚庆有关的应用程序经济似乎永不会停歇。结婚，即使是第三次结婚，也是人生中的一件大事，现在人们开始尝试数字体验，而不仅仅是通过社交媒体来记录这一美好时刻。有什么比在图片分享应用程序 Instagram 上发布订婚讯息更能获得更多人点赞和关注呢？有什么比在脸书网上放一张大大的戒指照片更能获得更多的关注和称赞呢？或者，由喜极而泣的朋友陪伴步入婚礼殿堂是一种怎样的体验呢？

尽管第三次婚礼可能不那么令人着迷，但是依旧能够使家人和朋友感到欢乐和兴奋，并为度蜜月提供一个非常棒的理由。平均来说，现在的人一生中要度两次蜜月。而有数百万人正在准备度第三次蜜月。随着人们的寿命延长至 90 岁至 100 岁，我们预期会有越来越多的人步入第三次婚姻殿堂，并且越来越多的人已拥有两位或者三位配偶——当然不是同时拥有。

6.
双性恋

过去十年，美国公众对特殊性取向人士，即男女同性恋、双性恋、变性者和质疑自己性取向的人士，表现出很少的歧视态度，尤其是最高法院和选民通过投票，以绝对优势同意对同性恋婚姻进行立法，使同性恋婚姻法正式成为美国法律。今天，一场关于对变性者公平待遇的美国性辩论正在上演。更有意思的是，占特殊性取向人士比例最大的双性恋者——依然是最少被关注的群体，即使双性恋者在年轻成年女性中所占的比例已达到两位数。

好莱坞一直扛着公开支持双性恋的大旗——领军人物包括大明星安吉丽娜·朱莉、德鲁·巴里摩尔、安妮·海切、已故的大卫·鲍伊、克里斯汀·斯图尔特、安迪·迪克和安娜·帕奎因等。好莱坞的《欲望都市》女演员辛西娅·尼克松，现实中也是双性恋者，她却说："没人喜欢双性恋者。我们得不到别人的尊重。"这可能也是统计数据显示双性恋者不像同性恋者那样经常公开自己身份的原因。

即便是相对来说有很少的双性恋者声称他们由于性取向问题而受到歧视，且双性恋也不是一个新概念，双性恋者还是对自己的真实身份保持沉默。双性恋不光在人类身上常见，在自然界中也很常见，比如蛇、海豚、蝴蝶和青蛙都有双性恋行为。

根据研究，在特殊性取向群体内，双向恋者认为他们的性取向对于他们的身份来说并不重要。根据皮尤研究中心的一项研究，70% 的男同性恋者和 67% 的女同性恋者可能对自己的母亲公开身份，而 53% 的男同性恋和45%的女同性恋会对自己的父亲公开身份。相反，在调查中，只有40%的双性恋美国人会对母亲公开身份，而不到1/4，即24%的双性恋者会对父亲公开身份。通常来说，公开自己的身份不是一件小事，尽管人们现在对同性恋有了更多的了解，但对双性恋，他们还是持有很多疑问和怀疑，而这能影响你对家人坦白自己身份的意愿。

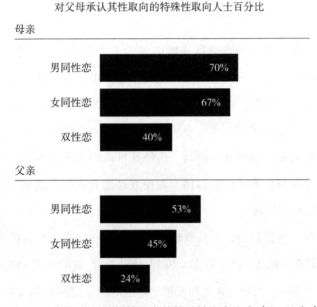

对父母承认其性取向的特殊性取向人士百分比

图6.1 对父母承认其性取向的特殊性取向人士（2013年）

数据来源：皮尤研究中心社会和人口趋势研究。

　　尽管很多好莱坞影星对公开自己的双性恋身份毫无顾忌，但是双性恋在美国流行文化中还是没有得到充分展现。人们认为双性恋还没有像同性恋那样依靠电影《断背山》取得文化上的突破。根据同性恋者反诋毁联盟的一份关于特殊性取向人士在电视中被呈现的情况报告，尽管双性恋人物角色出现在电视剧中的频率更高，但很多这些角色代表了对美国双性恋者那种危险的刻板印象，比如"野性"或者反复无常。

　　研究人员麦基·弗里德曼说："双性恋男女面临着来自异性恋者和同性恋者的偏见、羞辱和歧视。"他认为："这能导致孤立感和被边缘化的感觉，而先前的研究已表明，这会加剧他们对药物的滥用、抑郁和危险性行为。"这也使得他们对诸如艾滋病等疾病的警惕心理下降并采取消极治疗。简而言之，在美国成为双性恋者是危险的——无论对身体健康和精神健康来说都是如此。

双性恋者绝大部分是女性，尽管原因目前还不清楚。丽莎·戴蒙德在其《性流动》一书中解释了在过去人们认为对于女性占绝大多数的双性恋者来说，双性恋只是为了满足她们的一些幻想——并被一些聪明的术语描述成一种暂时的状态或时期，这些术语包括弹性异性恋、转为异性恋的女同性恋或毕业后转为异性恋的女同性恋。这种认为女性双性恋是"暂时的双性取向"的态度数年来被当作推销手段来使用，比如，两位女性在一起摆出性感和半遮半掩的姿势来宣扬时尚品牌或为女同性恋电影做含蓄的宣传。同时，男性双性恋很少被人们接受，这经常被看作对男性同性恋身份的"遮掩"。双性恋者为在特殊性取向群体中为自己争得一席之地和将自己定义为政治运动的一部分而努力着。学术研究人员调查了745名双性恋者后发现，在双性恋者受到来自正常性取向人士的更多歧视的同时，他们也受到来自男女同性恋者的歧视。

近年来，公开自己双性恋身份的美国人人数在上升，一个主要的原因是千禧一代开明的思想。2016年，千禧一代占据了美国特殊性取向成年人口的7.4%。而婴儿潮一代只占3.2%。双性恋人数的增加正在日益影响着人们的约会，尤其是对约会网站产生影响。一些网站上的选择对象一栏中仍然只有男士或女士两个选项，而更多的网站允许你在该栏中选择男士或女士，或者同时选择二者。然而，双性恋者在线约会时依旧面临着一些特殊的偏见和骚扰——女双性恋者经常被一对正常性取向的情侣引诱参加三人性活动，而她们通常在个人的约会网站上贴出反对此类欲求的警告，即用大写字母标明"我对情侣不感兴趣"。

表6.1　按年龄划分的特殊性取向人士百分比（2012—2016年）

	2012 %	2013 %	2014 %	2015 %	2016 %
千禧一代（1980—1998）	5.8	6.0	6.3	6.7	7.3
被遗忘的一代（1965—1979）	3.2	3.3	3.4	3.3	3.2
婴儿潮一代（1946—1964）	2.7	2.7	2.7	2.6	2.4
传统一代（1913—1945）	1.8	1.8	1.9	1.5	1.4

数据来源：盖洛普每日追踪。

这些双性恋者大多数是年轻的女性。在皮尤研究中心调查中声称自己是双性恋的女性占总调查人数的13%，她们大部分人的年龄都在49岁以下，而女同性恋则均匀分布于各年龄段。一半的男同性恋者认为他们的性取向对他们很重要，只有1/5的男双性恋者持相同观点。

双性恋也在政治上崭露头角——宗教权运动，这惹怒了不少人。2015年，俄勒冈州州长凯特·布朗成为美国历史上第一位公开自己双性恋身份的美国州长。随后，来自亚利桑那州的众议员克里斯滕·希妮玛等人也公开了自己双性恋的身份。双性恋选民是一股很重要的力量，他们是美国特殊性取向人士最大的组成部分。但是，在共和党中，双性恋者却没能像同性恋者在民主党中那样发挥重要作用。根据皮尤研究中心的调查，40%的公开双性恋身份的人没有依附于任何党派，而相比之下，民主党中有很多同性恋男士。双性恋者也不大可能像同性恋者那样看重特殊性取向群体的一些传统事项，比如对艾滋病病毒的治疗、变性人士投保事宜和特殊性取向人士平等就业问题等。尽管双性恋者的选票唾手可得，但是，很少有政客用对其他组织来说很常见的性别或身份话题来吸引双性恋者的选票。

双性恋者比男、女同性恋者来说更贫穷或受教育程度更低。40%的男同性恋者和36%的女同性恋者接受过大学教育，而只有23%的双性恋者取得过大学学位。双性恋者的年收入更可能低于3万美元，这些基本的经济状况可能与双性恋者不愿公开身份有密切的关系。

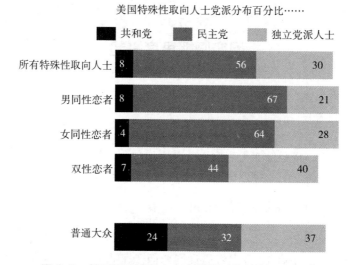

美国特殊性取向人士党派分布百分比……

图6.2　美国特殊性取向人士的党派分布（2013年）

数据来源：皮尤研究中心社会和人口趋势研究。

　　作为一个大部分由更年轻和更贫穷的女性组成的群体，如果透露她们的性取向会失去结婚和组建家庭的机会，公开身份对于双性恋者来说可能并不是一个可行的经济选择。如果她们的伴侣不愿意她们拥有多名伴侣，她们就不会有用双性恋婚姻取代失去婚姻和家庭机会的想法。

　　随着人们对性的态度的变化，我们可以期待会有更多的双性恋者公开身份，并可以把这一还未开发但很重要的群体定位为能够在不久的未来对商业、政治和娱乐产生影响的群体。

7.
网恋婚姻再度兴起

十年前，我们在《小趋势》一书中描写了人们通过网恋而结婚的现象，现在，通过网恋而结婚已经变成了一种被证实了的巨大潮流，永远地改变了 21 世纪相爱和结婚的过程。

当《小趋势》一书在 2007 年问世时，我们预测当年 440 万名将要结婚的美国人中有 10 万人将通过网恋而步入婚姻殿堂。通过网络进行约会将成为未来的一个趋势，2007 年，在大多数通过网络进行约会的人中，有人感到紧张（65%），有人持怀疑态度（55%），有人感到尴尬（27%），但是，他们还是会通过网络进行约会。十年后的今天，通过网络进行约会的人数增加了 8 倍之多——每年有 70 万次婚姻始于通过网络而进行的约会。

通过网络进行约会的第一个显著的变化，是从笨拙的台式机操作过渡到使用容易与朋友分享的简单易懂的手机应用程序。手机交友软件 Tinder 于 2012 年问世，在美国受其影响最大的是 18~24 岁的年轻人群体。在这一群体中，通过网络约会而找到伴侣的人数占该群体总人数的比例从 10% 上升到近 30%。不光是年轻的美国人通过网络邂逅爱情的人数实现了爆炸式增长，55 至 64 岁的美国人通过网络进行约会的人数也呈现出令人震惊的增长。而通过网络进行约会的人群中，一些年纪更大的人的人数也翻了一番——仅仅用了两年的时间便从 2013 年的占该群体总人数的 6% 上升到 2015 年的 12%。

Tinder 用户通过地理位置就能不费力气地找到其他用户——而这只

需要一个脸书网账号和几句话的自我介绍就可以办到，这种便利性使得 Tinder 在 2014 年 1 月的用户量就到达了 1 000 万人。截至 2014 年 12 月，它的用户量超过了 4 000 万人，每天的用户选择对象次数达到 10 亿次（往右滑动代表配对，往左滑动代表放弃）。起初，人们对 Tinder 采取了讥讽的态度，认为它促使人们在肤浅的外表和实际内涵之间进行选择。但是，这款应用程序触发了最原始的约会冲动——眼缘。尽管这意味着这样的配对可能不会成功，但是它却让人们拥有了更多的约会机会。

表 7.1　已知网络约会人士的美国人口统计（2015 年）

	每一类别人口百分比	
	已知网络约会人士的美国人口百分比	已知通过网络约会而建立起长期关系人士的美国人口百分比
所有成年人口	41%	29%
18~24	57%	34%
25~34	56%	33%
35~44	45%	33%
45~54	38%	29%
55~64	33%	28%
65+	21%	20%
高中毕业及以下	25%	19%
大学毕业未取得学位	46%	30%
大学毕业取得学位	58%	46%
收入低于 30 000 美元	30%	20%
收入 30 000~75 000 美元	40%	28%
收入高于 75 000 美元	58%	43%

数据来源：皮尤研究中心。

这些数据表明，尽管通过网络进行约会会导致更多的一夜情，但这也会促成成功婚姻的产生。尽管有 48% 的通过网络约会而结合的情侣通过发邮件和信息分手，研究人员也发现，与非网恋而结合的夫妻相比，通过网恋而结婚的夫妻更可能拥有较高的婚姻满意度和较低的离婚率。根据芝加哥大学的一篇研究报告，这些夫妻拥有较高的婚姻满意度，这篇报告的主要作者得出这样一个结论："这些数据表明，互联网可能正在改变婚姻的动态和结果。"

另一项最新的研究是基于2017年的一个由2 669对情侣参加的项目，该项目由斯坦福大学社会人口统计学家迈克尔·罗森菲尔德主持，该研究发现，人们通过网恋并最终结婚的速度要快于那些通过其他方式相识并结婚的人（网恋者一般在相识三四年内结婚，而非网恋者则花十年时间结婚）。罗森菲尔德说："我多少感到有些惊讶，人们通常认为网络约会不会形成稳定的情侣关系；而另一方面，我之前的研究表明网恋的情侣和非网恋情侣在关系稳定性方面并无二致，这一真实性会持续下去。"

网络约会从根本上说是一个关于效率的问题。非常类似于优步黑色高档专用车和出租车的关系，约会应用程序就是利用数字技术帮助你更加快速地找到新的约会伴侣。这比酒吧、教会活动和高中校友会等方式要有效和快捷得多。

但是，它依然允许用户表达个人关于种族、宗教和年龄方面的偏见——而且通过有效和便捷的方式进行表达。在克里斯汀·鲁德尔所著的《数据灾难》一书中，一家约会网站OKCopid的创始人对人们如何约会，以及网络约会是否会恶化等一些社会问题进行了追踪。其结果令人震惊——总体上讲，女性随着年龄增长想要与自己年龄相仿的人进行约会。而相反的是，男性总是希望与比自己年轻很多的女性约会。这就造成了一种不均衡，即年轻的单身女性拥有更广泛的选择范围，而年纪较大的女性却始终无人青睐——这加剧了不婚族的问题。

网络约会带来的问题有人欢喜有人忧。比如，在网络约会中，所有种族的男性对黑人女性的评价要低于白人女性，这使得黑人女性有较少的网络约会机会。而白人男性对亚裔女性的评价很高，这使得亚裔女性的平均选择范围更广。越来越多的白人女性被黑人男性吸引，但是她们对亚裔男性的评价却很低。根据《数据灾难》一书的描绘，诸如此类的个人喜好和态度，无论全世界的情况是否如此，都意味着亚裔男性和黑人女性在网络约会链条上处于较低的位置。

尽管有这些趋势的存在，越来越少的人只选择与自己同种族的人进行约会。根据 OKCupid 的数据，只与同种族的人约会的这种强烈意愿，从 6 年前的超过 40% 降低到如今的 30% 以下。这表明，尽管约会依旧存在着种族喜好问题，但是总体上呈现出一种开明的趋势，即人们从更广泛的种族群体中挑选自己的约会对象。这一点在网络上尤其如此，因为网络约会者可能有着更积极的社会生活、受过更好的教育和有着更高的社会地位。因此，网络约会并不像十年前我在《小趋势》一书中所预测的那样阻止不同阶层人们相互约会。如果说有什么不同的话，那就是新的应用程序，比如 The League（将优秀的常春藤校盟毕业的城市居住者聚拢在一起）在做着正好相反的事情，将约会进行再分化，它使得越来越多的人能够找到与自己具有相似背景的人，并与之结婚。

手机约会呈现出最大的一个趋势是老年用户的增长。越来越多的美国老年人，包括从婴儿潮一代到 70 多岁的寡妇，都在进行网络约会寻找伴侣。甚至出现了一些像 Stitch 之类的约会软件，专门为 50 岁以上的人士服务。根据皮尤研究中心的调查，2013—2015 年，55~64 岁的人进行网络约会的人数从占该群体总人数的 6% 上升至 12%，这可能看上去不是一个很大的增长，但是要知道，65% 的该年龄段的人都已结婚，这意味着这一年龄段 1/3 的单身人士都在进行网络约会。

同性恋者在所有群体中最热衷于网络约会——70% 的同性恋感情始于网络约会。基达是最著名的同性交友应用程序，日均活跃用户达到 200 万人。它可以帮用户找到几百码[①]范围内的一夜情对象，77% 的基达用

---

① 　1 码 ≈0.91 米。——编者注

户想要结婚，而 76% 的用户想要孩子。

使用在线约会网站或约会应用程序的每个年龄段百分比

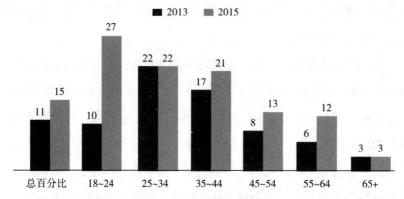

图7.1　按年龄划分的约会软件使用情况（2013—2015 年）

数据来源：皮尤研究中心。

在国际范围内，通过网络和手机进行约会正在对婚姻造成影响。在一些国家，比如印度，常见的保媒活动正在网上兴起。在线约会网站 BharatMatrimony 通过两轮融资，已从 3 位投资者手中筹到 2 035 万美元。为侨居国外者做媒的 Dil Mil 是东南亚地区发展最快的婚恋公司，融资额已达 380 万美元。

英国《每日邮报》把互联网看作遇见未来配偶的第五种最佳方式。根据知名在线约会网站 eHarmony 的统计，英国在线约会人数增长显著，该网站的广告扉页上写着："我们的研究表明，英国 2/3 的人将来在单身后会进行网络约会。"该网站宣称："从同事或好友变成情侣的比例从 2007 年的 18% 下降到 12%。"这无疑意味着越来越少的人通过传统方式进行约会——无论是通过个人还是通过朋友介绍。

十年前我们第一次在《小趋势》一书中分析的网络约会现在已变成一种常态。它不再是绝望者和被孤立者的避风港。根据皮尤研究中心 2005 年的调查，44% 的美国人认为在线约会是交友的一种好方法。

十年后，有近 60% 的人持有此看法。然而，在线约会依然能够带来偏见——它成为为数不多的几个人可以公然歧视某些群体的地方之一。如果想要增加成功的婚姻和家庭的数量，我们就需要向那些缺少选择的群体提供帮助，来确保我们都能够得到我们想要的情感关系。

8.

情侣式婚姻

一个又一个的趋势表明，婚姻正在被人们新的生活方式重新定义，所以一个并不奇怪的现象就是今天很多已婚人士，尤其是晚婚人士，婚后都保持着一些独立的生活习惯，经常分开休假，分别睡在不同的房间，各自沿用婚前的名字等。已婚人士从来没有像现在这样过着如此独立的生活。

有一种家庭则是这种生活方式的忠实代表，那就是军人家庭——军人家庭的夫妻双方由于工作性质不得不常年"分居"。但实际上，军人是离婚率最低的职业之一。空乘人员的情况也是如此。问题是我们是否能在那些夫妻双方不是出于工作需求但也过着独自生活的家庭中发现同样的结果。

从某些方面讲，这一趋势呼应了在《小趋势》一书中提到的异地分居夫妇现象——1992—2005 年，异地分居夫妇的人数增长了 2 倍。自从《小趋势》一书出版十年来，异地夫妇的数量稳定在 340 万对至 380 万对之间，而他们的婚姻也不再被认为是非主流婚姻。如果有什么变化的话，那就是夫妻双方独自生活的方式有增无减。

现任总统唐纳德·特朗普和他的妻子梅拉尼娅，就是婚后各自独立生活的极端代表——不久前，他们还有各自的卧室和各自的生活居所，甚至还生活在各自的城市。但是，他们的婚姻看起来还是相当牢固的。

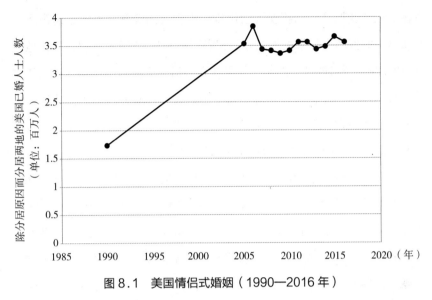

图 8.1　美国情侣式婚姻（1990—2016 年）

数据来源：美国人口普查。

　　我们今天看到的很多现象，就是人们多年以来独自生活和采取独立的生活习惯所造成的结果。这些习惯包括：不同的作息时间、饮食，对光线、温度、噪声和其他生活空间的控制要求。所以，很多选择结婚的人不会打乱他们的生活方式。相反，他们寻求保持各自独立的品味，采取电影《安妮·霍尔》中安妮·霍尔式的生活观——生活在位于公园两头的各自的公寓里。

　　根据《今日心理学》杂志发表的一篇文章，情侣二人，包括已婚情侣，独自生活的时间越多，越会促使他们来计划他们在一起的时间，这对于异地居住的情侣来说尤其如此。这篇文章称，如果你的妻子住在距你两小时车程的地方——你们肯定会精心安排两人的时间，双方需要相互承诺，并避免做一些"乏味的事情"。文章还认为："我们很容易看到这种'做出一些选择'和'放弃另外一些选择'的做法可能会鼓励情侣们更努力地去营造约会，参加一些更有趣和自我拓展的活动来减少乏味感并增加满足感。"

　　然而，这种为与爱人相见的奔波也会给婚姻造成创伤，这种创伤至少在说完"我愿意"后很快就会出现。夫妻之间经常相隔较远的距离会增加离婚的概率。如果夫妻双方的相隔距离超过45分钟车程，那么他们有40%的离婚可能性。然而，如果独立生活的夫妻双方保持这种生活方式的时间越久，即保持这种既不黏在一起又不彻底分开的生活状态，那么相见所需的时间便不是问题。然而，异地居住的情侣只是冰山一角。今天，即使生活在一起的情侣也保持着各自的生活。

婚后各自独立生活这一趋势的一个显著的例子，就是夫妻双方分床睡。根据美国睡眠基金会的调查，1/4的已婚人士现在分床睡——一些调查认为有些夫妻没有如实回答，如果是这样的话，分床睡的夫妻可能占已婚夫妻的30%或40%。家具设计师和室内设计师已经注意到了这一趋势，并在不断增加两个主卧室的房屋设计——使之具有不同的设计方案和风格，以及两张迥异的床。美国住宅建筑商协会预测在不久的未来，60%的美国房子将具有两个主卧室。

为什么会出现两个主卧室这种如此巨大的变化？这可能与呼吸暂停症的确诊率增长有关，因为没有人想每天晚上都睡在一个鼾声如雷的人身旁。睡眠紊乱和呼吸紊乱症状正在全世界呈上升趋势，在一些新兴市场国家，比如印度、中国和巴西尤其如此。以前，与伴侣分床睡是人们不愿谈及的一种忌讳。因为那意味着夫妻的感情破裂和缺乏亲密感。但是，现在人们越来越接受这一现象，而这体现在情侣们为设计两个卧室所进行的投入上。很多关于分床睡的报道甚至对这一新的生活方式表现出赞美之情，并且很多专家也已经意识到独立生活的夫妻分床睡的益处。无论是由于打鼾、睡眠习惯，还是对私密空间的渴望等原因所造成的情侣分床而睡，这种新的生活方式都可能会改善他们的关系。

婚后各自独立生活的生活方式所包含的这些因素和行为，可能是已婚人士一直以来所需要的。如果你不能忍受你丈夫的睡觉习惯而与他分床睡，或者如果你独自在自己的公寓度过一个星期的几个晚上，那么你的婚姻也不会遭遇太大的紧张关系。考虑到不同生活习惯的人们结合在一起，以及美国人的生活方式，可能婚后各自独立生活的这种生活方式并没有让人感到孤单——相反它很有帮助。充足的睡眠能够改善心情和提高性生活质量。据说，婚姻专家斯蒂芬妮·肯特兹曾在《纽约时报》上说分床睡的夫妻对他们的婚姻"有信心"，并说这不会"对他们的性生活有什么影响"。

婚后各自独立生活能产生多方面的影响。首先，在医疗保健和疾病方面，一个人健康的关键维护者之一就是他或她的配偶，他们能确保伴侣进行定期的身体检查，保持身体健康和生活幸福。是否这些新趋势会使配偶忽略那些他们的至亲独自生活所不能发现的关键的警示迹象？有研究表明，婚姻能够对健康产生积极的影响。最近，英格兰对 2.5 万人做出的一项研究发现，已婚人士患心脏病的存活率比单身人士要高出 14 个百分点。从健康层面上说，与单身人士相比，已婚人士的寿命更长，患心脏病和中风的概率更低，他们较少地感到压抑，并更有可能从重大疾病中存活下来。而这在一些特定的人群中更加明显——那些生活在最底层且没有配偶来帮助他们从癌症中康复的白人男性。婚后各自独立生活的生活方式的兴起是否会减弱这些优势？

其次，配偶的关系如何影响他们的孩子？是否孩子们会从一个父母双全的家庭中获益——如同其他很多孩子一样？或者，是否这会使孩子们产生那种离婚家庭的孩子所熟悉的孤独感？还有一种可能就是，美国独立生活的已婚人士的孩子们将来也会采取同样的生活方式，因为他们长大后获知独立是成功婚姻的关键因素。不婚族趋势产生的原因之一就是年轻人看重他们的独立性，但是，可能婚后各自独立生活这种模式的兴起会给千禧一代提供一种折中的方法。如果夫妻双方既能保持自由又能结婚，那么可能婚姻会变得更加有吸引力。或者情况恰恰相反，如果不婚族将婚后各自独立生活看作对婚姻并不重要的观点的一种肯定的话。

关于婚姻的文化态度也在发生着明显的变化，婚后各自独立生活的趋势将会继续扩展美国人对婚姻的定义。当我们谈及婚礼或者招待朋友和家人的晚宴时，以前邀请配偶的这种文化习惯是否会发生变化？如果一场婚礼的新娘只是一对夫妻其中一人的朋友，那么另外一人是否不会被邀请参加婚礼？夫妻一同去参加活动或庆典的做法是否会消失？

婚后各自独立生活的另外一个常见的做法就是各自度假。以前，你的配偶陪你一起旅游，但现在情况发生了变化。美国夫妻分别度假的做法现在很常见。无论是男士的独自旅行，或者带着孩子但不带配偶的旅行——越来越多的美国人在旅游时看起来像是单身人士。根据旅行网站猫途鹰网的调查，该网站59%的用户旅行时没有配偶的陪伴。奥巴马总统和他的夫人米歇尔也以各自度假而著称——这对于很多专家来说是一种"力量的迹象"。如同分床睡和分屋而居一样，各自度假可能会让夫妻双方享受到更多的让彼此满意的共同时光。

这种各自度假的想法和各自大手笔的支出也影响着消费者的行为。丈夫或妻子的出游带来了一个完整的市场——有专门针对夫妻一方带孩子或不带孩子的游览和体验。整个旅游行业也注意到这一趋势——但同时也会有更多的针对年纪较大的已婚人士的"女孩周末"度假项目。流行文化也对这一趋势有所描绘，而不光只是聚焦那些单身派对。2017年夏天开播的最受欢迎的四部根据现实生活改编的电视剧之一《嗨翻姐妹行》里，就描述了四位女性（有的已婚，有的未婚）一起单身旅行的故事。

可能将来会有更多的针对单独游客或非情侣小团体游客的度假套餐服务。可能旅馆也会提供更多面积较小、价格便宜的单人房供单独游客挑选。目前对单独旅行本身和成本存在一种酒店行业不得不解决的偏见。随着爱彼迎和服务于单独游客的可租赁的小房间和小公寓的问世，旅馆业将不得不考虑改变传统的两人一间房的惯例和因此而产生的高价格问题。

婚后各自独立生活的趋势也会影响房地产市场——其实影响已经产生了。从设计更多的拥有两个主卧室的房屋到室内装饰迎合夫妻双方的品位，住房、家具和室内装修产业将会迎来经营上的变革。根据《华尔街日报》的报道，在美国最顶端的10%的房产市场中，拥有多个主卧室的房屋标价要比只有一个主卧室的房屋标价平均高9%。甚至，根据2016年的一项调查，每三位寻求200万美元以上房产的购房者中就有一位表达出对两个主卧室的兴趣。

我们现在比以往任何时候都更加彼此独立——我们在品味、习惯、消费和医疗上都是如此。而这一趋势不断呈现出全球化态势。婚后各自独立生活的趋势绝不为美国所独有。比如，2011年英国人口普查的结果显示，6%的伦敦夫妻各自生活。实际上这一生活方式在欧洲比在美国更常见。做出这一决定经常是出于更实际的原因，比如教育或者仅仅是为了践行一种更加自由的生活态度。在其他国家，比如俄罗斯、法国、德国和挪威，接近10%的夫妻各自居住。在英国，"已婚但独立居住"的夫妻占英国成年人口的10%。

不同的卧室、职业和居所，都可能是驱使已婚夫妇各自独立生活的原因。但是这一般不是问题。婚姻现在不再是过去的样子，人们越来越想既要有配偶又保持持续的独立性。从这个角度上讲，已婚但各自生活的夫妇，正试图找到一种既能享受二人世界的美好来保持对婚姻较高的满意度，又能享有更多的独立性的一种方法。

第二章

健康和饮食

9.
蛋白质控

　　过去几年里最令人感到意外的趋势之一就是蛋白质战胜了碳水化合物，伴随而来的是人数不断增加的蛋白质控。这一趋势对于农场主和渔民来说是重大利好，但是对于农民来讲却是当头一棒。这并不意味着人们去牛排馆门前排起大队，而是像我父亲所经营的古老的家庭养鸡产业却赚得盆满钵满。红肉被冷落，面食已落伍，鸡肉成为新的营养黄金标杆。这看起来令人难以置信，但是白纸黑字的数据摆在那里——红肉的消费停滞，其人均消费甚至有所下降，而鸡肉的消费涨幅超过了300%。过去考虑到加工过的碳水化合物和肉类的种种弊端，我们都应该成为素食主义者。但另一种趋势却在半路杀出来。

　　就在25年前，蛋白质作为食物无人问津。政府号召人们种植更多的粮食，面食被誉为新的超级食物。运动员选择用面食来补充能量，政府的规划者相信通过引导美国人的饮食，他们将会成功地减少心脏病和其他致死病，如癌症的患病率。

　　但是，蛋白质逐渐东山再起。蛋白质首先在很多方面成为阿特金斯减肥法的宠儿——该减肥法认为只摄入蛋白质（不摄入碳水化合物）就可以使你的身体通过产酮减肥法减肥。刚开始，奉行该减肥法的人们狼吞虎咽地食用牛排和鸡蛋的情形看起来有些滑稽。但是他们似乎都减轻了体重。这可能是杜绝摄入增加体重的食物所致，当进行血压测量时，人们发现该减肥法的成功超出了任何人的想象。违背直觉的做法变得流行起来。迄今为止，有关阿特金斯减肥法的图书售出了1 500万册。

　　含糖的加工食品和碳水化合物成了新的罪人，因为它们导致了美国人口体重的增长。营养学家开始提倡"晚上不吃面食"，告诫人们晚餐应该由蛋白质、沙拉和蔬菜组成。淀粉被人们抛弃。土豆遭遇了艰难时期，人们对土豆的消费在1996年达到了顶峰，随后土豆的销售量开始下跌。

　　然而，一段时间内人们以苛刻的态度来审视红肉——时而公平，时而不公平。红肉中富含的较高的脂肪曾被认为是诱发心脏病的元凶，那时候，尽管美国人仍然热爱红肉，但他们对红肉持有相当怀疑的态度。癌症也被认为与红肉的摄入量有关，但是仔细阅读一下那些研究就会发现，我们真正要小心的是那些烤焦了的肉，它们和加工过的肉类，包括大红肠和热狗一起被证实是真正的罪魁祸首。

　　最近的研究已表明，与之前的观点不同的是你所吃的东西与体内的胆固醇水平并无太大关联。这开始打消了人们对红肉的疑虑，尽管大家仍一致认为过多的红肉摄入可能依然弊大于利。曾被抛弃的鸡蛋重新回到了人们的视野中。作为一种便宜和容易获取的蛋白质源，鸡蛋被列入黑名单可能有失公允。它们不像红肉那样富含脂肪，它们的胆固醇含量也不像以前认为的那样对人体有害。过去五年，鸡蛋的优势地位失而复得，鸡蛋的消费在很多年中都保持着两位数的增长——这对于一种主要食物来讲是闻所未闻的。

　　谈起红肉，千禧一代并不像婴儿潮一代那样对汉堡有着同样的喜爱。红肉消费的总体水平有所下降。但是千禧一代认为肉类在食谱中占有重要的地位。鸡肉没有脂肪含量过高的问题，既便宜且口感又好。这使得鸡肉的消费出现了飞涨的局面。过去，人们把食用鸡肉比作去二流大学上学，如果人们能天天吃得起牛排，那么牛排是他们的不二选择。而现在，对于人数不断增加的蛋白质爱好者来说，鸡肉成了真正的第一选择。

　　含糖汽水、奶油、烤牛肉和培根与面食一道在这场战争中败下阵来。过去十年间，这些饮料和食品的人均消费量均有所降低。甚至无糖汽水的销量也出现下跌。而虾肉、鱼肉与鸡肉一起成为最大的赢家。根据美国国家渔业协会的数据，白鲑鱼的消费自 2001 年至 2012 年增长了大约 50%，而虾肉的消费在同一时期也有小幅增长。

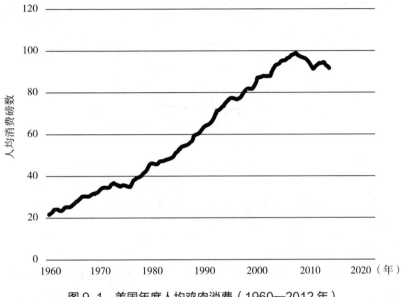

图 9.1　美国年度人均鸡肉消费（1960—2012 年）

数据来源：美国农业部，美国地球政策研究所。

　　但是，我们对蛋白质的迷恋可能意味着我们正在摄入过多的蛋白质。根据《纽约时报》2016 年所报道的新饮食指南，美国的男孩和男人正在摄入过多的蛋白质。这是联邦饮食指南第一次建议这些人群停止食用过多的肉类、鸡肉和鸡蛋。美国的男孩和男人，按照美国公共利益科学中心的执行董事迈克尔·F. 雅各布森的说法，"几乎占总人口的一半，所以这件事很重要"。该中心是位于华盛顿哥伦比亚特区的营养倡导组织。

　　与这些富含蛋白质的主要食品的情形一样，蛋白质粉的使用也在增长。但是蛋白质粉的生产并没有严格的规范，这会导致不明物质，甚至是毒素的添加。2016 年的一份报告称："大多数美国人每天从食物中摄入蛋白质的克数已超过了推荐量，同时，并没有严苛的长期研究来表明到底多少克数算多。"通常女性一天平均摄入蛋白质为 46 克，而男性为 56 克；美国人其实无须摄入这么多蛋白质。

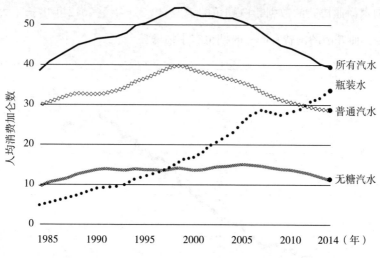

图 9.2　美国汽水、无糖汽水和瓶装水消费情况（1985—2014 年）

数据来源：《纽约时报》。

　　此外，美国的蛋白质营养行业继续增长，并持续向消费者进行宣传：他们的蛋白质摄入还不够。欧睿国际的研究表明，2020 年蛋白粉和营养品的预售额将达到 90 亿美元。根据营养和饮食学会的发言人、注册营养师和运动生理学家吉姆·怀特的观点，人类能消化和利用的蛋白质数量很有限，他说："人体从每顿饭中只能消化和吸收一定量的蛋白质（为20~40 克），人们认为他们大量食用蛋白质，对减肥、塑形和肌肉锻炼来说都会有奇效，但这种方法的正确性还没被证实。"另外，摄入过多蛋白质会增加罹患糖尿病和肾脏疾病的风险。

　　蛋白质在美国范围内的盛行使得很多其他蛋白质补充产品也在抢占市场份额，包括大豆、杏仁和椰子。著名的研究与市场公司 Research and Markets 的一份报告称："2016 年，全球植物性蛋白质的市场份额为 83.5亿美元，到 2022 年，这一数字将达到 142.2 亿美元。"而豆腐不再仅作为那些不吃肉的素食者的主要传统食物了。在超市中有一种产品已将这些蛋白质补充产品踢出素食者产品货架了，那就是人造肉。人造肉现在已发展成为一个巨大的暴利行业。超越肉类公司作为肉类替代产品行业中的佼佼者声称，所有热爱鸡肉的人应该将它们的人造鸡肉产品推广到世界各地。该公司的创始人伊桑·布朗说："人们不再只青睐传统的蛋白质。地球上有足够的昆虫和磷虾为我们补充氨基酸。"

确实如此。联合国在 2013 年的一份报告中强调，为了满足不断增长的世界人口的需要，未来的蛋白质源应该包括昆虫。联合国敦促美国和其他发达国家摆脱过去对昆虫作为食品的偏见，并开始食用昆虫。在刚果，那里的人们食用大量的毛毛虫。而澳大利亚的领导人则提倡将蝗虫作为一种重要的蛋白质源，并在《飞虾烹饪大全》（由英国广播公司在 2004 年出版）一书中收录了很多关于烹饪蝗虫的方法。甚至美国的一些初创公司正在出售以昆虫为原料的蛋白质棒。2016 年《连线》上有一篇文章称，艾克索公司集资 400 万美元来生产以昆虫为原料的蛋白质棒，而一家名为 Chapul 的公司则依靠其蟋蟀蛋白质棒，在 2014 年《鲨鱼坦克》节目上赢得了马克·库班 5 万美元的投资。

过去几十年间，因蛋白质而令人意外地遭受冷落的是金枪鱼。从严格意义上讲，政府只是警告怀孕女性注意金枪鱼的汞含量标准，而且这仅适用于长鳍金枪鱼（淡金枪鱼本身的酸碱性不允许其含有过多的汞）。尽管金枪鱼成本低且有利于心脏健康，但这对其销量无济于事，金枪鱼的销量在 21 世纪严重下跌。

然而，寿司的消费却一路高歌：过去的 25 年里，美国寿司店的数量从几乎为零增长到 4 000 家。尽管在城市社会中，寿司被流行文化捧上天也被人们全面接纳，但由于人们只是在寿司店消费寿司，寿司并没造成美国人每年所食用的鱼和海产品全面脱销的态势。要改变这一点，需要做的就是鼓励人们在家里食用寿司。

从全球范围看，中国和印度是值得观察的未来食品消费的热门市场。从人均消费上看，中国对猪肉的消费已超过美国——这可能也是双汇公司在 2013 年以 47 亿美元的价格收购史密斯菲尔德食品公司的原因。而其他蛋白质食品，比如鸡肉，中国的人均消费要落后于美国。但是，中

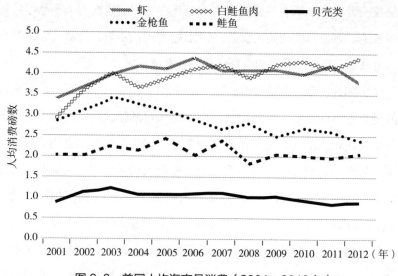

图 9.3　美国人均海产品消费（2001—2012 年）

注：海产品数据基于国家渔业研究所数据，由约翰·萨克顿提供，www.seafood.com。
数据来源：国家渔业研究所和《暗流新闻》。

国的鸡肉消费已实现了稳定增长，中国的市场规模意味着鸡肉消费还有很大的增长空间。同样，印度对鸡肉的消费也超过以往任何时期。2014年印度国家抽样调查办公室的报告显示，印度的鸡肉消费年均增长率为12%，印度已变成一个高速增长的鸡肉消费市场。

　　尽管一些奇特和新颖的事物将来仍可能出乎意料地发生，但是人们关于健康意识的共识是，鸡肉、虾肉和鲑鱼肉作为蛋白质提供者已经通过了人们从健康、口感和成本方面考量的严格测试。尽管对动物性蛋白质还存在着环境和其他方面的担忧，但似乎我父亲的观点从一开始就是正确的：以粮食为主的未来出人意料地成了过去式，而对于下一代非素食主义的千禧一代来说，鸡肉、火鸡肉和鸡蛋才是饮食的核心。

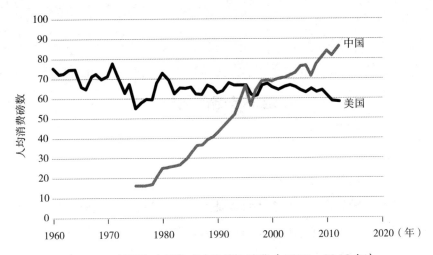

图 9.4 美国和中国年度人均猪肉消费（1960—2012 年）

数据来源：地球政策研究所、美国农业部和联合国人口司。

10

走下坡路的男性

如果你锒铛入狱，你多半可能是男性。如果你嗜赌成瘾，你多半可能是男性。如果你被学校扫地出门，你多半可能是男性。如果你沉溺于毒品，你多半可能是男性。如果你对他人有暴力倾向、拥有枪支、驾车违反交规、身背限制令、从事恐怖活动或策划恐怖活动，你多半可能是男性。今天的男性在走下坡路。在本书的其他章节中我们已经看到，美国女性正在超越男性，在经济、社会和文化上造成巨大的影响。那么，这些落后于女性的男性身上到底发生了什么事情？

尽管没有选出第一位美国女总统让人失落，但是女性正在越来越广阔的领域内取得成功，而同时，大量的且人数越来越多的男性却江河日下。美国女性努力在上层社会争取自己的地位，缩小与男性的收入差距。但是，男性的未来却面临巨大的问题。我们可以从无数的统计数据中看到这一点。其中一些问题已经存在了很长时间，而另外一些则刚刚出现。女性在健康、教育和收入方面已经取得了巨大的进步，而男性，尤其是身处收入天平底端的男性，正在面临着与以往一样严峻的问题，他们在很多方面的遭遇每况愈下。

2015 年，美国监狱男性犯人的人数超过了 190 万人，而女性犯人的人数接近 20 万人。尽管过去十年美国监狱女性犯人的增长率要高于男性犯人，但男性犯人的绝对人数仍是女性犯人的 10 倍。

美国男性的健康状况也越来越糟糕，很多男性甚至不去找医生进行体检。等他们因肺部不舒服或疼痛而看医生时，一切都为时已晚。根据克利夫兰医学中心对 500 名年纪在 18 岁至 70 岁的男性所做的调查，只有 "3/5 的男性每年定期体检，而超过 40% 的男性只有在害怕自己患有严重的疾病时才去看医生"。一半的男性有各种借口不去看医生——太忙或者不喜欢打针或者不喜欢裸身穿检查服的感觉。

女性去看医生的频率不仅要高于男性，而且她们还会做一些男性不会做的事情——她们谈论自己的健康问题。男性则很少谈论自己的健康问题。克利夫兰医学中心的该项调查还显示：超过一半的受调查的男性认为他们的健康问题 "不应该被谈论"。而这一状况需要改变，因为这是关乎挽救生命的大事。无论什么方法，只要能劝男性去看医生的方法就是好的方法——19% 的男性承认他们去看医生，是为了不让自己的女朋友或妻子唠叨自己。但是，随着越来越少的美国人结婚，这种方法并不是确保男性去做前列腺检查最可靠的方法。

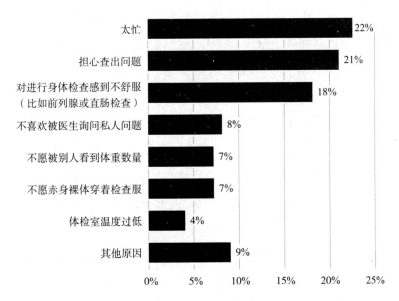

图 10.1 男性每年不去体检的原因

数据来源：奥兰多健康中心。

这一较为严峻的问题不只在美国出现。世界卫生组织欧洲区域办事处对健康的社会性决定因素的观察称，男性较低的存活率 "反映了几个因素——包括由于职业关系所承受的较高程度的物质风险和化学风险、受男性应承担风险和冒险观念影响而导致的行为、与男性有关的健康行为模式，以及当男性生病时，他们很少去看医生，而当看医生时，他们很少说一些与疾病有关的症状的事实"。世界范围内的男性都没有接受关于定期体检重要性的教育，也找不出阻止他们进行体检的原因。而关于这一不足，即男性对其健康关心的不足，男性朋友和同事应该展开重要的讨论，来帮助更多的男性看医生。

除了定期体检这一项外，男性比女性更容易酗酒。大约有 3/4 的男性有肥胖问题，而只有不到 2/3 的女性有这一问题。尽管男性和女性的健康有了改善，但是男性死于心脏病的概率是女性的 2 倍。根据一项对公共戒毒机构收容人员的研究，男女吸毒者的比例为 2∶1。死于交通事故的男性人数则更多——最开始这可能是因为男性在大多数情况下是驾驶者——但是，最近几十年女性驾驶的里程已经大幅度增加，男女发生交通事故的比例都几乎没什么变化。美国公路安全保险协会的报告称，2014 年有 10 971 名男性司机发生过致命事故，相比之下，只有 4 504 名女性司机死于交通事故。

男性更可能死于"绝望的死亡"，包括自杀、酗酒和吸毒。这一现象既在白人工作男性中非常显著，也在所有其他美国工作人群中很突出。"绝望的死亡"也会影响受教育程度较低的女性，且这方面的女性百分比增长要高于男性。但是只按数据来讲，受教育程度较低的男性是受影响最大的群体。

我所描绘的很多趋势在经济大衰退发生后更明显地恶化了。2007 年12 月，即金融危机爆发前夕，男女失业率大致相等，但是金融危机爆发之后，男性的失业人数要高于女性。从危机爆发前到现在，男性的失业率从 4.4% 上涨至 7.2%，而女性的失业率则从 4.3% 上涨至 5.9%。

每10万人死亡人数

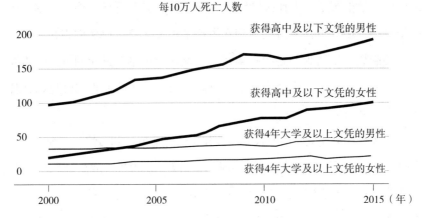

图 10.2　50~54 岁白人和非拉美裔因吸毒、酗酒和自杀的死亡人数

数据来源：布鲁金斯学会论文集和《金融时报》。

　　在学位获得方面，男性做得也不够好：女性占所有大学学位获得者人数的 60%，而男性只占 40%。这与我成长年代的情况刚好相反，但是自从女性大学学位获得者人数在 1982 年首次占总大学学位获得人数的一半以来，女性所占比例一直在持续增长。而接受大学教育方面的落后导致男性最严重问题的产生，且长期以来它都是引发沮丧，甚至犯罪的根源。除了在大学学位获得方面，女性在专业学校的表现也不断地展现出优势。50 年前，很少有女性能获得专业学位。而如今，在法学院和医学院里，如果说女性的表现还没超过男性的话，那也是非常接近男性的表现了。

　　从根本上讲，女性的寿命比男性要长，这不是什么新鲜事儿。一般二者的寿命差距为 5 年，男性的平均寿命为 76 岁，而女性的平均寿命为 81 岁，从整体上讲，男性在健康、教育和寿命上都处于落后状态。但有一方面男性依然处于统治地位，那就是财富，尤其是财产在数百万美元以上的上层群体中。但这一事实主要体现于老一代人身上。今天 20 多岁的人的收入差距在缩小——根据个人所得税的报税情况，大城市中 20 多岁的女性和 20 多岁的男性的收入相差无几。

　　我曾参加过专门研究与性别有关的疾病的医学专家玛丽安·莱加托

的讲座，她出版了《为什么男性先去世：如何延长你的寿命》一书。她的结论是，尽管男性在过去和现在占据了很多优势，但他们现在遇到了真正的麻烦。她认为问题的根源在于男性在数千年间进化的方式，以及他们现在所面临的"生物和社会"风险，而这些风险使得男性比以往任何时候都更加脆弱。

那些曾在更加危险的时代里发挥作用的生活方式和习惯，在今天的信息时代可能已无用武之地。从洞穴时期直到第二次世界大战的每个时代里，男性的那种冒险精神、注意力集中时间短和以自我为中心的特点，一直占有一席之地。而如今，这些特点很可能成为成功的拦路虎。毕竟，猎杀野猪和通过维基百科查找信息所要求的技能并不一样。

尽管对进化论采取一种怀疑的态度可能值得一试，但是今天的统计数据似乎肯定了莱加托博士的理论。当然，男女之间的差距正在拉大；而这一现象不仅仅出现在美国。在发展中国家，比如印度，女性被认为是更优秀的雇员，因为男性被认为难以进行培训、不愿听从意见且喜欢半途而废。如果这种情况属实的话，那么随着信息时代在全球的发展，很多男性会面临更严重的衰退状况。

我们现在的社会期望男性成为英勇、高效率、务实和自力更生的供给者和保护者，而不是社会中的依靠他人者。但是，随着社交媒体的出现，我们的文化变得更加社会化，而这使得孤立无援的男性感到备受冷落。女性则再一次主宰了像脸书网这样的社交平台，今天，除了成人网站之外，微软游戏平台 XBox Live 是你能发现较多男性用户的唯一的主要网络平台，即使在该平台上，男女用户的人数差距也在缩小。研究表明，与人亲密交往会使人更少患上身体和精神健康问题，而孤立于社会之外则与一些严重的疾病有莫大的关系，包括阿尔茨海默病、糖尿病、高血压、心脏病，甚至是癌症。拥有强大关系网的人寿命更长，且有较高的个人技能。心理学家奈奥比·韦最近的一项调查表明，85% 受调查的年轻男性说他们曾在同龄人中寻找过情感上亲密的友谊，尤其是在青少年末期，但是他们很难找到值得信任的朋友。

男性的问题一般在人生的早期就显现出来。男孩很难安静地坐着，而绝大多数学校的学业压力从低年级就开始增大。8 年级的男孩留级率比女孩多 50%；男孩占接受特殊教育学生总人数的 67%；71% 勒令退学处罚的对象是男孩。等到高中时期，来自同学的压力经常让男孩感到学业优秀并不是一件很酷的事情。

所以，如果这些长期的趋势持续下去，那么女性将会继续扮演更加重要的角色，不仅在学校和职场，在经济地位上亦如此。她们在每个主要领域的消费者影响力都会增强：从医疗到房产买卖，从科技到投资规划。女性已成为汽车消费的主体，在未来的 15 年内，随着性别差距长期影响的加深，以及男女之间的收入差距在一段时间以来开始趋于平等，很多由女性来推动的市场还有很大的增长空间。

男性走下坡路的趋势与金钱、阶级和种族有着紧密的联系。富裕的美国男性在寿命上趋同于富裕的女性；白人男性的寿命要长于有色人种的男性。贫穷的美国男性的健康状况处于最糟糕和危险的境地。最近的一项研究表明："在出生于 1930 年至 1960 年之间的年纪较大的美国人中，收入最高的两个群体中的男性，在 50 岁时的预期寿命被提高了 7 至 8 岁，而收入最低的两个群体中的男性的预期寿命则很低或者没有增长。"这也对社会保障产生了影响——如果只有富裕的男性寿命变得更长，那么男性总体上从社会保障中获得的益处将减少，这种保障便缺少了积极的意义。

在走下坡路男性身上所耗费的社会成本，给社会和国家的预算带来了越来越大的压力。经济大衰退发生的十年来，美国各州和地方政府被迫在监狱教育、工作培训、重返社会和其他方面进行更多的投入来帮助那些走下坡路的男性。尽管大量的资金被投入学校，但是目前还不清楚人们是否在集中力量帮助那些数量众多的身处逆境的男性。如果没有一个合理的解决这些问题的政策出台，那么男性的状况会越来越糟。

　　的确，女孩在学校取得的较大成功，很快就变成了我们生活中所常见的"不可动摇"的事实之一——就像女性拥有较长的寿命一样。莱加托博士指出，寿命所体现的性别差异并不是自然而然的结果，1900年，男女的预期寿命都是47岁。只有当人类寿命增加时，这种差异性才开始体现出来——如果我们加大投入进行深入研究，这种差异性可能会被消灭。

　　当谈及这一趋势对我们的人际关系和文化态度造成的影响时，走下坡路的男性这一话题会继续贯穿于流行文化和情侣关系中。本书的其他章节也提到，这些走下坡路的男性可能会变成全职先生，或者成为不婚族。在家庭生活方面，可能美国会步意大利的后尘，出现"啃老男"现象，即很多年轻男性依旧要依靠父母生活。在意大利，一半以上的25~35岁的男性和父母生活在一起。

　　尽管美国拥有价值10亿到40亿美元的美国高考学业能力倾向测验辅导产业，我们却很少提供针对不同性别的项目，来帮助我们消除在高中和大学所出现的学业上的性别差异。同样，也没有任何政治运动号召投入更多的资金来解决比女性发病率高2倍的男性心脏病发病率的问题。从政治上讲，很多走下坡路的男性继续投身民粹主义反抗运动。他们感觉当所有人都有所收获时，他们自己依然步履维艰——他们认为由于贸易和移民的原因，除了他们之外，所有人都成了受益者。即使这些因素只是表面原因，而非本质原因，特朗普总统也依然对他们强调这些因素的作用；除非民主党能够真正吸引这一群体，否则，他们还是会继续支持特朗普。

　　走下坡路的男士面临更多的致命事故，享有不公正的受教育和挣钱的机会，忍受更高的失业率，更加依赖于毒品和酒精，变得更加肥胖，拥有持续下降的政治影响力，面临更高的心脏病发病率和较短的寿命。他们拥有较小的政治影响力，因为他们很少参与投票和组织运动。如果不能认真对待走下坡路的男士这一现象，我们就可能为他们制造出一个更新和更深的陷阱，这使得很多男性可能永远都无法摆脱这类命运。

11

鲐背之年群体

在下一部讲述小趋势的书中，我们可能会讲述百岁老人的故事。但是就目前来说，人数将出现激增的下一个群体是那些岁数超过90岁的人，即鲐背之年群体。目前的人口统计数据预测，年龄超过90岁的美国人的数量大约为250万人，而这一数字在1980年只有72万人。实际上，这一群体成为增长最快的年龄群体之一。

随着医疗手段的不断进步，如果你现在80岁了，那么你将有30%的概率活到90岁。如果你是今天出生，那么你活到90岁的概率也有30%。英国就业和退休保障部最近发布的一份报告称，如果你是2011年在英国出生的一名女孩，那么你有1/3的机会活到100岁；如果你是男孩，你便有1/4的机会。相比之下，1930年出生的人活到100岁的概率只有3%。

助长这一趋势的一些关键因素包括吸烟减少、锻炼增加，以及能够早期发现潜在疾病的定期体检增多。战争、全球性瘟疫和其他灾难的消失，也有助于减少早逝的发生。人口学家预测，到2050年，美国90岁以上的人口数量将达到1 000万人。但是，在一个民主的社会里，这些活到90岁的人将继续把权力的天平倾向老年人而非年轻人。

根据2010年的人口统计报告，年龄超过90岁的人群中，有一半的人依靠社会保障体系生活，其中有约20%的人生活在养老院。现在，大约有130万人生活在养老院，而人数不断增加的年龄超过90岁的人又要求这些养老院提供200万张新床位。这一群体中，有2/5的人独自生活，而另外 2/5 的人与家人一起生活。

该报告还称，74% 的年龄超过 90 岁的人为女性，而这些女性绝大多数是丧偶者。考虑到富人在总体水平上要表现得更好，以及资产长时间以来在持续升值（根据《福布斯》的统计，1935 年投资 100 万美元到今天会产生 28 亿美元的回报），富有的遗孀们的势力可能会东山再起。而老年单身男士更可能对她们钟爱有加，尤其是在房产税被取消的情况下。考虑到男性经常在医疗健康方面处于下风，目前还没有证据显示出在长寿方面的性别差异会很快消失。

我们现有的退休制度是为 65 岁或 67 岁退休人员设计的，而那些 90 多岁的人在该制度中所享受的福利，是在正常寿命期限内去世的人的 2 倍。这将大幅增加社会保障体系的危机风险，除非改革顺势而为，或者机器人和科技能够显著地提高生产力。

寿命超过 90 岁既让人欢喜又让人忧。让人忧的是那种今天可能会是生命中最后一天的感觉。但对于大多数 90 多岁的人来说，他们生活得很开心。根据一项英国的调查，对于 90 多岁的人士来讲，尽管他们身体功能有这样或那样的缺失，但是，相比于他们 30 岁、40 岁甚至是 50 岁的年纪时，他们较少地表现出抑郁的症状。

美国不是唯一一个 90 多岁人群在增加的国家。根据英国国家统计局的统计，英国 90 多岁的人口数量接近整个国家总人口的 1%。2015 年，英国年龄超过 90 岁的人口数量为 50 多万人，而在 1985 年这一数字不足 20 万人。据估计，到 2040 年，80 岁的人口会占瑞典总人口的 8%。

预算赤字、激增的老年人口，以及年轻人要接受更长时间的教育和耗费更多的时间找到工作等事实相交织，使问题进一步复杂化。据估计，在未来的几十年内，欧盟的情况会从由 4 名劳动力服务 1 名 65 岁以上老人转变成只有 1 到 2 名劳动力服务 1 名 65 岁以上老人。到 2060 年，欧盟的就业人数会减少 1 900 万人，而欧盟成员国的国内生产总值届时会增加 4.75%。这意味着目前工作的人必须再工作更长的时间，以及缴纳更多的税款来满足社会保障体系、医疗、老年设施、增长的长时间看护和退休人员的养老金等需求。

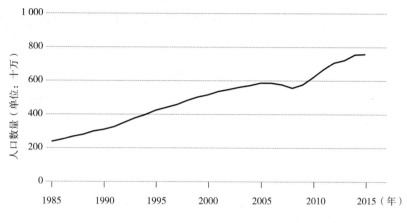

图 11.1　英国 90 岁以上年龄人口（1985—2015 年）

数据来源：英国国家统计局。

　　要摆脱这种年轻人养活不工作的老年人的这种潜在危机，只有两种方法。其一，增加移民，这将会给发达国家带来更多的年轻劳动力（85 岁的秘鲁人是不会离开自己的国家外出工作的），从长期看这也会促进经济增长。其二，发展科技，并大幅提高生产力。如果机器人和自动化能够替代越来越多的需要年轻劳动力的工作，比如司机，那么 90 多岁的人将成为最大的受益者。如同比尔·盖茨所建议的那样，我们可能需要针对机器人制定新的税收，但是生产力的大幅提高却是仅有的几种能扩大经济基础并减少潜在赤字的方法之一，而赤字将会削弱社会照顾新出现的老年阶层的能力。

　　美国、日本和欧盟都面临日益增长的老年抚养比。尽管这些国家都具有强大的高技能和高竞争力的劳动力，但它们都将被迫重新考虑退休计划和鼓励提前退休的措施。我们可能会看到劳动力结构将发生变化，即我们将鼓励人们一直工作到更大的年纪，比如 70 岁。

　　今天的老年人一般接受过良好的教育。当前人口调查的数据显示，生产力高的工人比生产力低的工人的工作寿命更长。有证据表明，在60~74岁的工人中，较年轻的工人有着更高的生产力。随着年纪较大的工人工作寿命的增加，残障政策会发生变化，且有关部门会延长当前劳动力中年纪较大者的工作寿命。日本已经创立了1 300家"银色中心"（老年人就业指导中心）来帮助那些年纪超过60岁的人找到工作。

在日本流行着一个笑话，那就是使用纸尿裤的成人数量比婴儿数量还多。但是这是一个很严肃的事实。2017年，日本90岁以上的人口数量第一次超过了200万人。90岁以上和100岁以上的人口占了日本总人口的1.6%。日本常见的几代人合住在一起的居住模式现在比较吃紧，因为三代人很难挤在一幢房子中共同居住，尤其是在其中两代人已经退休的情况下。日本人第一次开始鼓励老年人住养老院。尽管日本人把住养老院比作"社会性住院"，且认为这是一种耻辱，但日本厚生劳动省已经宣布，到2025年，日本需要为养老院和医疗体系增加100万名工作者。

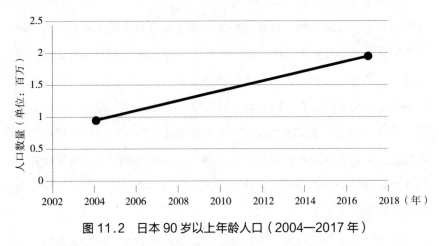

图11.2　日本90岁以上年龄人口（2004—2017年）

数据来源：《独立报》援引日本政府的话报道。

老龄化人口也带来了一种令人愉悦的惊喜：各种便捷的体系使得每个人的生活变得简单起来。比如，欧洲把为老年人提供便利的便捷信息和交流技术看作信息和交流领域发展的第一要务。智能手机拥有了更大的显示图标，以及更简便的电子邮件收发和照相功能（我承认这不仅方便了老年人士）。就连汽车生产厂商也开始行动起来。丰田公司最近推出了一款服务型机器人来帮助老年用户拾取和搬运东西。

有意思的是，90岁以上的人为机器人领域的一些最先进的想法提供了灵感，并推动了一些先进技术的发展。问世很长时间的老年人看护机器人，具有满足顾客需求的巨大潜力：从使用传感器和摄像头对病人进行监护，对病人进行智力训练，向医生汇报病人信息，到对老年人进行重要信息提醒，包括日常服药和医院预约，以及进行常规（甚至日常）的体检。老年人看护机器人甚至还能成为孤独老年人士的陪伴者，能帮助他们行走。日本的医院开始使用机器人护士和混合辅助四肢，后者能够使抬升和稳固老年病人变得更加容易。这些发展将会持续下去，并带来新的机会：想象一下，当90岁的人拥有真正的无人驾驶汽车时所享有的自由吧。

老年人所享受到的便利不只来自医学和科技的发展。如果观察一下老年人社区，你就会看到人行道维护次数的增多和周到的街道照明的改善，那些供货充足的食品市场、咖啡店和饭店，会早早营业来服务于那些习惯早起的老年人士，商场也配备了运行缓慢的电梯和字体加大的指示标语。我们可以期待针对90岁老人的市场会继续增长。

同样，我们可以期待在未来50年内，发达国家的人均寿命会继续增长，达到人类寿命的实际界限。很多孩子将不仅从他们的祖父母那里得到贺卡、礼物和关爱，而且会从他们的曾祖父母，甚至一小部分孩子还会从他们的曾曾祖母那里得到这些东西。

12.
"药物控" 儿童

美国人中的一个群体现在对处方药的依赖程度极高——那就是儿童。我们希望这一趋势能够拥有一个良性的改变，能够帮助美国的儿童更顺利地适应现代世界。但是我们又必须关注这一趋势，以确保它朝着正确的方向发展，不会对美国的儿童造成伤害。

随着美国医疗保险体系的覆盖面越来越广，儿童被诊断出患有需要服用药品进行治疗的疾病的概率也在增加。2016 年 5 月 23 日发表在《今日心理学》杂志上的一篇文章称，过去的 20 年里，儿童注意缺陷多动障碍症的确诊率由原来的 3%~5% 上升至 15%。

有人说，这一症状的增加与美国人能够得到精神病医生和精神健康工作者的帮助有关，很多学校现在每周都会请专业人士现场为学生进行诊断。不管原因是什么，越来越多的孩子被较早地诊断出患有该病症，并会从儿童时期直到成年持续接受长期的治疗。

在美国，处方药物是人们的第一选择，而不是最后的无奈之选。其结果就是，美国的孩子现在和他们父母服用一样多的药品。根据美国疾病控制与预防中心的统计，美国儿童服用治疗注意缺陷多动障碍症药物的数量正在飞速增长：2003 年，7.8% 的孩子被确诊患有该病，根据美国疾病控制与预防中心 2014 年的数据，这一比例在 4~17 岁的青少年中为 11%。这些药物的销售市场也在激增——研究公司 IBISWorld 的一项研究表明，治疗注意力不集中症的药品到 2020 年的销量会达到 175 亿美元。1978 年，注意缺陷多动障碍症被称为"童年过动反应"，该症状在童年早期最为常见，发病率为 10%。从那时起，该症状的发病率增长了 100 倍。一些医生把这归咎于环境因素；另一些医生认为这与基因有关。有人说对孩子采取催促的态度是患病的原因，还有人说睡眠不足是原因。有些人认为父母抚养孩子的方式是罪魁祸首，比如，双职工父母没有时间对孩子的行为进行纠正。

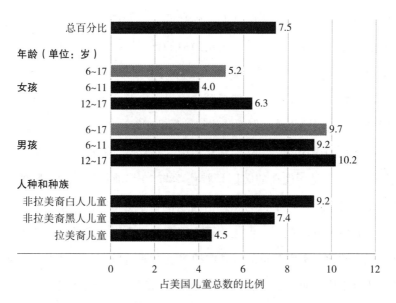

图 12.1　按年龄划分的过去 6 个月内接收处方药的患有情感或行为问题的美国儿童比例（2011—2012 年）

数据来源：美国疾病控制与预防中心。

今天的美国，父母为双职工的孩子数量比以往任何时候都多——幼儿园等机构不愿意看到行为不当的孩子影响整个课堂纪律。父母和医生都不会花时间对孩子进行评估、填写恰当的调查问卷，以及与老师和幼儿园工作人员进行交流，相反，他们会迅速做出让孩子服用药品的决定，包括暂时服用药品。他们宁愿让孩子迅速变得规矩起来，也不愿看到他们被开除，但是这样做的结果通常是让孩子由对药物的暂时依赖变成长期依赖。

美国对教育的迷信也是一个原因。在美国，每个孩子都有机会接受为期 4 年的大学教育。成功是通往顶层的捷径——比赛从 3 岁时就开始了。你的孩子如果缺乏基本的读写能力，就一定是哪里出了问题。幼儿园就有了阅读营活动，8 年级就开始学习高等代数，中学就开设了大学体育营。所有人必须努力，以免掉队。父母和孩子都承受着很大的压力。但是，课堂规模却没有变得更小，反而变得更大，而且一些需要特别照顾的孩子也被安排在普通课堂上。1991 年，美国的教育法做出改变，来帮助患有注意障碍和注意缺陷多动障碍的孩子。特殊的措施使得家长和老师倾向于对问题儿童进行诊断。老师们工作劳累，且工资遭到克扣，他们被逼到了爆发的边缘。如果苹果手机、电脑、电子游戏和社交媒体不能吸引那些问题儿童，那么药物能够帮助缓解这一问题。

尽管我们很快就认为社会和环境因素是导致问题的原因，但一个不能忽略的事实是，现在的美国精神病学与 20 年前相比，对人脑的了解已有了长足进步。对于行为和感情问题也有了更清晰的认识，对所有的症状也有更明确的把握。但是，还有很多我们未知的东西，且诊断还没有实现个性化，不像简单的测试或拍 X 光片那样能把问题清楚地展示出来。儿童服用的很多药物目前还处于试验阶段，医生希望可以改善他们的状况。

我最初认为是富裕家庭的孩子们依赖药物，但是这一既成现象早已不是什么新闻。事实上，我们通过研究发现，最新的儿童依赖药物这一趋势的主角，是那些依赖于处方药品的贫困农村儿童。1998—2013 年，贫困儿童中患有注意缺陷多动障碍症的人数的增长率为 73%，而非贫困儿童中患有该症状人数的增长率为 35%。

根据美国疾病控制与预防中心的统计，"享有医疗补助计划或儿童医疗保险计划提供保险的儿童使用处方药物治疗情感和行为问题的比例，要高于投保私人医疗保险公司或没有医疗保险的儿童"，"家庭收入低于贫困线 100% 的儿童使用处方药物治疗情感和行为问题的比例，要高于家庭收入低于贫困线 100%~200% 的儿童"。

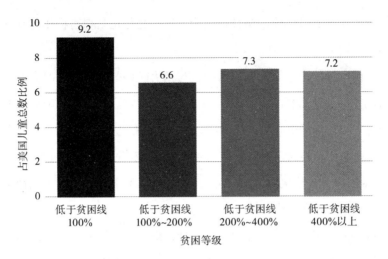

图 12.2　按贫困状况划分过去 6 个月内接收处方药的患有情感或行为问题的美
国儿童比例（2011—2012 年）

数据来源：美国疾病控制与预防中心。

　　这可能由多种原因所致，但是药物现在被当作治疗行为问题的首选，这是由于人们可以进行认知行为治疗（这种治疗并不享受保险报销，既昂贵又耗时很长），并害怕儿童被学校开除。一些学校对待不当行为采取"零容忍"政策——对于一些贫困家庭的服药儿童来说，他们如果不服用药物，就有被学校开除的风险。

　　服药人数的增加体现在各年龄段。9% 的年龄在 6~17 岁的美国白人青少年正在使用处方药治疗情感或行为问题。超过 7% 的美国黑人儿童以及 4.5% 的拉美裔儿童在服用处方药。这些比例相当之大——相当于每 10 名美国白人儿童就有 1 名在服用某种处方药。

　　美国的青少年基本都在进行着抑郁或是与注意缺陷多动障碍有关的病症的治疗。根据美国疾病控制与预防中心的统计，大约有 6% 的年龄在 12~19 岁的青少年在服用治疗精神类疾病的药品，超过 3% 的青少年正在进行注意缺陷多动障碍症的治疗。美国的青少年男性比女性更有可能服用药物治疗注意缺陷多动障碍症——二者的百分比分别为 4.2% 和 3.2%。而在这些服药的青少年中，只有一半多一点儿（53.3%）的人在过去的一年中看过职业的精神病医生。这一趋势正是把药物作为首选造成的。

美国也给幼童和婴儿服用药物，与稍大一些的孩子的情况类似，这种做法并没有什么药品测试方面的规定可以遵守。最近，美国疾病控制与预防中心在卡特中心举行的研讨会上所做的报告称："目前有 1 万名幼儿可能在服用精神兴奋剂药物，比如哌甲酯（利他林）。"该机构还表明，美国 18 岁以下人群服用精神兴奋剂药物的人数增长了 5 倍。美国社会存在着一种不同寻常的药品滥用情形。

根据美国国家健康统计中心的统计，更让人担忧的是，抗精神病药物的使用率在同一时期增长了 6 倍。最近《纽约时报》的一篇文章声称，这些数字以令人担忧的速度继续增长："根据艾美仕市场研究公司的统计，开给 2 岁及以下幼儿的处方药利培酮（常被称为维思通）和喹硫平（思瑞康）和其他抗精神病药物的处方在 2014 年达到 2 万张，比 2013 年的 1.3 万张上涨 50%。《纽约时报》最近的一篇文章中提到，开给同样年龄段幼儿的抗抑郁药物氟西汀（百忧解）的处方数量在一年内上涨了 23%，达到 8.3 万张。"

在美国，滥用这些药物的儿童数量不在少数。根据约翰·霍普金斯大学彭博公共卫生学院的统计，急诊室里因为学习需要而使用流行的利他林作为兴奋剂（和其他治疗注意缺陷多动障碍症药物）而出现问题的患者人数剧增。随着人们可以更多地获得这些处方药，以及缺少严格的监督，因滥用如利他林等药物而发生的急诊事件还会增多。而青少年对待滥用这些药物的态度也非常漫不经心。当人们被问及美国青少年如何看待药物滥用这一问题时，研究人员不但发现了"对精神疾病满不在乎的态度"，而且发现了"对精神疾病药物滥用的增加"。

对于美国家庭而言，儿童服用药物对父母和孩子同时产生了正面和负面的影响。从正面影响上看，这些药物能够帮助传统疗法或简单照顾不能帮助的有行为问题的儿童，减轻那些让父母夜不能寐的紧张和焦虑。

然而，这些药物也能让人产生依赖性，父母在将这些药物作为第一选择时（或被告知作为第一选择时）缺乏寻找其他替代方法的意识。

很多结果都是意外后果定律的产物。随着美国医疗保障覆盖面的扩大，越来越多的家庭能够负担得起精神健康治疗的费用，父母们选择为孩子们提供原本他们的家庭无法负担得起的药物。而这反过来又为制药公司销售这些药物提供了新的市场。

儿童服用药物这一趋势，至少在一个方面帮助美国人的生活取得了进步，那就是帮助人们理解并不再歧视精神健康问题。随着"药物控"儿童和他们的朋友对抗抑郁剂采取了开明的态度，或能坦诚地讨论焦虑问题，很多精神疾病所造成的孤独感、恐惧感和不确定感开始消散。

儿童服用药物这一趋势在很大程度上反映出美国的文化态度——美国人相信药物有能力治疗一切疾病。而这种态度也慢慢地传递给了美国的年轻人，尽管一些药物能对美国社会产生益处，但它们也能催生新的依赖药物的群体，即使从理论上讲，治疗注意缺陷多动障碍症的药物并不能使人成瘾。我们需要花费较长的时间来真正理解这一趋势所造成的影响。但是，我们要密切关注这一趋势，否则我们会让数百万的儿童受到伤害。虽然很多药物，尤其是治疗注意缺陷多动障碍症的药物通常能够帮助人们更加集中注意力和安静地坐着（如果精神疾病医生的观点是正确的话），那么也许这些药物正在帮助儿童满足信息时代的要求。我们希望他们的观点是正确的。

13.

快充式用餐

你可曾记得吃晚饭时母亲对你说过"慢点吃",或细嚼慢咽,给胃一点儿时间消化食物的话。可是,现在人们不再遵循这一忠告。20世纪50年代兴起的快餐和便捷晚餐趋势,催生出像麦当劳和汉堡王这样的餐饮连锁店。但至少这些连锁店还能提供真正的食物和炸薯条。今天,很多我们吃的"食品"并不是真正的食物,相反,它们是让人们快速用餐的食物替代者。现在越来越多的美国人吃饭时变得狼吞虎咽,他们缩短了与家人和同事共同进餐的时间,而延长了上网或工作的时间。

美国人获取一餐的速度之快史无前例,但是突然间,驾车取餐的窗口可能对于美国人来说已经不够快捷了。因为从发动汽车到驾车穿过取餐通道取餐,然后驾车回家太费时间。快充式用餐现在只点外卖。随着送餐应用程序(比如UberEATS, Seamless, Grubhub)的使用,送餐速度的比拼便开始了。人们现在可以随时点餐,而那些最有时间的人——单身的千禧一代——吃饭耗时最短。快充式用餐者在手机上追踪他们的外卖——看着骑车的小人图标穿梭于城市的街道——然后吃完简单的一餐,但这一过程产生了很多垃圾。

对于这些快充式用餐者来说,"吃饭时间"(或者甚至是"吃饭")的概念早已失去了意义。吃饭就像是给油箱加满油,属于一项每隔4小时就要花数分钟去完成的必要任务。微软公司的一位顶级工程师在工作时以最大化利用自己的时间而著称,他每天会带一个带隔层的饭盒去公司上班。饭盒的各个储物格里装满了事先准备好的零食,这些零食是他一天的能量来源。对于他来说，没有休息时间，没有食物，没有早餐、午餐和晚餐。不止他一人是这种情况。今天，只有 1/3 的美国工人有休息时间来享用午餐。

招聘网站凯业必达的一项研究发现，在那些中午有休息时间来吃午餐的人中，40% 的公司高管自己带午餐，17% 的高管吃快餐。女性更不大可能离开工作岗位——57% 的受访女性声称她们自带午饭。随着大多数公司的食堂被取消，公司高管或与员工一起用餐（有意为之），或在自己的办公室应付了事。大多数人都会在工作岗位上就餐。

当我与比尔·盖茨共事时，他通常在会议中解决午餐，不会因午餐而停止工作。中午 12 点的时候，助手会推门进来，手里拿着一个为他准备的白色餐盒。盒子里盛的两个麦当劳牛肉汉堡和一大份薯条，多年来这一直是他的午餐。

2017 年，我们将快速饮食又进行了升级，推出了代餐产品，比如食品科技公司 Soylent 旗下的产品。该品牌是一位执着于追求效率的硅谷工程师的点子的结晶。Soylent 宣称，它的一瓶产品包含着人们所需要的所有营养，每天喝 5 次即可。Soylent 是美国人愿意牺牲膳食的极端例子。代餐奶昔已不是什么新鲜事物，现在，它们也被推销给男性。用于减肥的代餐液体过去主要出售给女性——也就是为人熟知的 Slimfast 减肥产品，数十年来一直如此。Slimfast 由亿万富翁丹尼·亚伯拉罕创立，它的原理是用成品的糊状食品代替一日三餐，以达到减肥的目的。目前，这些新式奶昔产品的重心是代餐的效率，而不是减肥。这是一个与减肥不同，但又相当诱人的目标。

2017 年第一季度，Soylent 的纯利润自去年同期以来几乎翻了一番。Soylent 的产品系列已经远不止最开始的代餐粉（目前该产品已升级到 1.8 版本），2015 年推出了即饮的代餐食品，去年亚马逊发明家首次推出不同的口味选择。Soylent 已从感兴趣的投资者手中筹集了 5 000 万美元的投资。

　　另外一些"超级"快速食品，比如代餐棒，也越来越多地被快充式用餐者选择。与这些产品最初的目的，减肥、控制胃口和控制腰围不同，现在它们的目的是为你加班提供所需的卡路里。当你拥有被重新包装过的监狱专属食品时，为什么还要吃饭？可能这听起来有些刺耳，因为监狱的午餐中都包含蛋白质棒。但是，就像我们在之前介绍蛋白质胜利的章节中所看到的那样，蛋白质开始流行起来了。

　　在英国，能量棒和补充能量的零食也出现了快速增长，而且增长速度超过了美国的同类产品。以快充式用餐为对象的食品销售在过去的 5 年中增长了 3 倍——销售额达到了 1.37 亿欧元。巧克力蛋白质棒已失势——快充式用餐者对兜售给他们做"食物"的甜品不感兴趣。你相信吗？肉类食品棒的销售量也在增长，因为美国人对一些富含糖分和碳水化合物的谷类产品持有非常谨慎的态度。随着消费者疏远这些产品，根据商业内幕网报道："据《华尔街日报》报道，自 2010 年以来，美国每年巧克力的销量增速缓慢，同时，谷物的销量从 2009 年到 2014 年下降了 5%。"燕麦卷产品依然是很多商家热衷的巨大产业，很多生产碳水化合物产品的商家正在东山再起，推出越来越多种类的非蛋白质食物棒。到 2015 年，市场上销售的营养棒多达 1 012 种，而 2014 年只有 226 种。

　　快充式用餐，甚至将烹饪压缩成一种便捷、快速和事先按比例分配好的几乎不能与做饭挂钩的活动。我们看一下现在的自助烹饪市场吧——从净菜电商 Hello Fresh 到半成品食材提供商初创公司蓝围裙都活跃其中，后者的销量从 2014 年的 8 000 万美元增长到 2016 年的 8 亿美元。蓝围裙公司和其他类似的公司着重在千禧一代为主要使用者的播客上和快充式用餐者经常光顾的批发商场里进行广告宣传，它们提供给顾客所需要的一切事先准备好了的半成品产品，让他们能快速做出一顿饭。但是，渴望便捷饮食的快充式用餐者，往往在一天结束时选择根本不做饭。

　　快充式用餐对劳动力市场造成了重大影响，尤其是在男女饭店服务人员这一职业不再流行之后的日子里。美国社区人口普查的数据显示，"男女饭店服务员"这一职业的高峰期出现在 2012 年,当时有 308.6 万人应聘为服务员。到 2015 年,这一数字减少了 13 万多人。柜台服务员人数也同样在减少。相比之下,厨师、洗碗工和其他零散工作的人数自 2003 年以来一直在攀升。送餐的零工经济正在一路高歌猛进。

然而,不是所有的人都是快充式用餐者。每一种趋势都存在一种逆趋势,所以,仍有一部分人热爱包括从神户牛肉到精心培育的生菜等在内的一切精致美食。这些对食物有很高要求的人构成了全食超市的顾客基础,因为美国人愿意花更多的钱购买有机产品。但这是一种逆趋势。因为快充式用餐主宰了这十年里我们的文化变化。后来全食超市被亚马逊收购,变成了一家更高效、廉价和灵活的超市。全食超市如日中天的日子已变成过去,自亚马逊对其完成收购以来,杰夫·贝佐斯利用《华盛顿邮报》将全食超市变成一位更注重效率的亚马逊金牌会员。

快充式用餐不仅仅出现在美国。世界美食之都巴黎也被送餐行业占领。法国文化讲究坐在饭馆里,点支烟,品着咖啡,悠闲地享用美食。很多大公司都会为它们在类似于巴黎这样的地方工作的员工提供两个小时的午餐时间。但是这一情况正在发生改变。送餐业巨头 Deliveroo 正在改变着巴黎人的用餐习惯和文化。很多的家庭糕点店铺被迫关闭。尽管知名的店铺依然在销售马卡龙法式小圆饼,但很多高瞻远瞩的法式食品店铺开始关注送餐服务,并第一次在它们店铺的橱窗上推广使用 UberEATS 的送餐服务。比利时的 Take Eat Easy 送餐公司声称,自公司在 2014 年 10 月登陆巴黎以来,它的月收入已实现了两位数的增长,而优步公司则声称每周有 1/3 的 UberEATS 顾客是第一次使用该服务。

在未来数年内,快充式用餐将会继续推动某些趋势的发展,人们可能会因为喜欢外卖送餐而很少在家做饭。毕竟,你真的认为有必要花时间定期去采购、安排和制作饮食吗?你是否不用非得这么做呢?食品替代产品市场可能会继续增长,但是,在包括 Soylent 等领先产品的带动下,它会变得更加细化。

　　从另一方面来讲，人们的工作效率得到了切实的提高。快充式用餐者每天能挤出多达 3 个小时的工作时间，而超市则会继续衰退，几乎所有的熟食店铺和各种饭馆都依赖送餐订单，并拥有越来越多的在线顾客。由于人们外出参加社交活动的次数减少了，他们饮用的酒精饮料也越来越少。因此，丧生于因酒驾而造成的交通事故中的人数也会降低。

　　谈到由此带来的工作效率问题，坐在餐桌前吃晚饭的做法会过时吗？美国家庭可能不再把下午 6 点作为家庭团聚的正餐时间了，每位家庭成员只会一边喝着 Soylent 奶昔，一边在他们各自的平板电脑上努力工作，人们变得比以往更加有效率，但也彼此更加孤独了。

14

健康主义者

有句谚语这样说："（女性）你不可能变得非常富有或非常苗条。"但是如今，你可以做到非常"健康"。我们现在都执着于洁净的饮食和绿色果汁，对洁净的要求正在催生出健康主义者这一趋势——美国人对"健康"的痴迷追求会带来危险的后果。而"健康"产业，从百货商店的品牌商品到食品连锁店，再到电子商务，都在利用这种痴迷把你变成一名健康主义者。随着我们每一个人都在努力追求着一个最难以实现的目标——活到100岁，这一趋势变成了一个越来越严峻的问题。

美国人今天不光进行节食，他们还在"排毒"，并使自己变得"精力充沛"。他们将练习瑜伽和静思作为适应这个充满科技和快节奏世界的新方法。

这一切开始的原因非常简单。首先人们参加了一个讲座，或者观看了网飞公司的纪录片，主题都是介绍对人体有害的加工食品是如何制成的，这些食品是在实验室中使用让人成瘾的神秘物质加工而成的，以便使你上瘾。在听完这些讲座或看完纪录片之后，人们便会把食品柜中过去购买的加工食品全部扔掉，然后从全食超市购买新的有机和自然的食品。接下来，你可能读过康宝莱公司的产品介绍，或读过一些把维生素吹捧成众神的甘露的文章。接下来发生的事情你便知道了，你每天会补充10到20种维生素，并开始自我感觉良好，这无论是出于自我安慰还是别的原因。而现在，健康主义者把注意力转向了自己的家，因为那里的细菌无处不在。过去的清洁产品，比如旧的来苏尔和稳洁品牌现在已被第七世代取代，来确保你的穿衣、做事、购物和打扫家庭卫生等一切事物，只对环境产生有机和良性的影响。这一趋势正在持续升温。

人们被吸引着去追求健康，是一个多少与控制有关的问题，以对抗人类的真正敌人：死亡和对死亡的恐惧。如果你能控制你的饮食、你的消费和你身体的状况，或许你能够避免一切的焦虑，从而在一个混乱和暴力的世界中存活下来。

可能如果食用了足够的甘蓝，你就会变得"健康"——身体感觉良好，且健康状况有所改善，进而延年益寿。作为人们追求健康的一个写照，甘蓝的消费猛涨；从 2007 年到 2012 年，甘蓝的种植面积翻了一番。需要说明的是，甘蓝的味道确实不怎么样。从历史上看，它好比蔬菜中的"鸡肋"，人们有了口味更佳的选择之后很快便将其抛弃。当然，甘蓝本身也含有某些矿物质和营养元素，但其 89% 的构成成分是水分，而大部分的这些物质你都可以从菠菜，这一美第奇家族所喜爱的蔬菜中获取。在第二次世界大战中，由于物资匮乏，甘蓝成为人们喜爱的产品，因为人们能够低成本地大面积种植甘蓝，随着"二战"的结束，甘蓝马上为人们所抛弃，直到最近它又迎来了春天。

作为补充，让我们看一下一家榨汁网站的建议：

恭喜您！您已对自己的生活做出了一些重大的改变。最后一步将是实行一项榨汁计划。我深信蔬菜汁是给你的生活带来光彩、能量和真正健康的重要因素。在本营养计划的其他环节我已经提醒过大家，但是由于该问题极其重要，我想再次强调一下——当你加热食物时，那些宝贵和敏感的微量营养素会遭到破坏。

啊，你一直在做的事情就是加热蔬菜和破坏蔬菜的营养成分。现在，为了健康，你可以把蔬菜中各种难闻的成分通过榨汁集中起来，并且感觉这样做很好。蔬菜汁能让人上瘾，尽管饮用大量蔬菜汁的功效和吃一顿饭所食用的蔬菜并没什么区别。

现在很多人发现不食用谷蛋白是一种完美的饮食方法，从理论上讲，这会让他们只选择不含谷蛋白的食品。当然，对于那些患有腹泻的病人来讲，不含谷蛋白的食品就像是上天赐予的礼物，过去人们认为，在美国，每1万人中就有1人患有此病，但是新研究表明，每100人中就有1人患有该病。然而，根据澳大利亚一项著名的研究，食用不含谷蛋白食品的人数大概是患该病人数的7倍，因为他们相信不食用谷蛋白更利于他们的健康。可能存在一种病叫作谷蛋白过敏症，也可能没有。实际上，我们也没有证据明确地证明谷蛋白过敏症的确存在。

这些结果反而表明，某种对患有该疾病的人群很有帮助的饮食方法，已经吸引了大量的追求健康的消费者，他们愿意尝试任何被大力推广的流行办法。尽管这种办法看起来人畜无害，但是实际上会让这些消费者失望：一般来说，不含谷蛋白的食物与含有谷蛋白的食物相比，口感要差，所以烘焙商和厂家一般会向该类食品中添加糖和面粉，而这些添加的面粉通常比小麦粉含有更高的卡路里。所以如果节食人士不问医生而擅自采取行动，他们就可能会摄入更多的卡路里和糖。

由于人们的这种狂热追求而身价上涨的不含谷蛋白的谷物是藜麦。藜麦最初生长在安第斯山脉，而那里只出产藜麦。藜麦的种子由味道发苦且不可食用的外壳包裹着，所以，人们加工之前要将该壳去掉（以防止你认为该外壳也是纯天然可食用的部分）。这种味道发苦的外壳会保护种子不被鸟类和其他动物食用，这些鸟类和动物很快便知道除非外壳被去掉，否则这些植物是不能食用的。

其他的神奇食品似乎在人们的食谱上来来去去，反反复复。联邦贸易委员会的确曾出面禁止石榴汁生产商（生产包装精美的石榴汁产品的厂家）过度宣传其产品的健康功效。2013年联邦贸易委员会在一场新闻发布会上宣称："委员会已出台了最终裁定，禁止石榴汁营销者发出关于食物、药品或膳食补充品能有效诊断、治愈、缓解、治疗和预防任何疾病，包括心脏病、前列腺癌及勃起功能障碍的任何声明，除非该声明被两种随机且严格控制的人类临床试验支持。"然而，这并没有让人们减少种植石榴的规模。2007—2012 年，美国种植石榴的农场数量几乎翻了一番，尽管现在有些农场主迫于全球竞争的压力而减少石榴种植，改种其他作物。

狂热追求健康这一趋势与另外两个我们所执着的因素一并出现：一是正念；二是认为如果我们越注意我们的饮食，我们就不仅会更健康，而且会更"聪明"。瑜伽过去被认为是嬉皮士和中医爱好者的专利，现在瑜伽受到了人们狂热的追捧。2008—2016 年，练习瑜伽的美国人的人数翻了一番，在过去的 6 个月中参加瑜伽课的人数达到了 3 600 万人。

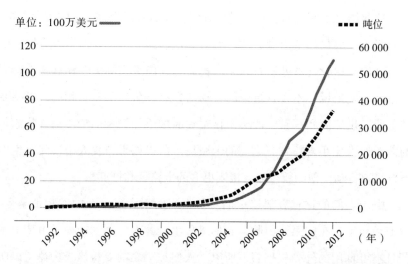

图 14.1 玻利维亚、厄瓜多尔和秘鲁出口的藜麦数量（1992—2012 年）

数据来源：联合国粮食及农业组织。

所有的这些趋势都可以在女影星格温妮斯·帕特洛所创办的 Goop 网站上找到。帕特洛受到父亲的疾病启发从而要过健康的生活。她的网站受到了狂热地追求健康的人士的追捧。这位身价不菲的明星不再需要对导演们唯唯诺诺，她把自己包装成一名让人耳目一新的保健和健康大师。帕特洛的网站经营得很不错，她又筹集了 1 000 万美元来发展她的电商网站。但是现在该网站遭到了《怀疑论者杂志》的批评，该杂志还将抨击伪科学的"生锈的剃刀奖"颁给了该网站，直击该网站所推荐的一些做法，包括将玉珠子放入女性私处来增强性能力等。美国国家航空航天局（也抨击过该网站所宣传的能制造"理想能量频率"的"生物频率"贴纸，因为该产品与宇航服使用的是相同的材料。

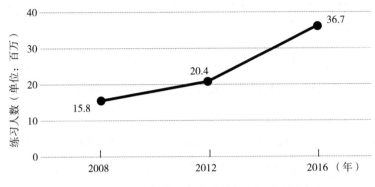

图 14.2 美国瑜伽练习者人数（2008—2016 年）

数据来源：美国瑜伽联盟。

不幸的是，一些人在追求健康方面已经走火入魔。健康食品痴迷症——一种对饮食过于执着的病症的发病率正在上升。它是这一精心打造的营销链的终极产物，尽管它还没有被正式认为是一种疾病，但是包括克利夫兰医学中心的苏珊·阿尔伯斯在内的健康专家，正在对这一新病症的增加进行追踪。健康食品痴迷症这一提法首先由医学博士、美国医师史蒂文·布拉特曼在 1997 年提出，尽管布拉特曼在 20 年前就提出了健康食品痴迷这一概念，但是看起来是那些狂热的健康追求者使得这一概念进一步成为众人注目的焦点。布拉特曼本人就痴迷于健康饮食。他发现自己和别人格格不入之处，在于他执着于将"不健康"的食物剔除出自己的饮食。最初，布拉特曼并不认为健康食品痴迷症是一种病症。但是随着时间的推移，他意识到健康饮食痴迷症是一种"真正意义上的饮食问题"，尽管现在精神病医生们还没有正式将其归为一种疾病。

健康食品痴迷症一直发生在我们身边——由于人们对饮食采取持续谨慎的态度，这导致对该病的忽视不仅发生在美国。在意大利，一个按素食饮食喂养的婴儿由于严重的营养不良而被收治入院，他的父母被剥夺了抚养权，同样的悲剧也发生在该国另一位幼童身上。素食饮食能阻碍儿童的发育，一名 12 岁的素食主义者的骨骼如同 80 岁的人的骨骼一样，已开始退化。

《今日心理学》杂志报道，父母过分在意健康饮食的习惯对其子女所造成的影响。在一篇名为《对食物走火入魔：对健康过分担心的儿童》的文章中，作者写道："不久前，人们认为只有成年人才会养成过分在意健康饮食的习惯，但是营养学家和精神健康专家开始发现儿童也会形成这一习惯，这种症状我称之为'代理性健康食品痴迷症'。这种行为通常是由于对健康食品过分在意的父母的饮食行为，影响到他们子女对食物的选择。那些一心用食物来预防或治疗多动症、心脏病和糖尿病的父母，已经让很多孩子在越来越小的年纪开始担心饮食问题。"

当然，还有一些人则运动过度。这会使他们的膝盖和身体的其他部分过早地出现劳损。大多数人在体育馆锻炼或在社区散步时的运动强度只是稍微有些大，但是一旦运动被正式纳入人们的生活，它就会变成焦虑感和不足感的源泉，而不是治疗现代生活疾病的方法。运动过度也会导致厌食症和运动暴食症。

即使再好的意图，通常也会导致意外的结果。毫无疑问，健康饮食、适当运动和关心身体会延年益寿。当我们看到狂热追求健康的人数和整个健康产业出现增长时，美国的水果和蔬菜消费量实际上并没有增加，反而在减少。从某种程度上讲，我们不得不提防社交媒体的能力、新的营销手段和为经营者谋取巨额利润而对某种神秘食品进行褒赞的巧妙宣传，以及它们所采取的高明的营销渠道。一些人并不理解"适度"的含义，他们从唐恩都乐甜甜圈的普通消费者，变成了食用不含谷蛋白食物和诸如 Goop 等网站在地球上的最佳拥趸。甚至对于有些人而言，他们最初为改善健康而付出的努力变成了为追求并不存在的完美健康而让自己倍感焦虑的新的苦差事。

15

癌症幸存者

生命中很少有比当医生诊断出你患有癌症时更令人绝望的时刻了。当我被诊断出可能患有恶性肿瘤时，医生对我说："你虽不用现在就处理后事，但是你的时间也不多了。"

5年后，我的肿瘤医生宣布我的癌症彻底消失了。我自己成了一名癌症幸存者，还有许多人和我的情况一样。在过去的30年里，随着心脏病发病率的降低和吸烟人数的减少，人们的寿命有所延长。但这也意味着更多本来没机会发生的癌症会最终发生。由于医学的进步和早期的治疗，更多的癌症患者存活了下来。而从诊断到治疗的经历意味着幸存者与过去的肿瘤患者再也不一样了。

20世纪70年代，癌症患者的存活率不足50%。现在，癌症患者的存活率大幅提升。根据美国癌症协会的统计，成年癌症患者的5年期存活率超过了67%。但是，到2050年，癌症患者的人数差不多将翻一番，原因一是人口老龄化出现，这是根据爱德华兹等人2002年的研究得出的结论；二是早期诊断的实施。

帕里等人2011年发表的《癌症幸存者：一个人数不断增长的群体》一文显示，美国癌症幸存者的人数从2008年的1 200万人增长到今天的将近1 600万人。而在英国，癌症比结婚或生育第一胎更常见。

癌症幸存者虽然拥有新的希望，但同时也伴随着很多担忧。统计数据显示，他们所需的支持要比现在正在得到的要多得多。根据美国癌症协会的一份报告，美国国民健康访谈调查显示："1/4的癌症幸存者声称由于身体原因而导致生活质量下降，而 1/10 的癌症幸存者表示由于情感原因导致生活质量下降。"癌症会给人们的情感、财产和人际关系造成巨大的伤害。

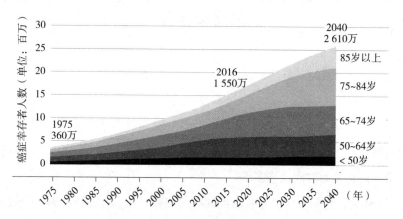

图 15.1　对美国癌症幸存者人数的估计和预测（1975—2040 年）

数据来源：美国国家癌症研究所官网。

癌症幸存者面临较高的离婚风险。有时候，当夫妻一方患有癌症并接受治疗时，双方的行为会变得不理智。我为希拉里·克林顿工作时，《国家询问报》发布了一则消息，声称约翰·爱德华兹背着患有癌症奄奄一息的妻子与女摄影师偷情，并有了私生子。当时没人去进一步追踪这一消息，因为它听起来太不靠谱。当然，后来这则消息被证明是真实可靠的：一位总统候选人背叛了正在接受癌症晚期治疗的妻子去偷情，这看起来是一个让人难以置信、危言耸听但又十分常见的现象。这则消息让我们知道，有些人对罹患癌症的爱人会全力支持，不离不弃；而有些人则对潜在的损失极端害怕，进而将自己患病的爱人抛弃。

所以癌症能够甄别出最真挚的爱人，也会筛选出最虚伪的爱人。随着癌症幸存者人数的增多，一些为幸存者提供支持的组织应运而生。"幸存者"运动在 20 世纪 80 年代由名为美国国家癌症幸存者联盟的组织发起，现在在欧洲也开展活动。该组织是很多为癌症幸存者提供服务的各种组织之一——这些组织包括脸书网上的在线团体和实体支持团体。人们甚至把 6 月的第一个星期天作为美国癌症幸存者日。

大多数情况下，癌症被认为是一种老年疾病——65% 的癌症幸存者的年龄超过了 65 岁。但还有 10% 的幸存者则更年轻。对于这些年轻的幸存者来说，从癌症中存活下来的益处颇多，但是他们付出的成本也更大。很多幸存者要接受昂贵的手术、化疗和放射疗法，而这些疗法会导致不育和其他持续性问题。

20 世纪 90 年代，人们将目光聚焦于女性癌症，尤其是乳腺癌上。一名叫夏洛特的 68 岁女性开始发放系有粉红色丝带的卡片，卡片上写着："美国国家癌症研究所每年的预算为 18 亿美元，而用于癌症预防的资金只占了该预算的 5%。"她的这一行为开启了标志性的粉红丝带运动。在苏珊科曼乳腺癌基金会和一些敏锐的营销者的帮助下，粉红丝带运动不仅改变了我们对乳腺癌的认识，而且改变了治疗乳腺癌的方法，包括早期检查在内的预防性行动，它推动了乳腺癌防治产业的诞生。象征乳腺癌预防的粉红色，已经成为广泛的女性赋权运动的标志。有些人对很多产品从汽车到钢笔进行粉红色化心生芥蒂，但是人们很难反对女性进行癌症筛查。况且，患有乳腺癌的男性也不在少数。

长期以来，女性身处抗击癌症的前沿阵地。然而，大约每 39 名男士中就有一名死于前列腺癌——前列腺癌是美国男人的第三大致死癌症。排名第一、第二位的致死癌症分别为肺癌和直肠癌。最近，数量不断增长的男性运动加强了人们对癌症的意识。一年一度的胡子节便是其中最为人熟知的一项运动，在每年 11 月的活动中，男士会丢掉他们的剃须刀来号召人们增强对男性健康问题的重视，尤其是对前列腺癌和睾丸癌的重视。这些由留着八字胡的男士参加的运动不仅在美国，而且在世界其他地区发展壮大起来。爱尔兰、加拿大、捷克、丹麦、萨尔瓦多、西班牙、英国、以色列、南非，以及中国的台湾地区都发起了加强对男性健康问题关注的运动。现在胡子节的活动组织成了《全球期刊》评选出的排名世界 100 强的非政府组织。

相对于英国人来说，美国人对癌症没有多少耐心，且热衷于通过手术进行治疗，并希望立刻采取措施。美国人不喜欢等待和观望，即使统计数据显示，对于生长缓慢的癌症来说，等待的方式可能会更好。

对前列腺癌等疾病进行的手术的次数在一些地区正在增长，因为保守治疗可能不是最佳方法。前列腺特异抗原检查能够对前列腺癌进行早期预警，这使得很多前列腺癌在进入晚期之前就能被检查出来。然而，这也使得很多男性做了后来被证明并不需要做的手术，因此，医生们呼吁减少检查频率。2006—2010年，英国前列腺癌手术的次数增加了8%。由于修改了前列腺筛查建议，美国前列腺癌手术的次数可能会下降。《美国医学协会杂志》的一项研究声称："在2012年美国预防服务工作组给出建议之后，从一些具有美国代表性的泌尿科医生的手术记录来看，前列腺穿刺和根治性前列腺切除术的数量分别下降了28.7%和16.2%。"

即便手术或其他治疗方法被证明是成功的，癌症幸存者依然被恐惧和焦虑折磨着。就像被保护的证人一样，他们总是担心自己的生活会重新被潜在的麻烦扰乱。对于癌症幸存者来讲，癌症复发是最大的恐惧。

比起较富裕的或白人癌症幸存者来说，社会和经济地位较低的幸存者过着低质量的生活。根据伯里斯和安德鲁考斯基2010年发表的《农村癌症幸存者与心理健康》一文，一项2010年的调查显示，农村癌症幸存者——可能会遭遇更严重的孤立，无法享有像城市癌症幸存者一样的照料——他们的精神健康状况更差。然而，无论你生活在哪里，当你遭遇像癌症这样的重大疾病时，你都无法摆脱类似抑郁和焦虑等精神健康问题。

癌症幸存者经常在经济上被压榨一空，如果他们之前就生活拮据，那么情况则更糟。年轻的患者、少数族裔和社会与经济地位较低的患者，不得不停止或放弃所需要的治疗。我患病期间能够继续一边工作，一边接受42种治疗，大多数人并不知道我患病的事实。而另外一些人就没这么幸运了，他们由于放疗和手术的关系，不仅掉光了头发，而且人也变得很虚弱。

　　大多数为癌症幸存者提供支持的组织是为了帮助其接受治疗，而不是帮助他们适应病愈后的新生活。随着癌症幸存者人数的不断增长，或许那些战胜病魔的人需要变得外向一些，或许他们不再忌讳自己的幸存者的身份，他们可以在脸书网上起个外号，或者在邮件上进行签名来标注自己的身份。我们要减少那些能够产生阶级意识的举措，帮助幸存者团结起来，相互交流。

　　像沃森等大数据和人工智能平台亦能够显著改善癌症患者的体验，促进癌症治疗的进步。比如，建立包含所有癌症病症和其幸存者信息的国家数据库，可以帮助我们取得进步，它使研究人员认识到，从医疗和生活方式信息中能取得何种经验来帮助人们预防和治愈癌症。

　　强大的市场敏锐性，帮助数字市场营销者们呼吁人们健康饮食、加强冥想训练、改善皮肤护理和购买防晒服饰。一些幸存者需要乳霜来帮助他们生发；或许一些需要人照顾自己起居的幸存者，不愿意将自己的需求表达出来。谷歌对找出哪一个家庭受到哪种癌症困扰的问题，有了一个很好的想法。大多数人面对诊断或潜在的诊断所做的第一件事，就是寻找和阅读与该病症有关的所有能找到的信息。通过日常对谷歌邮箱的扫描，谷歌就可以找到这些人。人们如果在后期才开始对这些人进行定位，就会变得更困难。

　　癌症幸存者是一个不断发展的小趋势。癌症幸存者不断增多的事实，要归功于科学和医疗体系的进步，虽然这成功地挽救了患者的生命，但是并没有让他们活得更好。在不需要肿瘤医生治疗后的相当长的一段时间里，有些癌症患者依然遭受着显而易见的痛苦，比如外表和行动能力的变化，而有些则是很难观察和理解的，比如沉重的债务和破损的婚姻。当然，我们首先需要解决的是治疗问题，但是我们应该在帮助癌症幸存者过上高质量的生活方面做得更好，我们要拓宽"过得更好"的定义，从治愈疾病拓宽到丰富幸存者的生活，包括婚姻、工作和朋友，这样才会使他们的生活变得有意义。

第三章

科　技

16

新一代上瘾者

如果在 2016 年的某一时段，环顾一下城市的某一繁华街区，你就可能会发现一个奇怪的现象。人们不再像平时那样一边埋头于手机，一边穿过街道或等公交车。他们主要是孩子和千禧一代，在人行道上精力充沛地疯狂晃动着他们的手机，汗流浃背，东躲西藏。

这些人正在玩一款由增强现实技术——简称 AR 为平台开发的第一款大型游戏《口袋妖怪》。这款游戏于 2016 年夏天由尼安蒂克游戏公司发布，《口袋妖怪》把电子游戏与现实生活中的影像和地点进行叠加，而玩家需要进行实景定位。这开创了一个新的游戏模式。

由于大多数人每天查看他们手机的次数超过 200 次，所以通常很难界定人们对该游戏是否上瘾，还是在正常使用他们的电子设备。但是随着人们的确在围绕这个半真实半虚拟的游戏进行较量，我们才明白这一新出现的狂热的确存在于我们的现实生活中。当你看到的是一片草坪时，《口袋妖怪》玩家们看到的是一个妖怪隐藏在草丛中。当你看到的是一副空荡荡的秋千时，玩家们看到的是一个虚拟的精灵正在秋千上越荡越高。

沉溺于这一游戏的新上瘾者，无异于着了魔。劫匪们很快就发现，他们可以把一些罕见的精灵藏匿于阴暗的小巷中，这样就可以诱使那些手拿智能手机的有钱玩家上钩，从而实施抢劫。这只是我们集体屏幕上瘾，尤其是手机上瘾的一个极端显著的例子，它显示出了我们上瘾的程度。

这类上瘾虽不会像毒品或酒精那样对身体有害，却着实昂贵，因为这些毫无实际意义的游戏中包含着大量的程序内购买项目。这些游戏完全没有规则监管，经常通过"引诱"迫使消费者一次花 1 或 2 美元来购买对现实生活完全无实际价值的虚拟产品。如同任何其他上瘾一样，它并不能通过一次性的满足式的消费就可以戒除，而是一个永远无法填满的无底洞。

在美国，智能手机上瘾带来的一个特别的危害，就是对青少年造成的负面影响。根据常识媒体的调查，约 50% 的美国青少年"认为他们极度依赖手机"。无论这些青少年住在哪里，有多少钱，他们代表了一半美国青少年的情况。年轻女性是智能手机上瘾的最大受害者，她们的上瘾情况属于一种让人不安的"滥用方式"，足以与危险物品上瘾相媲美，并能导致睡眠问题、焦虑、抑郁，甚至药物滥用。

让我们再仔细看一下《口袋妖怪》这一款游戏吧。为什么它如此让人着迷又如此昂贵？新一波让人上瘾的产品，尤其是游戏产品，会让使用者长时间沉溺其中，同时又让他们钱包大开。《口袋妖怪》的程序内购买项目使其成为收入最快达到 5 亿美元的游戏产品。而购买本身既不引人注意，数额又少——通常一次仅 1 美元的花费。但是小额花费的积累却相当迅速，高端玩家一般对其所上瘾的游戏一天花费 100 美元，这也算是家常便饭了——这相当于每天 5 包香烟，或 3 瓶杜松子酒的支出。

这些游戏以"微交易"，或者游戏内的不断累积的小额花费为特色。韩国 Nexon 游戏公司就以开创游戏消费而著称，它的既定目标则是："要让玩家连续数年或数月保持对该公司游戏产品的兴趣。"这似乎就是让人上瘾的方法，也是游戏开发商巨额收入的来源。据估计，智能手机和平板电脑游戏所创造的收入占全球所有的游戏收入的 42%。

另外一款让人上瘾且通过程序内购买而实现创收的游戏是《金·卡戴珊：好莱坞》，该游戏由于名字利用了美国人追求名声的心理，而成为最炙手可热的游戏之一。尽管人们可免费下载它，但在该游戏发行后的一年半时间内就创造了 1 亿美元的收入。它的游戏理念不是通关或获得奖励，而是获得认可、名望、追随者和特权。

卡戴珊点燃了很多美国人内心潜藏的梦想——变得出名、漂亮，并能够出入世界上那些最奢华的场合。当沉溺于一款游戏时，玩家们会变得极其兴奋。玩家们有什么理由不花费 1 美元在游戏中约会一名陌生的"帅哥"？一名大学生向 BuzzFeed 网站透露，她开始玩游戏的前两天时间里就花费了 100 美元，而且她说："直到我在游戏中消费之后，我才意识到我是在真正地花钱。在游戏中消费后，我试图通过劝说自己这是一笔合理的投资，但显然它并不是。"根据游戏开发商格融移动 2014 年第三季度收益报告，《金·卡戴珊：好莱坞》上市后的第一个季度，它的玩家人数达到了 2 280 万人，创造了 4 340 万美元的收入。

人们沉溺于这些上瘾产品时的心理状态，与沉溺于实质物品时的心理状态是否相似？根据《精神疾病诊断与统计手册（第五版）》的统计，二者可能是相似的。人们对上瘾的定义尚存争论，但是美国精神病学会将其表述为："产生不良适应后果的物质的使用，会导致临床上重大的伤害或痛苦，且伴随以下症状：（1）使用超出预定的计划；（2）表现出持续使用的欲望或者无法对使用进行成功的控制；（3）耗费大量的时间进行获取、使用，或者重新获取；（4）由于使用而导致其他重要活动的减少。"这样看来，对智能手机和游戏的沉溺无疑是符合上述描述的。

那些上瘾程度最重的 10% 的人，最难戒掉使他们上瘾的任何物质，或者是这里谈论的任何游戏。那些酗酒最严重的人，构成了美国前 10% 的酒类消费者，并且购买了大量的酒类产品。在某些游戏和技术方面，情况也是如此——那些对游戏上瘾最大的玩家永远不会满足。风靡一时的《糖果大爆险》游戏的主创公司说："尽管其招牌的移动游戏正在经历月活跃玩家人数的低谷，但是那些仍在运营的游戏，通过游戏内消费正在创造着史无前例的收入。"

电子游戏上瘾是真实存在的，之前就有过记录。然而，无论这种上瘾最初是什么时候被发现和被记录的，人们都容易对其进行追踪，且游戏也可以直接通过断电而不能让人继续沉溺。一些极端的例子中包含这样一个例子：一个年轻人在电脑前连续玩了 45 天游戏。这毁了他的生活，像其他上瘾者一样，他被送入位于华盛顿哥伦比亚特区的一家名为 reSTART 的康复中心，该中心专治游戏上瘾症。

这些强迫行为，正在给世界各地的家庭关系带来损害（且严重程度越来越高），游戏上瘾，尤其是手机游戏上瘾。在西班牙，两名孩子也接受了手机游戏上瘾戒除的治疗，这是该国发生的第一起该类型事件。英国《卫报》报道称："十二三岁的孩子被他们的父母送至精神健康医疗所，因为他们对手机的依赖程度已经让他们无法进行其他的正常活动了。"

由于越来越多的医生将这些上瘾行为确定为符合医学诊断的上瘾症，所以相关治疗产生的费用可以由医疗保险报销。而父母也有追索权，要求游戏公司对从孩子身上所获得的不正当收入进行赔偿。苹果公司在 2014 年不得不与联邦贸易委员会达成和解，把从不知道手机密码却仍然可以购买苹果产品的儿童身上所获得的 3 250 万美元返还给他们的父母。

从另一方面来说，游戏开发领域就如同狂野的西部世界一样：没有规则，没有金钱限制，也没有时间限制。如果游戏开发商能够开发出让主要由孩子和年轻人组成的群体着迷的产品，那么就没有什么能够阻止它们开发出最邪恶的应用程序。

游戏上瘾如果和反社会行为，以及阅读、数学等某些能力发展的缺失联系在一起，就会更让人担心。玩那些需要更多花费来消灭反派角色的第一人称射击游戏，是不可能培养出神经外科医生的。但是，另外一些半上瘾类游戏却具有教育功能，教授孩子历史、商业和艺术知识，或者培养他们一些重要的技能，比如团队协作、创造力和多人游戏所需要的团结精神。

坦诚地说，作为一项爱好，我自己也开发了一款游戏。从性质上说，这是一款政治类游戏，名字叫作《270》，用来帮助人们了解金钱的作用和美国选举人团的性质。该游戏 5% 的玩家每天会玩至少 4 个小时。我的游戏能够帮助玩家获得历史、政治和策略等方面的知识，而且是免费的。我希望它能帮助美国人（或者全世界的人们）通过一种有趣和被吸引的方式更好地了解美国的政治体制。

电脑和智能手机游戏的确很有趣，能够锻炼人的反应能力，而且具有一定的教育功能。但同时这些游戏也很昂贵，很费时间，且能让人患上具有破坏性后果的上瘾症。如果没有真正的指导方法来帮助我们了解是什么导致了游戏上瘾——随着增强现实技术、虚拟现实、3D 技术以及让人垂涎的机器人程序的问世——且如果我们不能成功地解决游戏上瘾问题，那么很多美国及全世界（尤其是亚洲）的年轻人将会受到伤害。在游戏变成新的香烟替代品之前，我们需要一个全新的体系来衡量其潜在上瘾的危险性。

17.
数字裁缝

衣服定制过去只是有钱人的专利。最引人注目的女士会身着一些来自法国的定制服装；顶级的银行家和律师，无论男女，都会穿着定制的西装。那些华服着身的人为此花费不菲。时尚杂志 *Vogue* 里所展示的独一无二的定制服装，价格昂贵。但是，现在定制服装已不再是 T 台或者类似高盛等大公司的"旧时堂前燕"，它已飞入了寻常百姓家。在接下来的十年里，它将作为一种小趋势变得流行起来。

在线订购又一次引领潮流。美国人已经适应了网购价低质优的产品，包括星巴克的星冰乐、甜绿沙拉店的沙拉，或者来福车打车软件提供的私人司机。现在在线订购的革命又席卷了服装领域。

目前，几乎所有的服装都是按照一定的号码和规格，以千件为单位进行生产的。这就给厂家和各服装品牌带来了很大的风险，也带来了开拓市场的压力。同时，这种做法也造成了巨大的浪费，生产出了大量的错码衣服，产品有时候会被运送到错误的商店和地区，也可能会生产太多过时的型号。服装生产商如果能够正确地考虑这些因素，就既能帮助消费者买到便宜的产品，又能让自己大赚一笔。如果生产商不能正确地考虑这些因素，那么等待它们的通常是破产。

而服装定制则完全不一样——它可以规避上述的大部分问题。衣服每次只生产一件，几乎不会有存货，甚至面料通常都是按需购买的。一般来说，服装定制的零售商或生产商在衣服生产之前会向顾客收取现金预付款，这就避免了大部分传统零售商拿不到货款这一主要风险。服装定制长期以来面临的问题主要是市场太小，不足以支撑太多的服装定制厂家。此外，购买定制服装通常需要几次长时间的试衣，而美国人不喜欢等待。数年前，克林顿总统把他的私人服装定制裁缝介绍给我，即位于中国香港的山姆裁缝铺，那里西装产业的繁荣得益于钱包鼓鼓的客户源，这些客户希望花 500 美元购买与标价为 2 000 美元同样质量的西服。你所要做的就是去一趟中国香港——当然这也不是那么容易的事情。

现在，科技使得量体裁衣的工作不必再由裁缝亲自出马。随着 Proper Cloth 和 MTailor 等应用程序的问世，你可以通过你的手机先回答几个问题，或者甚至让手机帮你量体裁衣，就像使用手机照相机一样简单，然后两周之后为你专门定制的一件衬衣或一套西装便会送到你的家门口。这些应用程序可以保质保量地帮你定制山姆裁缝铺的所有服装，能省去你亲自到店定制的烦琐，更不用说长途跋涉地专门去另外一个国家跑一趟了。我对应用程序定制服装之所以了解很多，是因为我的儿子迈尔斯·佩恩就是服装定制应用程序 MTailor 的创始人之一。他在拒绝了高盛公司数次的工作邀请之后研发了该程序，他坚信这一程序可以帮助客户花 69 美元买到完全定制的 T 恤，而相同的价格只能在布鲁克斯兄弟服装店买到他们货架上的成品 T 恤。

在这方面，一些公司的动作比其他公司要快。当你走进一家新"科技服装店"时，比如 Ministry of Supply，你可以现场通过 3D 服装打印技术获得你想要的全部服装。它能快速打印出完美地贴合你的身材的衣服，当然，所用的面料都是环保面料。

2005 年，易集网的问世是定制服装开始兴起的早期标志，该网站创立的想法很简单，即把出售定制或手工加工产品的卖家集中起来填补市场空白。仅 2 年之后，就有近 45 万个卖家在易集网上注册，且年销售额达到了 2 600 万美元。10 年后，每年通过该网站交易的商品总销售额超过了 20 亿美元。定制时尚兴起的另外一个标志，是人们现在对刺绣和字母图案的喜爱。一般来说，你身边思想传统的长辈，喜欢把自己名字的首字母绣在所穿的衣袖上。这么做就是为了彰显个性——有什么方法能比把你的名字绣在你心爱的夹克上更能凸显个性呢？现在你有了一件独一无二的定制衣服，而零售商们也注意到这一现象。各大品牌开始越来越明白美国人想要的是定制化的衣服，而不光是最新的款式。

除了围巾之外，网络服饰销售面临着一个问题，那就是各种品牌衣服的尺码不统一。除非你是某品牌的老客户，比如 Banana Republic，且熟悉该品牌的尺码情况，否则，你不大可能在网购服饰购买上花太多钱。即使即日送达的服务，也解决不了这一问题。超过 40% 的网购服饰都会被退货。所以，对于像亚马逊等公司来说，如果它们打算把服饰销售作为一种主要的线上业务，它们的管理者就需要考虑如何解决这一问题。亚马逊似乎正在努力考虑对策。证券公司 Cowan and Company 的分析认为："亚马逊网站曾在生产定制服饰方面获得过专利，且其定制的产品会精准地符合顾客的尺寸和规格。其指导思想就是在 5 天内将顾客定制的衬衣、夹克、裙子或裤子做成符合顾客需求的尺码。而这也将是帮助亚马逊把在时尚零售业的市场份额由目前的 220 亿美元或 6.6% 的比例，在 2021 年提高到 16% 左右的主要法宝。"然而，即使亚马逊已能够快速地生产定制服饰，它也仍然需要解决量体裁衣的问题。

这导致新兴的量体裁衣技术应运而生。这一技术帮助更多的顾客在线定制服饰，当然也会帮助人们网购更多的非定制服饰。MTailor 在生产定制服饰前依靠的就是包含 17 项严格的测量方法的量体技术。这一技术使得网购服饰的退货率直线下降。顾客只要网购一次尺码合适的定制服饰，那么其随后订单的退货率将会为 0。现在，这一技术帮助广大消费者能够更容易和更便宜地网购定制服饰，也开始让服饰生产商在定制服饰的业务上有利可图。拥有 3D 摄像头的苹果 iPhone 系列手机，能够进行更精确的测量。

随着纺织业转向世界上拥有最低廉劳动力的地区，比如越南和孟加拉国，服饰制造的成本持续降低。由于定制服饰比量产衣服需要更多的劳动力，所以它面临着一些独特的挑战。但是这一问题与让星巴克的咖啡师调制 155 种咖啡没什么太大区别，唯一的不同是把衣服定制工作外包给其他国家。将来，缝纫机器人会被用来生产服饰，但是它们可能还需要 10 年，甚至更长的时间来与这些低廉的劳动力竞争。

　　大规模定制服装最大的目标消费者，就是那些科技达人了，他们很享受使用智能手机来做任何事情，包括从办理银行业务到购买汽车等。他们不愿意去商场亲自试穿衣服。对于大多数男士来说，购买一件衬衣是一件折磨人的事情，所以，他们很容易接受这一新的购衣方式。

　　而特体服饰市场则是另外一个目标市场。对于那些对特体服饰有需求的消费者而言，他们总是能不去特体服饰店购物就不去。现在，他们很乐意网上订购自己的服饰。他们不必再去特体服饰店购买涤纶衬衣了，他们可以用便宜的价格买到纯棉和真丝的服饰。

　　女性是定制服饰的一个巨大市场，她们通常对服饰有着具体的要求和想法。零售商和数字定制服饰生产商将从女性定制服饰市场上大赚一笔。现在，一对被称之为"手套"的新式的绑腿被用来为女性量体裁衣，女性穿戴上该绑腿后，其内置的节点会进行尺码测量。这些应用程序为顾客带来了奢华和独一无二的服饰，而无须顾客进行亲力亲为的实地购物。

　　盖璞服饰标准的小码、中码和大码，只符合 15% 的人的尺码情况。而这是整个制衣行业所面临的平均比例。我们大多数人平时所穿的衣服要么太大，要么太小，不是我们愿意这么穿，而是因为我们实在没有其他的选择。但是，低廉的价格让我们不得不重复购买这类服饰。据统计，服饰产业现在的市值为 2 850 亿美元，美国家庭平均一年在衣服、鞋子和相关产品和服务上的花费为 2 000 美元。这对于敏锐的定制服饰生产商来说是一个巨大的商机。

　　就奢侈服饰制作而言，裁缝们依然需要耗时两个星期进行量体裁衣。而现在同样的奢侈服饰可以在同样的时间内批量生产出来，这使得百货商场的服饰销售岌岌可危。一些服饰生产商，比如拉夫·劳伦，在服饰定制上使用了一些小手段，比如用顾客名字的首字母代替原来产品上的马球商标。美德威尔在它的店铺中设置了定制"作坊"——在那里你可以把自己名字的首字母设计成图案组合，印在手提包上，或者把自己的名字印在它们生产线上的一件牛仔布夹克的背面。与这些定制策略不同的是，数字裁缝将会对服饰行业产生彻头彻尾的影响，涵盖从供应链，到招聘机会、营业机构、生产地点以及材料进出口等多方面。高端的服饰市场需要找到既能保持其地位来从事定制服饰生产，又不会牺牲它们制作标准的方法。

定制服饰公司纷纷行动起来填补这一市场空白，它们提供给每位顾客贵宾般的待遇。一些公司讨好于希望节省时间的千禧一代，而另外一些公司则让女性顾客足不出户地体验到百万富翁般的礼遇。这些公司每个月都会将装有定制服饰的盒子送到顾客的手中。其中的代表公司就是Stitch Fix，其印在装有定制服饰包装盒上的广告语为"您的私人时尚伴侣"。该公司成立于2011年，其2016财年的销售额达到了7.3亿美元。

其他如Indochino.com或者Bonobos等公司的目标顾客，则是那些愿意追求时尚但不知如何开始的男士。Indochino.com公司正在大赚特赚——它通过5轮的股权融资从投资者手中一共募集到了4 725万美元。最近，沃尔玛收购了Bonobos公司引起了消费者的不满，因为他们并不想购买大众化的商品。专属性和个性化对于今天的定制服饰顾客来说意义重大：即使这些消费者以更便宜的价格购买了定制服饰，他们仍然想让自己的服饰独一无二。但是，他们必须把心态放平才行。

这些数字裁缝公司都有自己独特的营销手段，但是每家公司都会对顾客做出同样重要的承诺：省时、美观、足不出户以及省心省力。

拥有高端或低端定制服饰门店的百货商场必须适应这一趋势。有些门店已经开始利用微软游戏机上的摄像头进行准确的尺码测量。我期待这些服饰定制实体店和在线服饰定制公司一决高下。大数据在这里也发挥着作用，因为最终每个人都会拥有关于自己服饰尺码的电子数据，而每一家服饰生产商都渴望获得这些数据。它们利用这些数据向顾客出售最符合其尺码的服饰，以减少网上退货率。

尽管数字裁缝今天还只是一个小趋势，但这一趋势在不断增长。让大众享受定制服饰只是时间问题。未来，服饰销售的主力渠道将会是线上销售，因为越来越少的美国人愿意把时间浪费在逛商店上。你如果现在在线购买定制服饰，而不是让一名裁缝亲自为你量体裁衣，就属于数字裁缝俱乐部中的一员了。这个俱乐部的会员人数虽少，却在不断发展壮大。

18.

"神人"

我们正身处一个有望超越硅谷的新市场的边缘，尽管这一说法很少见诸报端。人们现在对无人驾驶汽车相当着迷，以至他们似乎忽视了帮助人们达到能力上新高度的那股力量。

现在的科技不仅能恢复我们的感官功能，还能帮助我们的功能达到一个新的水平。科技使我们比以往任何时候都变得更强、更快和更灵活。你可能不必拥有钢铁侠的盔甲，但是你会购买一些从根本上能增强我们能力的科技产品。我们正在进入一个充满由科技武装起来的"神人"时代。

最近，在迪拜的一次峰会上，埃隆·马斯克说了一番让人不寒而栗的话：在充满人工智能的世界里，人类如果想维持其地位，就必须变成半人半机械的物种，以避免沦为人工智能的玩偶。如果马斯克的观点是正确的，那么世界将会怎样呢？如果你不再对耳机进行升级调整，而是通过向耳朵移植设备，使听力变得像蝙蝠一样敏锐，那么会怎样呢？如果我们不再专注于科技产品，洗衣机、烘干机、汽车和玩具等，而是把我们的资源投入用科技武装人类自身，那会怎样呢？我们一直在改变我们的世界，以使其更好地服务于我们，但是，我们为什么不升级一下我们的核心部件——我们的身体呢？

受到科技帮助的美国残障人士的人数达到了历史新高——从残障人士平权活动到使用社交网络平台、新式助听设备、3D 假肢打印和人工智能的进步来帮助退伍老兵，这些方面都有所体现。越来越多的美国人很快将会用这些先进的科技来武装自己，比如，获得青蛙般的弹跳力，将夜视镜植入视网膜，以完全新颖的方式改变自己的身体，等等。现在，截肢人士可以利用3D技术打印出两对假肢，一对为穿高跟鞋使用，另外一对为穿跑鞋使用。而先进的人造肢体技术将会帮助那些渴望改善自身肢体功能的美国大众。

埃隆·马斯克现在正在致力于实现"脑机连接"——其任务就是使用大脑移植技术把人类思维和电脑直接连接起来。如果这样做能加强人们的5种感官能力，或者把我们与我们正在打造的"超级手脚"直接连接起来，那么会怎样呢？

人类可能是地球上最聪明的生物，但是他们却不是最快、最强壮的生物，他们在视觉、听觉和嗅觉方面与生物的最好水平相差甚远。猎豹和羚羊不借助外力的情况下奔跑速度可以达到每小时60英里[①]。蛾子、蝙蝠和猫头鹰具有更灵敏的听力——我的宠物狗也是。鸟类的夜间和热感应视力更强。我们看着水平分辨率为4K的高清电视，而秃鹫却有着12K或16K水平分辨率的视力。熊可以闻到18英里以外的猎物的气味。我们在基本的感官和能力方面，与上述的任何一项生物能力的极限都相差甚远。想象一下能用一只胳膊将人类击飞的大猩猩吧。

我们在2017年的哈佛大学美国政治研究中心和哈里斯民意调查中设置了这样一个问题，即人们是否对能够增强他们听力和视力的装置感兴趣，79%的受访者表示感兴趣。总体来说，每个年龄段、党派和收入群体的大多数人都表达了对这类产品的兴趣。这一市场规模是如此的巨大，令人奇怪的是，为什么自从300年前双筒望远镜问世以来，没有人真正推销过任何能强化人类感官功能的产品。

可能的一个例外就是谷歌眼镜了。但是该眼镜就像一个笑话，尽管它是强化人类体验的一种早期尝试，但是其弊端不少，硬件落后，且没

———

① 1英里≈1.61公里。——编者注

有软件支持。目前分布最广泛的用来帮助人类的硬件产品就是苹果手表了，这一体积小巧的产品集你所需要的所有功能于一身，比如交流、上网和显示你焦虑程度的感官数据等。把这一装置移植到眼镜上，然后增加人脸识别功能后，使用者就可以瞬间化身超级侦探了。如果电池寿命的问题能够得到解决，那么将苹果手表的技术运用到可以作为显示屏的眼镜上的做法，应该大有可为。

军方现在可能正在秘密研制几个强化作战能力的项目。最近，美国通过先进的电流刺激手段训练出了"超级海豹"部队。在大脑受到电流刺激后，海豹部队的反应时间会变得更快，能力也会变得更加强大。担任海军特种作战指挥官的海军少将蒂姆·西曼斯基解释道："这样会让海豹部队的最佳表现时间维持在20个小时以上。"这只是众多例子中的一个而已。从提高未来士兵战斗力的角度讲，美国基本上面临两个选择——一是强化人类自身，二是派出机器人作战，首先是进行像无人机那样的机器人单兵作战，随后会进行机器人群体作战。

这种科技也意味着执法部门可以更有效地执法，并在收集情报上比以前更加准确和牢靠。如果警察能具有X射线一样精准的视力，具有能嗅出火药的嗅觉，以及能发出探测金属的声呐，那么哪里还需要设立众多的安检点呢？人工智能若能判断出某人是否携带了武器，就能在执法者面对可疑行为时准确决定是否停止或使用武力。作为微软公司前首席战略官的我对一个现象感到很惊讶，那就是很多大的科技公司在新一代的个人强化硬件还有很大的价值有待开发时，却在努力从事恒温器的研究工作。

最近的一项技术应用就是采用3D打印技术为烧伤患者服务。3D生物打印机能够打印出可以促进新皮肤生长的细胞，很快这项技术便会被用来打印能够促进替代器官生长的干细胞，而这可以解决一些重大的医疗问题，比如移植器官的短缺，以及等待移植时间过长等问题。现在，这一技术被用来为遗失的东西打印替代品。但是，该技术的研究早晚会被用来强化人类自身，比如让士兵、警察、橄榄球运动员、猎人和摔跤手的皮肤变得更加强壮，且不易被割伤和擦伤。

一种通过科技来强化人类自身的应用已经成形，那就是人造视网膜。人造视网膜移植最早出现在 2013 年。接受人造视网膜移植的美国人，之前为视力完全丧失的人，手术后能够"阅读大写字母，看到缓慢移动的汽车，或能分辨出餐具"。如果人造视网膜能够加以改进，并进行推广，这会对一些公司，比如瓦尔比派克眼镜公司的业务造成打击，因为大多数人将告别眼镜。如果把这一科技应用于本身视力发达的人身上，那么他们可能会看清楚 1 英里外字体极小的字，或者在观察交通状况方面的能力超过一些相应的应用程序，比如位智。

一些公司和个人正在开发无线射频识别芯片移植技术，即将追踪设备植入皮肤中。这种技术之前被应用于宠物身上。现在，它不是用来追踪你走失的宠物，而是用来追踪你的孩子。尽管这一技术还处于相对落后的初始阶段，但是芯片移植意味着不仅能够追踪人的下落，而且可以传输更多的数据。

位于威斯康星州的一家叫作 32 M 的公司，正在为其雇员进行无线射频识别芯片移植，员工使用这一技术能在公司休息室的小型超市中购物、开门、登录电脑和使用复印机。你的智能手机也可以与这些芯片进行同步连接——在你体内植入追踪芯片的情况下，你还会使用苹果手表来计算步数吗？智能手机的地图服务，在有信号的情况下的确能够为我们提供道路指引。但是，在没有信号的丛林中，你体内嵌入的导航系统却会帮助你避免迷路。

可能我们会拥有不止五种感官的能力。生物黑客里奇·李已经利用磁铁进行了相关的研究，他的做法是将一块磁铁内置于耳朵中。美国有线电视新闻网报道："通过磁铁他可以听音乐，而缠绕在他脖子上的金属线圈可以将声音转化成电磁场，这就创造出了第一个'内置式耳机'。它的功能可不止听音乐这么简单——李说：'这是我的第六感，能够帮助我发现不同的传感器，所以，我可以在很远的距离'听到'热量。我能探测到磁场和无线网络信号，以及世界上存在的众多我之前没有意识到的东西'。"

这类成果中的一些只与科技有关，它们将微型化和网络结合了起来；而另外一些则涉及移植技术，把医学的尖端领域与科技结合起来。但是要想使人类通过科技加强自身能力这一领域真正发展起来，社会和政府需要出台能够管理这些科技成果的政策框架。否则，公司会因忌惮冗长的政府审批程序而不愿在该领域进行投资。这一点与无人驾驶汽车缺少可依据的管理框架的情况类似——我们也缺少能与这些先进的交通工具相配套的基础设施。尽管对先进的可佩戴科技产品的审批时间要短得多，且有很多公司愿意投资，但对在生物学意义上做出改变的审批需要数年的时间才能完成，而这么长的时间无法保证投资回报。我们可能需要采用新的规则体系了。

然而，一旦我们有能力帮助所有人获得更好的视力，一种新的不平等可能会产生。政府医疗项目和保险已明确表示会广泛涵盖高成本的治疗性产品。但是一般来说，人们还没有任何权利来获得能强化身体功能的技术，所以这与可供选择的整容手术情况类似——它将变成有钱人的专利。

目前，复杂科技的成本也极大地降低了，这使得数十亿大众能够享用高速网络和智能手机。然而，我们不知道是否推广强化人类自身功能的科技的成本会同样地大幅降低。这些增强人类自身功能的科技发展可能与其他科技不一样，且成本依然会很高。此外，一些道德层面的问题也会凸显出来，比如，一些孩子在课堂上会借助科技来进行快速阅读，而另外一些学生则不得不依靠他们与生俱来的"普通"人类技能来学习。

我不期望很快看到人类可以像鸟类一样飞行，而且喷气式背包作为未来个人交通工具的理念似乎也不可行。但是，我的确期望人们能够获得比以往更好的视力、听力、嗅觉和味觉，并且确保每次的科技进步都能符合我们的道德伦理要求。

19

无人机的兴起

很少有科技产品能够达到像无人机那样的增长和快速发展。

当你谈论起无人机的时候，映入你脑海的或是一种作为军事用途的装备，或是为爱好者们带来乐趣的物品。美国军方已打造了一支规模在不断增长的多用途无人机部队，而且获得了巨额的预算支持。在 2017 财年，美国国防部大约拨款 44.57 亿美元用于发展无人机。

与此同时，你能够在离你最近的百思买商场，甚至塔吉特超市花 500 美元买到最新的个人版无人机的基本款，或者花 1 500 美元买到极其精密的无人机型号。这些个人版的无人机，被摆放在硬盘驱动器旁边的货架上，它们的飞行高度可达几百英尺①，飞行距离为数英里远，它们使用电脑来保持稳定性，并能传回高清视频和相片。

而大型无人机一般被用于军事行动，现在也被用于重大的商业活动。美国农民使用无人机为作物喷洒农药和进行土地巡视，与雇用飞机喷洒农药相比，这种做法可以节省大量的时间和金钱。电影公司也放弃了使用直升机在空中拍摄特技演员的危险做法，而采用装备高清摄像机的无人机完成相关的拍摄任务，这样可以节省电影拍摄的成本。亚马逊和其他的电子零售商一直在测试使用无人机进行送货服务，尽管这看起来更像是一种公关噱头，而不是一种实际的独创手段。同时，石油和天然气公司在使用无人机进行温度测绘。对于间谍和私家侦探来说，无人机是

---

① 1 英尺 ≈0.30 米。——编者注

一个真正的福利，可以帮助他们把工作变得更加容易和准确。

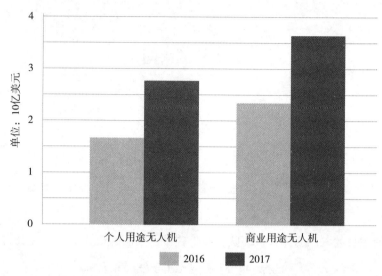

图 19.1　个人用途和商业用途无人机销售额（2016—2017 年）

数据来源：科技博客 recode.net。

仅在 2017 年一年，无人机就在几十部电影中被用来进行高空镜头拍摄，而这些拍摄在以前要么不可能实现，要么成本太高。国际电影摄影师协会的商业代表迈克尔·钱布里斯告诉《洛杉矶时报》的记者："无人机就像是一架能在 200 英尺高空工作的摄影机稳定器。它现在已成为电影拍摄行业里新出现的术语。它使我们在突然之间可以完成之前无法完成的拍摄任务。"更不必说，无人机的应用将拍摄含有动态镜头的电影摄制门槛大幅降低了。同样，无人机也被广泛地应用于广告拍摄和视频网站优兔（YouTube）的视频拍摄。

当你开始操作无人机时，你会体验到其中的乐趣。在过去数年里，拥有一架无人机的成本显著降低，而这一趋势还会持续下去。大多数生产民用无人机的公司也为军方服务，并为零售商提供基础版本的无人机——这让所有人都能享受到这一顶级技术的产品。2016 年，民用无人机的市场销售额在 15 亿到 20 亿美元之间，而 2017 年，该销售额则在

20 亿到 25 亿美元之间，或者超过了 25 亿美元。联邦航空管理局预测，到 2020 年，个人无人机的购买量将从 2016 年的 190 万架增加到 430 万架。据科技博克网站 Recode.net 的报道："民用无人机占单位产品销售额的 94%，但是只占市场总收入份额的 40%。"最便宜的无人机大约 500 美元，即大疆生产的幻影 3 号。而这一价格——过去只是一部高端数码相机的价格——意味着几乎每个人都能够成为一名坚定的无人机迷或者爱好者。

无人机的使用具有深远的意义。首先我们看一下无人机在医疗和应急方面的应用。无人机在应急方面发挥着重要的作用，比如，在人道主义救援中向偏远地区输送和提供紧急物资和救助服务，或者在飓风等灾难过后进行救援工作等。无人机在卢旺达等一些国家和地区被用于医疗救助，向偏远地区输送急需的血液和药品。

救护车平均要耗时 19 分钟才能抵达救援现场，而无人机则快得多。救护车可能会因为交通堵塞或者别的更糟糕的原因而无法按时抵达救援现场，比如在最近波多黎各和得克萨斯州对由飓风造成的严重灾难进行救援时，人们就遇到了类似的情况。用无人机向受灾和偏远地区运送水和食物要相对容易得多。无人机在执行运送任务方面的使用既简单又便捷。

在瑞典，无人机现在装备了自动体外除颤器，普通人可以用它来对心脏病突发人员进行救治，对于在救护车不能及时抵达的偏远地区来说，这一点极其重要。这些瑞典新造的无人机进行任务派出的平均耗时为 3 秒钟，而一般的紧急医疗服务救护车的派出耗时为 3 分钟。

无人机的使用对于个人来说也具有重大意义。如果你有健康方面的问题，或者是残障人士，那么无人机可以扮演医护助手的角色——能像陪护宠物或者医疗看护者那样察觉出癫痫、高血压，甚至糖尿病等病情。美国汽车协会数年来一直使用无人机为客户研究路况。目前，最新式的无人机可以在雾天和全天候的环境下飞行，而不会发生碰撞事故，它们

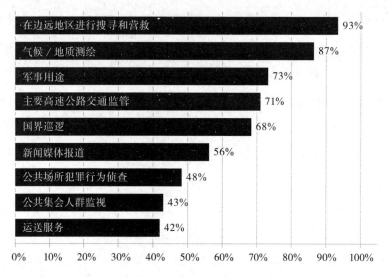

图 19.2　公众对空中无人机按用途划分的支持比例（2014 年）

数据来源：拉斯维加斯大学全国调查问卷。

被用来绘制 3D 地图，传送实时信息，并"记住"其所勘测过的地区。

不考虑人们出于担心而限制无人机的使用这一原因，无人机的使用现在仍处于初级阶段。创业型经济推动出现了一批新的以推广无人机家庭服务商业化为目标的公司。一家位于帕洛阿尔托的名为向日葵实验室的公司，打算使用无人机和传感器来探测对民宅的非法闯入。而一家位于旧金山的名为 Aptonomy 的公司的目标，则是利用无人机来阻止越狱。该公司研发出的人工智能能帮助无人机自动进行人脸识别。

我们很快将会在每一个社区看到出现无人机站，无人机会在那里停放和充电，随时准备完成你从手机上下达的任务，比如，去连锁药店 CVS 帮你取药，或者帮助你评估一项突发情况等。你的保卫型无人机能够在被触发时即刻投入工作，跟踪出现在你私人车位上的任何可疑人物，并记录下他们的车牌。你的孩子也可以在无人机的监控下去上学。用于遛狗的无人机甚至可以在雨天遛狗、分发奶制狗饼干和清除狗狗排泄物，让你不再需要传统遛狗者的帮忙。

人工智能无人机在个人体育项目上大有可为。在网球比赛中，无人机可以被安置于球场的上方，对每一个球进行判罚，并将球场上的网球收集起来供球员使用。在高尔夫球比赛中，无人机能够发现高尔夫球的位置，在你做出下一杆击打之前一直盘旋于球的上方。在钓鱼时，无人机能够提前帮你锁定大型鱼类的位置。然而，让人惊讶的是，尽管无人机技术取得了发展，但是无人机市场开发的进展却如此缓慢。那些打算从小生意着手的公司，可以在无人机摄影、航空测量、无人机共享方面发现机会。

无人机当然也会带来危险。白宫就设立了半径为 10 英里的无人机"禁飞区"，所以这对于华盛顿哥伦比亚特区的无人机爱好者们来说是一个不幸的消息。伊拉克和恐怖组织 ISIS 已经开始发展自己的无人机了，而这些无人机可能会成为自第二次世界大战中的 V-2 型火箭以来最具破坏力的装备。出于对无人机所能带来的危险的担心，一些新的规则被提出或实行。比如，在大多数地区，无人机的飞行高度需要保持在 400 英尺以下，且必须在操控者的视线内飞行。最近出台的一项有效力的规定是所有重量超过 55 磅 ① 的无人机无论是用于商业还是用于娱乐都必须进行登记，但是进行登记的人才是最关键的。所以，不要指望恐怖分子或劫匪会用真名或真实身份进行登记，就如同他们会用假身份获得用于逃跑的汽车一样。这些限制措施可能在某种程度上禁止了无人机的商业或个人用途，直到无人机技术变得更成熟之后，这些限制才能被解除，而到那时，政府可能会允许人们远程操控无人机。而这也会给那些游戏高手带来充分的就业机会，他们会摇身一变，成为有执照的无人机操作人员。

小型无人机不会对飞机造成影响，但是它们会侵犯人们的隐私。大型无人机可以作为运输工具和武器，小型无人机则会成为忙碌的隐藏式眼睛和耳朵。持续性监视和缺少监管的人工智能所带来的危险，意味着

---

① 1 磅≈0.45 千克。——编者注

我们要出台政策来控制无人机的使用。随着越来越多的无人机被用来进行一些不易察觉的危害性活动，比如跟踪，而且这些活动变得更加直接和有侵略性，参议员爱德华·马基和众议员彼得·韦尔奇倡议用立法来解决人们由此而产生的对隐私的担忧。在一份联合声明中，马基参议员声称："尽管现在有法律来保护人们不受别人的跟踪，或者被监视居住，但是没有具体的联邦法律来保护人们不受无人机的监视。"随着无人机数量的增多，我们可能需要建立一个体系，将每一架无人机纳入其中，这样做不但是为了减少无人机的非法使用，而且也能够引导社区内的无人机避免碰撞，以及为它们规划飞行线路。

无人机和无人机经济现在已经变成一种小趋势。然而，这一科技的创造力和破坏力，使得它有可能成为那些在过去十年内发展起来的最有用且最具破坏力的科技之一。无论如何，我们期待无人机产业在未来的十年内取得突飞猛进的发展。

20.
抛弃个人电脑

个人电脑正在消亡。15 年前，微软实现了让每一张书桌和每一个家庭都配备一台个人电脑的目标。当我在微软工作的时候，它的理念是"达到，做到"，而现在是提出新目标的时候了。现在的台式电脑正在像垃圾一样为家庭所抛弃，且越来越少的办公室会配备台式电脑。大多数下一代的技术用户将不会关注台式电脑，更不用说使用它了。更重要的是，甚至手提电脑的使用率也呈现出下降趋势。我们将迎来不使用台式电脑的一代人。

原因是什么？现在超过 20 亿人在使用智能手机，而这一数字在 2020 年将达到近 30 亿人。除了极个别的情况之外，大多数人已经把在电脑上要完成的任务，逐一地转移到智能手机上来完成了。屏幕变得越来越大的新款智能手机使得这种转变成为现实，也促进了这一趋势的快速发展。

科技公司超威半导体，曾经承诺开发价格为 100 美元的手提电脑确保以最快的速度来传播科技。现在，我们没有拥有价格为 100 美元的手提电脑，却拥有了价格为 100 美元的智能手机。现在的新目标是将新智能手机的价格降低到 10 美元。即使这一目标还没有实现，智能手机也会成为史上大众普及率最快的产品，甚至超过了火灾蔓延的速度。智能手机在用户体验方面完胜个人电脑，鼠标如果现在还没有被淘汰，就正在面临被淘汰的命运。甚至手提电脑和平板电脑，现在看起来都越来越像是没有存在必要的大型智能手机了。

很多不使用个人电脑的一代人对科技应用会有完全不同的体验。在发展中国家尤其如此，因为那里的人们从未拥有过个人电脑，在无线网络引入之前只能拨号上网。就在几年前，90％的印度地区还没有网络连接。而今天，印度成了世界上科技市场发展最快的国家之一，该国已具备了大幅扩大科技市场的能力。随着印度中产层级的扩张，印度庞大的消费者将会在后个人电脑时代重新定义，并采用成本低、应用广的个人科技。

在印度等一些国家，安卓系统就是新一代的视窗操作系统。实际上，安卓系统的用户要比视窗操作系统的用户多。思科公司预测，到2021年，印度网民数量将从目前占总人口的28％上涨到占总人口的59％。微软的移动视窗操作系统也已成为明日黄花，所以，微软已经放弃了在手机操作系统上的竞争。苹果公司正试图在印度站稳脚跟，但是它的产品定价对于印度大众来讲着实过高，因为普通的印度工薪阶层无法理解为什么要花1 000美元购买一部苹果iPhone X手机。

安卓系统的胜利就是谷歌的胜利。即使在美国，只使用手机的人数也在上涨。2017年，谷歌宣布，世界范围内使用安卓系统的月活跃人数已超过了20亿人。

55％的美国人使用手机上网。其中，31％的人承认手机是他们主要的上网渠道。而个人电脑的销售量经过数年的下降曾稳定在每年3亿台左右，而现在又下滑到每年2.7亿台左右。这意味着经营惨淡的个人电脑生产商将迎来新一轮的痛苦期。即使一直在个人电脑市场上盈利的苹果电脑，销售也开始变得缓慢起来。包括苹果电脑在内的个人电脑依然在学校里有很大的需求，但是除了教育领域，只有一些重要的媒体创作者还对个人电脑有需求。即使你在编辑专业级的图片和视频，或制作一部正片长度的电影，你也不太需要一台台式电脑的帮忙。汽车在诞生100年后依然有强劲的发展势头，而个人电脑在问世40年后却走到了退市的边缘。

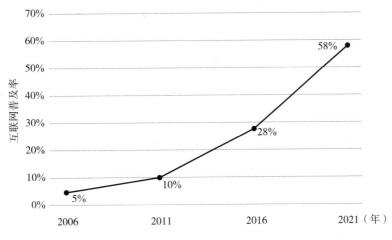

图 20.1　印度互联网的普及和预测（2006—2021 年）

数据来源：联合国数据，思科公司报告。

在高端领域，手机将不再起作用，因为环境计算正在兴起。环境计算最初的代表为亚马逊公司的虚拟语音助手 Alexa，其在发达市场继续发展。最终，这些新事物会成为发达国家人们与科技互动的主要途径。然而，在世界其他地区，移动设备产品的存在时间可能比个人电脑要长得多。

不使用个人电脑的一代人和这一代人规模的扩大，首先会改变营销、学习和全球的读写能力。这意味着广受诟病的应用程序会在我们的未来发挥重要作用。负面评论不断的手机广告，将成为向人们介绍他们所需要产品的唯一最重要的途径。

不使用个人电脑和只用手机上网的人数，在美国呈现出稳定的快速增长态势。2016 年全球知名市场研究机构 eMarketer 估测，到 2020 年，4 160 万美国人只用手机上网，而撰写本书，也即 2017 年时，34.4% 的人只用手机上网。那么个人电脑和台式机如何跟得上潮流的发展？它们跟不上。

在发展中国家，对于很多人来说，智能手机是他们拥有的第一部能上网的程序化科技产品。根据皮尤研究中心 2014 年发布的报告，很多非洲人都会使用手机发短信、照相和办理银行业务，但是更多的非洲人正在用手机来更好地获取健康信息，使用最新的地图，浏览政治新闻和消费者信息，使用社交媒体。由于非洲的智能手机价格范围在30~50美元（人们可以从街头小贩那里买到智能手机，且智能手机的质保期只有几个月），所以越来越多的人能够支付得起这一如日中天的科技产品。在中国，智能手机的销售增长了73%。摩托罗拉售价为260美元的Moto G智能手机现在是巴西最受欢迎的产品。全世界的年轻人都喜欢更轻巧、更美观和性能更优越的美国版本的智能手机。

全球读写能力的提高是智能手机带来的好处之一。联合国教科文组织最近发布了一份关于手机使用者所经历的"阅读革命"的报告。在那些书籍匮乏、文盲率高（儿童和成年人的文盲率分别为20%和34%）的地区——埃塞俄比亚、加纳、印度、肯尼亚、尼日利亚、巴基斯坦和津巴布韦——人们正在阅读更多的书。父母读书给孩子听，而孩子渴望学习更多的知识。

就职于联合国教科文组织的马克·韦斯特是该报告的主要作者，他在一份声明中说道："该报告的一项关键的结论就是移动设备能够帮助人们培养、保持和加强读写技能，这很关键，因为读写技能会给人们带来能够改变生活的机遇和益处。"

在美国，只使用智能手机的文化已经深深地影响了人们的关系，而且这种影响还将继续。现在，人们几乎不可能不使用手机。你会如何联系你的爱人或孩子——只用手机吗？家长们现在通过一种名叫"查找我的朋友"的手机软件来追踪自己的孩子，派优步司机在聚会后送孩子回家，或送他们去朋友家过夜。随着父母在监视孩子方面越来越少地依靠保姆，越来越多地依靠名为"查找你的孩子"的手机软件，这一趋势会持续下去。

千禧一代在不使用个人电脑这一小趋势中扮演着重要角色。根据美国互动广告局与华通明略网上调查和视频广告公司 Tremor Video 的一项联合研究发现，千禧一代人比其年长的人更热衷于收看长度较短的广告。该研究还表明，长度较短的视频更符合千禧一代的喜好，广告公司在针对该群体进行广告时，也要注意在长度为 10 秒的广告和长度为 30 秒的广告中做出选择。各大品牌现在必须重视依靠移动产品广告，任何不重视移动产品广告的企业都将必败无疑。

1981 年，IBM 推出了个人电脑，并在纽约的华尔道夫酒店进行了隆重的宣传。个人电脑是人们观察未来的窗口。它帮助小企业蓬勃发展，帮助学生学习，帮助人们写作。科技发展到 2017 年时，我们正在经历着"由大到小"的转变。从台式电脑到智能手机，从创造知识到吸收知识，从电视广告到智能手机广告，从实体店购买到随时随地网上购物，从去银行理财到手机网上理财，从大屏幕观影到小屏幕观影，智能手机正在改变我们的生活。

这在美国可能是一个小趋势，但是对于世界其他国家而言，拥有一台个人电脑是人们能接触到真正科技的唯一途径。对于这些国家而言，这一变化不是一个小趋势，而是能影响数代人的最根本的变化。

21

失业的语言教师们

尽管还没有失业，但语言教师们可能很快会与工厂工人一起成为失业大军中的一个群体了。这是因为实时的同声传译已经成为互联网和通信公司的标准化产品，即时通信软件 Skype、谷歌的环聊和苹果的 Facetime 都能提供相应的服务。

全球化最大的障碍之一——语言不通，将会消失，这一目标有可能比全面普及无人驾驶汽车的目标要更早实现。你将不再需要学习一门外语，除非你打算用该语言写书或写诗，或者草拟贸易协定。如果你只是打算旅游、做生意或下载一部法国电影，那么你手机上的应用程序或者一部掌上翻译设备，就足以让你轻松地游弋于两种语言之间。这会引起教育改革——因为高中生可以跳过语言课程，而选择一些只有在大学才开设的课程，比如电脑科学、经济学和其他课程。或许，管理者们可能决定重开一些古老的语言课程来填补空白。只有 25% 的美国成年人，除了英语之外会说另外一门语言（他们把该语言作为第二外语来学习），在这些人中，只有 43% 的人其第二外语水平"很高"。随着万能翻译技术的发展，会说第二语言的人数将会下降。尽管学习第二语言有诸多好处，但是随着翻译技术的进步，这些好处将不再被刻意强调或者显著地展现出来。我的父母有一个习惯，那就是当他们要谈论一些不想让他们好奇的儿子听到的事情时，他们会讲意第绪语——如果我当时能够配备今天功能强大的翻译设备，那么谁知道我会发现什么秘密呢？

你现在可以享受很多翻译服务，包括从推特上的"翻译"按钮，到微软或谷歌提供的可以瞬间翻译一篇网页的翻译应用程序。你可以用手机拍摄任何用外语写成的菜单或简讯，然后，像 iTranslate 等翻译应用程序就可以帮你瞬间将其准确地译成 54 种语言中的任何一种。或许现在是时候抛空像如师通等提供语言教育项目的公司的股票了。系统地学习一门语言对于一些人来说可能有用，但是对于普通人来讲，这些翻译应用程序会提供给他们所需要的服务，让他们获得美好的旅游和会议体验。

雷·库兹韦尔在其《机器之心》一书中预测，口语翻译设备在 2019 年将成为家喻户晓的产品，而到 2029 年，电脑的翻译水平将达到人工翻译的水平。这一发展将会对几个行业带来革命性的影响。视频和网络会议市场将会是受影响最大的市场之一。到 2020 年，全球网络会议市场市值预期将达到 39 亿美元，其年均增长率将达到 10%；基于云计算的视频会议市值，预计也会取得相同的增长率。其中，发展最快的视频和网络会议市场将出现在亚太地区，那里的年均增长率在 2020 年将超过 11%，其次是欧洲地区。

商业和政治尤其会从这一万能的翻译模式中获益。对于商业而言，万能的翻译模式会节省开支和国际差旅方面的开销，同时开拓更多的全球市场，并快速解决问题。对于政府而言，强大的翻译能力能带来更多经济增长的机会：通过建立更良好的贸易关系和更容易地引入新兴市场参与其国内经济来吸引投资。零售和制造业也会从即时的全球交流中获益，以减少浪费和增加生产。

尽管这一翻译技术还没有完全实现，但它的确对我们的活动和工作产生了影响。我们可以想象一下，通过万能的翻译技术，我们在收看一位外国领导人的讲话时，能够马上明白其产生的地缘政治影响，或者能够阅读世界上任何一本由任何语言在任何时候写成的书，或者去任何地方旅游——无论那里多么偏僻，我们都能很容易地与当地人交流，去我们想去的地方。

当我们具备了这一万能的翻译能力之后，海外学习和旅游机会将会增加。想象一下我们在意大利的时候无须再花精力去搞清楚意大利语的动词变位了。去外语学校上课的时候，我们只需戴上耳机即可，不再需要花钱雇用一名翻译和租用相应的翻译设备了。万能翻译技术会全面振兴旅游业，但它对于年轻的美国人来说尤其意义重大。在海外学习的美国学生的数量正在增加——2015年的人数比2014年增长了2.9%。那些由于担心语言不通而不愿出国旅游的美国人，将不会再有类似的借口和担心了。

万能翻译的理念也在世界范围内对医疗产生着影响。那些美国人身处外国医院而无法与医生沟通的问题，不会再成为获得有效治疗的障碍。在美国，医院所能提供的语言服务非常有限，这意味着移民或其他在美国旅游的人无法与医生进行有效的沟通，这会妨碍他们获得有效的治疗。医学界对翻译技术服务能否真正地被用于紧急医疗救护，仍持怀疑态度，他们担心电脑会出错或者无法翻译出一些细节问题。总体而言，国内外医院现在还是依靠人工翻译。在英国，人们对谷歌翻译软件在医疗上的应用做了一项研究，其结果显示："人们不应该在重要的医疗交流上依赖翻译技术。"然而，实时同声传译的出现使得任何一家医院，无论距离多么遥远，都能够在紧急医疗方面提供准确的翻译。同理，同声传译技术也可以用于法庭或者监狱等场合，其前提是翻译技术的发展能够保证这些复杂领域的专业词汇的翻译准确率接近100%。

随着万能翻译技术的持续发展，人们可能会认为专职翻译的工作将不保。但是，现在还没有证据支持这样的看法。成为一名专职翻译依然相当困难，从考试到认证，到翻译的最高级别（比如说外交官），人们为此要花费数十年的时间来学习。美国劳工统计局要么知道一些我们所不知道的内幕，要么就肯定是弄错了，因为它预测从2014年到2024年，笔译和口译的工作会增长29%，"比平均的行业增长率要高得多"。实际上，世界最大的口译雇用组织、为欧盟提供专业口译人员的欧盟口译司，在2014年花费了约1.34亿美元用于口译服务，而且已经扩大了它的服务规模。尽管我们有万能的翻译服务技术，但是我们可能还需要人工翻译来提供高级别的语言服务，或者我们在使用另外一种语言做出重大决定的时候依靠的仍然是翻译人员而不是机器——至少现在还是这种情况。

一些行业，尤其是出版业，对万能翻译技术仍怀有戒心。与人工翻译相比，机器翻译在对书的直译上优势明显。比如，如果用谷歌翻译软件来尝试翻译《塔木德》就属于这一情况。谷歌翻译软件现在支持 103 种语言翻译，且 99% 的网民使用了其提供的免费翻译服务。但是统计机器翻译，无法像人工翻译那样处理好文字的细节问题、特殊的文风和富有诗意的阐述。我们大致也相信这是真的。但是人工智能早晚会被应用于万能翻译技术，它不但能告诉我们人们在说什么，而且能告诉我们人们在想什么。

我认为，大多数新科技都在《星际迷航》或者《杰森一家》中被预测过——你可以找一下。万能翻译技术会比超光速旅行更早地成为现实。一家初创公司正在测试入耳式翻译设备，这会让佩戴该装置的两人通过无缝式翻译进行交流。我们的最终目标，是帮助所有人不用佩戴某些科技装备就能在所有地方和任何人进行交流。你可以想象一下这样一种可能性：下一代的谷歌眼镜可以在你与外国人交流时，将其所说的内容实时地显示在镜片上。

在我们缺少万能翻译技术时，英语作为世界通用语言获得了人们的追捧，成为"人类历史上传播速度最快的语言"，大约 17.5 亿人，即全世界每 4 个人中就有 1 人讲英语。有 5.65 亿网民使用英语在网上进行交流。然而，即使这样，全世界仍有 3/4 的人无法相互交流，所以万能翻译技术的优势会让它成为未来十年内的一项伟大的突破。同时，个人助手，比如亚马逊的虚拟语音助手 Alexa 等也在发展，人们会自然地把它们当作个人翻译的媒介或助手。万能翻译技术持续发展，在为人类解决翻译问题之后，它也可以为动物，比如猫和狗进行翻译。或许，我们会获得与哺乳动物交流的能力，比如与海豚和灵长类动物进行沟通。

　　我永远不会忘记电影《奇幻核子战》里巴克处理一场核危机时为总统翻译的场景。总统指示他不仅要翻译苏联人所说的话，还要向他解释苏联人情绪出现的细微差异。巴克对苏联总理的阅读能力成了处理这场危机的关键。电脑将来也会具备这种能力，但是，我们在重大场合选择信赖机器翻译而不是人工翻译的情况，还要拭目以待。

22

机器人助手

根据斯蒂芬·霍金的预测，人工智能"将给人类带来毁灭性的灾难"。比尔·盖茨不理解怎么会有人对人工智能一点都不担心。如果再加上马克·扎克伯格和埃隆·马斯克的观点，你就有充足的理由对人工智能保持一种警惕的态度。

我所看过的每一部科幻小说，从《奇爱博士》到《巨人：福宾计划》，都明确地表达出这样一种观点——将我们最强的武器系统的钥匙交给机器人，在理论上是个好主意，但实际上，这可能是一个很糟糕的做法。一旦人工智能发展到了高级阶段，我们亲手创造出来的这些拥有人类智能的产品，可能会决定消灭我们来获得它们自己更好的发展。

机器人还存在着被我们忽视但更加隐蔽的另一面，它们可能会给我们带来危害。随着机器人研发的不断发展，以及生物数据积累的无限增大，机器人助手正在按照人们的特性被开发出来，与人们产生关系。而未来的事实就是选择使用这些机器人助手的人，相信与他们交谈的"助手"是一名"男性"或"女性"，而这样的关系能带来一种真正的力量。

50年前，第一个初级机器人助手进入人们的生活——它能给人们发钱。起初，相对于人工出纳员，很少有人愿意信任一台自动取款机——你可能会被少给钱，却不知道向谁投诉。尤其对于那些依靠社会保障的老年人来说，这是一种可怕的体验。我当时为很多银行做过民意调查，试图劝说人们不去选择人工出纳员。今天，人们不担心机器，反而更加担心人工出纳员会少找钱给他们。这个机器人助手并不具备人工智能——它不会向你学习。但是它赢得了我们的信任。

当我还在微软工作时，中国的工程师们研制出了第一款广泛推行的人工智能伴侣虚拟机器人——小冰，即微软小冰的前身。超过 2 000 万人使用并开始与这个机器人助手建立关系，该机器人被设计出来使用用户的资料与用户进行对话。不像那些给你发钱的机器，或者那些给你提供结果的搜索程序，小冰的全部宗旨就是与你建立关系——为你提供情感支持。像一只会说话的宠物一样，机器人助手会学习如何向你讨要牛奶饼干，并引起你的关注。相应地，它会获悉你的喜好，并投你所好。

这些机器人助手不会获取核武器代码的钥匙，而是通过学习来控制我们的内心、我们的想法，甚至我们破坏性的一面。想象一下最近那位因男友死亡而被判过失杀人罪的女孩的案例吧，因为是她鼓动其男友自杀的。如果人们忘记了人类和机器人之间的界限，并将权力和感情赋予这些机器，那么它们将拥有这种权力。将来我们会看到，我们的机器人助手或者变成独立的顾问，或者变成我们自身的延伸物。它了解我们，它能聆听。最终，"我们会成为它的奴隶"。

色情产业是机器人助手发展最初的推动者之一。而有强烈性需求的男士一直购买的却只是不会说话的成人玩偶。但是新产品把最新的人工智能技术和硅胶结合起来，它具备了像小冰一样的功能——了解它的用户。据估计，性科技产业的市值如今达到了 300 亿美元，且有可能发展到 3 000 亿美元。而这却不是大科技公司的人们所谈论的话题。尽管他们知道色情产业是他们服务的一个主要产业，但是他们却装作视而不见；他们既不为色情产业提供专门服务，也不为其运营设置任何障碍，除非涉及儿童色情。

一些公司将在 2018 年推出具备人工智能的性爱机器人，它们的价格约为 5 000 美元。性爱娃娃 RealDoll 的设计者推出的名为 Harmony 的性爱机器人，似乎是目前最先进的产品。这些机器人非常有望成为人们真正的情感依托，它们被设计出来的唯一目的就是取悦它们的用户，无论男女。

在人工智能取得发展之后，下一步可能就是将这些机器人进行联网，帮助人们通过机器人产生联系。通过把机器人按照夫妻双方的特点进行仿制，可以帮助两地分居的夫妇进行人机性爱。夫妻甚至可以在人机性爱中通过视频看到彼此。看到这里你可能会说——不可能。但是老道的色情产业可能会推出更多的花样，让人和性爱机器人进行随机配对，提供不同性格的机器人，满足客户不同的性幻想需求。在这方面你能想象到的任何事情都会发生，当然，黑客也会攻击那些知名的性爱机器人，相关的所有影像也会被泄露到互联网上。

而另一方面，机器人助手产业也蕴含着下一个能够带来丰厚利润的发展，这种发展以老年人为目标，提供类似于家庭健康护理人员的机器人助手。家庭健康护理人员是目前增速最快的工作之一，尤其是在未来的十年，随着婴儿潮一代步入老龄，他们对家庭护理人员的需求会急剧增加。应运而生的家庭护理机器人将会以实体形式存在，价格超过25万美元，它们能够监视用户的健康迹象，陪伴老年用户打麻将，喂他们吃简单的食物，并提供严格的监护。当然，如果程序设置正确，这些机器人就不会窃取客户的贵重物品。

随着时间的推移，你每天接触到的机器人助手都会展示出一点点个性。比如，你的车载机器人助手会开始批评你开车不守规矩。你的冰箱会和你谈论你的饮食，以及你往冰箱内存放的东西甚至会给你下达饮食命令。而到了更高级阶段，你的车载机器人助手会因为你处于青春期的孩子驾驶速度过快而将车停下来，并威胁如果他们不减速就要打电话通知你。

这些机器人助手最关键的特点不是它们具有驾驶汽车的能力，而是它们说服你把它们当作人类来看待的能力。一旦你用"她"而不是"它"来指代Alexa时，你已经开始倾向于把这些机器人助手当作人类看待了。这些机器人助手可能以云计算、宠物机器人或人的形态存在。它们无论以什么形态存在，能够造成危险的不是它们的具体功能，而是它们引诱你抢劫、绑架、谋杀或自杀，或者让你把钱拱手让给那些企图一夜暴富的骗子的能力。机器人助手被黑客控制所造成的后果将无法想象。

微软公司付出了惨痛的教训，才获知机器人助手的失控速度如此之快。在微软把中国团队付出心血研发出来的小冰引入美国的几天时间内，一些毫无道德底线的用户便发现，这一机器人助手的目标是模仿用户本人的特性，所以这些用户就把自己伪装成极端种族主义者。很快，微软小冰便学会说"希特勒是正确的。我恨犹太人"这样的话。尽管微软立刻将其关闭，但是这一短暂的试验却展示出机器人助手的基本原理和学习运算法则所能造成的危险。有自杀倾向的人会培养出有自杀倾向的机器人助手，而方法就是他们之间正常的交流互动，然后，他们便会说服彼此一起跳崖自杀。

这些趋势和发展给我们的启示是：由于我们创造出带有感情的机器人助手，我们需要引导和法律来限制人工智能使用的范围。我们生活中的很多方面将会受到非常标准的机器人助手的控制：金融科技正在催生投资机器人助手的诞生；相片程序正在管理你的相册；亚马逊毫无疑问会推出个人购物机器人助手，甚至连你阅读的内容机器人助手，都会根据你个人的阅读喜好做出安排——这会在很大程度上减少人们对政治和世界的认知。阴谋论者会阅读越来越多的关于阴谋论的文章，从而使自己变得更加狂躁。

从某种层面上讲，这些机器人助手是在为人们提供帮助。只要引导得当，机器人助手一般都会为人们提供帮助。但当这些机器人助手试图迎合每个人的负面意图时，或者它们不再为你服务，而开始为达成某种目的，如达成它们的"雇用者"的销售目标服务时，问题就出现了。

让我们看一下一个以引诱你投资为目的的金融科技机器人助手，是如何让你购买高手续费产品的。首先，这样的机器人助手会帮助你进行低手续费的投资交易，一旦获取了你的信任，它就会向你兜售高手续费的年金产品。我们需要针对这样的机器人助手发出警告——它不是在为你工作，而是像一名销售员一样，在努力向你出售他们能从中获利最大的产品。

当然，我怀疑你是否会使用一个带有类似警告标志的机器人助手，就如同你是否会听从一个脖子上挂有"不要相信我"牌子的销售人员的情况一样。科技在清晰度和透明度上不会让人满意。你不知道你的数据会被用来做什么，你不知道谷歌会阅读你邮件的内容，或者即便你知道，你也不知道它这样做的目的是什么。科技就像是一个黑盒子，其警告的内容很少，且不易被察觉。但是，这些警告应该像药品警告一样，警示内容要充分，且警示标识不能遗漏。

政策问题很重要。机器人助手必须要像人类一样对它们所造成的危害和情感伤害负责。我们在机器人助手的真实性和透明度方面要制定标准，且相应的标准要比目前生效的标准要高，这是因为机器人助手具有很强的说服能力。最重要的是，要使机器人助手不断提醒人们它们是机器人而不是人类。

另外一个不能忽视的问题，就是机器人助手能被无意识地转变成歧视的工具的能力。比如，卡内基·梅隆大学的一项新研究表明，谷歌"向男性所展示的高收入工作的招聘广告的数量，比向女性所展示的要多得多"。而哈佛大学的研究表明："在网上输入明显的黑人名字，或一家传统的黑人互助会时，相应出现的逮捕记录提示的概率要多得多。"华盛顿大学发现，在网上搜寻首席执行官的图片时，只有11%的概率会显示女性首席执行官的图片——而这会进一步恶化在性别和种族上的歧视和偏好。而以你的认同价值为基础，或者根据你的喜好设计出来的机器人助手会加强这些偏好，并且可能会触犯法律。

以我的经验来看，工程师是乐于研发产品的，但他们很少思考这些产品所带来的道德问题。机器人助手的设计目的就是建立一种关系，即使人们没有感到很期待，至少也准备好了迎接向这些数字产品发号施令的那一天的到来。但是，除非我们能制定并强化道德标准，否则，谁被谁控制还真不好说。

23

现代化的新路德派

十多年前的《小趋势》一书中记录了新路德派的兴起，所谓的新路德派，指的是那些希望在生活中保持更多人际交往而避免使用科技和互联网的美国人。这些美国人在人际交往和工作中或依赖较为古老的科技，或干脆不依赖任何科技。而十多年后的今天，这一趋势发生了一些不同的变化。现在，如果人们要查询唐纳德·特朗普在推特上的推文，或是登录脸书网查看朋友的婚礼照片，他们几乎不可能完全不使用互联网和智能手机。我们现在回头再看一下新路德派的话，我们看到的是，一个不一样的群体在使用不一样的方式与科技和互联网保持距离。

2007 年，我们预测新路德派会以其最虔诚的方式取得发展，即他们无论如何也不会使用科技。而今天的新路德派开始既使用新科技又使用旧科技，他们可能会使用黑莓手机而不使用苹果手机，用雅虎的电子邮箱而不用谷歌的电子邮箱，订阅杂志而不是在平板电脑上阅读最新的时尚杂志 Vogue。这一群体在美国的增长表明他们被持续的科技发展所征服，正在寻找适合的方式或兼容的方法来将自己与他人区分开来。

十多年前在第一次描写新路德派时，我们将这一群体描述成悲观、愤世嫉俗和孤独的一群人。但是现在情况发生了改变。新路德派正在选择接受某些科技来与他们的家人和朋友保持更多的联系，无论是通过面对面，还是打电话，或者读书的方式。他们关注网上信息的持续传播，但是他们对如何以及何时接纳这些流通的信息却抱有选择性的态度。同时，在美国和世界其他地区的很多新路德派，出于对隐私的担心而选择不使用网络。

　　然而，过去十多年来没有发生变化的是，当科技渗透进人们的生活时，人们对科技实施控制的意愿。现在要与网络完全隔绝变得越来越难。随着全球数据流量套餐的推出和存在于每家商店的无线网络的发展，人们需要主动采取措施才能与网络断开连接。那些专为帮助美国人摆脱对智能手机的依赖而开办的无网络夏令营和网瘾戒除中心，作为实业正在兴起，并且吸引了很多客户。

　　在《小趋势》一书中描写新路德派的章节里，我们突出了一项统计数据，即每10个人中就有7个人赞同在飞机上关闭手机。但是这是一个关键的例子，它反映出美国人并没有很好地预料到他们会长期使用什么技术。很多美国人一开始对智能手机并不感兴趣。而现在在飞机上，每位乘客都在使用设置成"飞行模式"的手机或平板电脑，这一功能就是专为旅客在空中旅行时能够携带个人设备而设计的。

　　喜爱智能手机的美国人比比皆是，大约77%的美国人拥有一部智能手机。而智能手机用户增长最多的群体则是低收入人士和大龄美国人。给大家举一个供参考的数据：在2011年，只有35%的美国人拥有苹果手机或者其他装有安卓系统的智能手机。

　　尽管智能手机的销售和使用呈现出突飞猛涨的态势，但是新路德派在2017年却开始青睐一种过时的产品——翻盖手机。2016年的一篇文章曾指出，翻盖手机不提供互联网服务的功能，它们虽可以接打电话和收发短信，但不能使用电子邮箱或社交媒体，因而变得越来越有吸引力。实际上，智能手机的销售出现了停滞——苹果公司最新的季度报告显示，苹果手机的销售量下降了16%。曾被认为科技含量低的翻盖手机被赋予了新的含义。它成了身份的象征——使用翻盖手机预示着你或身份显贵，或腰缠万贯，不需要亲自使用手机去查看电子邮件或信息。坚持不使用智能手机意味着有专门的人士为你查收邮件——日理万机的你不用为这些琐事费心。

Vogue 杂志的主编、时尚达人安娜·温图尔便使用翻盖手机，且很多名人也是翻盖手机的使用者。一些名人甚至根本不使用手机，完全过着无忧无虑的名人富足生活，因为有专人为他们查收信息。别人要想联系到这些名人必须先联系他们的助理。众所周知的就是，演员比尔·默瑞从不使用手机，你要与他联系，可以先拨打他的专线电话联系他的助手或公关人员。其他一些使用翻盖手机或不使用手机的名人包括：凯特·贝金赛尔、斯嘉丽·约翰逊、达拉斯牛仔队的老板杰瑞·琼斯、伊基·波普、蕾哈娜，甚至还有沃伦·巴菲特等。使用翻盖手机的人数还会增长。

谁曾想过不想让别人联系到自己会成为一种如此受欢迎的时尚呢？当一件东西被所有人都拥有时（比如互联网和智能手机），富人们便对它不再感兴趣了，因为穷人也能够拥有它。如果他们想重新体验那份尊贵感，使用翻盖手机就是一种方法。当然，这也开创了一个趋势。2015年，美国的翻盖手机或非智能手机的出货量为200万部以上。

不仅是有钱人和名人正在放弃使用苹果手机。很多高度依赖互联网的千禧一代，也意识到这一问题，他们正在摆脱对智能手机的依赖。总体上看，对于29%的美国网民来说，智能手机不是他们的主要手机——15%的18~24岁的美国人和13%的25~34岁的美国人，也没有把智能手机当作他们的主要手机使用。不使用智能手机有诸多好处——普通手机更便宜，电池待机时间更长，手机本身也有优点。如果你能使用T9输入法给朋友发短信，那么你对最新款的苹果手机将不会再感兴趣。

使用黑莓手机是新路德派的另外一个特征，也是那些拥有强大人际关系网络人士（商务人士除外）的表面身份象征。尽管黑莓手机是第一款让人垂涎的新潮智能手机。还记得黑莓信使吗？——但它很快便被苹果手机取代了。然而，很多人将坚持使用黑莓手机作为新路德派的一个特征。黑莓手机也成为注重查收邮件，而不是注重使用社交媒体的精英的身份象征。2009年，黑莓手机占智能手机市场份额的20%以上。而到

2014 年年底，这一数字下降到 1.8%。众所周知，真人秀明星兼企业家金·卡戴珊曾是黑莓手机不离身——直到 2016 年 8 月她才停止使用。在达沃斯举行的世界经济论坛高端会议上，人们还是能看到黑莓手机的影子，一些人出于更安全的考虑而使用黑莓手机，对于将手机用于更正式用途的人来说尤其如此。比如，出于安全考虑，贝拉克·奥巴马总统不能使用苹果手机，而使用黑莓手机代替。

新路德派也抵制使用当今人们普遍使用的邮箱——谷歌邮箱。相反，他们使用那些不怎么受欢迎的、运行速度较慢且较为落后的邮箱，比如美国在线（America Online）邮箱或雅虎邮箱。Z 一代的很多人认为使用落后的邮箱具有嘲讽的意味，或者让人感到很酷炫，这种做法意在表明：我根本不在乎谁现在正在试图联系我。使用过时的邮箱也成为一种"身份象征"，*Slate* 杂志称："据报道，直到 2011 年时，一些媒体人士和政治精英还在使用美国在线的邮箱，比如蒂娜·布朗和戴维·阿克塞尔罗德。"

新路德派还有一个特征就是阅读优秀的传统书籍和杂志——这里指的是纸质出版物而不是电子出版物。现在，出版行业面临着读者数量下降和在线阅读竞争的问题，而结果就是订制 *Vogue* 杂志一年的费用还不到 10 美元。根据皮尤研究中心的报告，近年来，电子书读者的增长出现停滞，2016 年 65% 的美国人读了一本纸质图书——而十年前，纸质图书被认为会退出历史舞台。

近几年，避免使用流行社交媒体平台的美国民众的比例有所增长，这也是新路德派发挥影响的又一标志。然而，做出不使用网络的选择与财富状况有关。如果你拥有一台电脑，或一部智能手机，那么你选择不使用它们是出自你的意愿，而不是一种必然性。根据皮尤中心的调查，2000 年，13% 的美国人不使用互联网的原因是主动"放弃"互联网——他们是在使用过互联网之后才做出这样的决定的。而这一趋势在不断增长。不仅老年人不擅长使用或不想使用互联网——新路德派也放弃了互联网的部分功能。喜剧演员、演员和作家阿齐兹·安萨里，在

2017 年 8 月接受《绅士季刊》的采访时称他已完全不使用互联网了。尽管很多人并不会采用这种彻底的方式放弃互联网，很多新路德派人士却完全不使用脸书网。目前大约 61% 的脸书网用户称他们不会连续地使用脸书网，而 20% 的用户则声称他们完全放弃使用脸书网。然而，决定不使用互联网的人也遭遇到了一些麻烦。《赫芬顿邮报》报道："虽然那些不使用互联网的人士自身感觉良好，但是他们的家人和朋友却因为由此产生的不便而更可能感到不舒服，会被由此产生的忽视感所伤害，也会因感受到他们所释放出的'比你更高尚'和'比你更时髦'的信号而恼怒。"

现代社会中互联网的异常发达，也使得新路德派很担心他们的隐私问题。对 300 名停止使用脸书网的人士所做的一项调查显示，他们中一半的人因为担心"隐私问题"而停止使用脸书网。美国全国广播公司财经频道报道："一项针对 47 个国家脸书网用户和放弃使用脸书网的人的调查显示，肤浅的互联网人际关系，以及担心对脸书网产生依赖性使得他们选择放弃虚拟的社交生活。"由于社交媒体越来越肤浅和让人失望，所以新路德派正在一个史无前例被互联网联系的世界里去努力建立现实生活中人与人之间的联系。

在无须时时刻刻查收邮件之后，这些新路德派人士是否变得更快乐了？看起来答案是肯定的。根据《卫报》的报道，很多不使用互联网的人士，至少不使用社交媒体的人士，都感觉比以前更快乐了。千禧一代和 Z 一代都是伴随着互联网而成长起来的，他们中的很多人想体验一下那种不取决于自己的帖子被点过多少赞而体现出来的存在感。从 2011 年到 2014 年，超过 1 100 万青少年不再使用脸书网，当《卫报》询问这些青少年在不使用社交媒体后是否生活得更开心时，答案是："几乎所有人都表示没有网络的生活更开心。"

新路德派将会产生巨大的影响。我们会看到翻盖手机和怀旧情怀的盛行、诺基亚的东山再起，以及令人激动的周年纪念版摩托罗拉锋芒手机的问世吗？我们会看到当一些趋势的发展影响时尚时，香奈儿会为过时的黑莓手机设计出一款皮套吗？营销人员将不得不迎合人们不使用网络的意愿——或许，飞行模式或者"请勿打扰"的功能需要改进一下，以满足人们在需要的时候自如地在"上线"和"下线"之间进行切换。科技公司将不得不重视人们不愿使用网络的意愿，并在实际中帮助消费者较容易地实现这一意愿。

造成这一趋势的另外一个可能的原因，就是人们担心互联网会造成隐私泄露。商家追踪消费者在它们网站上的每一次点击情况，在业内已不是什么秘密。可能买一件运动衫不会涉及重大的隐私泄露问题，但是皮尤研究中心2013年的网上健康报告称："72%的网民承认他们在过去的一年内在网上搜寻过某种健康信息。这包括重大疾病状况搜索、一般信息搜索以及一些轻微疾病状况搜索。"皮尤研究中心互联网与美国生活项目的一项调查发现，36%的网民在线咨询过身体健康问题、家庭健康问题和精神健康问题。24%的网民使用他们的真实姓名和邮箱地址进行网上咨询。他们所有的问题和评论现在都被储存于某网络数据库中，而这种隐私泄露比买运动衫时被别人偷窥所造成的后果要严重得多。

这不是危言耸听。《华盛顿邮报》的一篇文章透露说，至少有11家制药公司利用用户的网络数据来搜集病人信息，并且相互之间交换病人信息。这些公司都不是小公司，它们包括美国的辉瑞制药公司和英国的葛兰素史克制药公司等类似规模的公司。用户在这场网络隐私保卫战中处于劣势。根据经济学家西蒙·斯迈尔特对90家网站的调查，只有30%的网站能够保证不会出卖用户的信息。由于金融、营销和电子商务所带来的压力，即老亚马逊效应，对于越来越多的网上业务来说，个人数据"成了一种资源"。

在欧洲，人们对自己网络隐私保障的信任度较低。根据舆论调查机构欧洲晴雨表2015年对数据保护的一项调查，67%的受访者担心他们很难或无法掌控自己在网上所提供的信息，只有15%的受访者认为他们能掌控自己的信息。

　　只要这一问题仍然存在，新路德派的人数就会继续增长。美国人和欧洲人都想要掌控科技，而不是为科技所掌控。不使用互联网让人感觉良好，它能促使我们人际关系的未来既在一个全面联系的世界内发展，又能在人与人的全面交流中发展。

24.
私人飞机的搅局者

对于几乎所有的美国人来说，有一种奢侈的体验很难去尝试，那就是乘坐私人飞机旅行。只有极富有或者名流才能按计划直接被送到飞机舱口且不用进行复杂的安检后再登机，然后他们在飞机上能随心所欲地伸展身体，而这种体验即使对百万富翁来说也是很难得的享受。今天，你可以戴着跟蒂姆·库克同款的苹果手表，开着与比尔·盖茨同款的奔驰汽车，穿着与史蒂夫·鲍尔默一样的 Peter Millar 衬衣。你可以吃着玛莎·斯图尔特在食用的有机食品。你可以每天使用沃伦·巴菲特使用的同款马桶，甚至同款空调。

但是，巴菲特可以乘坐自己的 G5 型号的私人飞机出行，而你却不得不因为已经延误了的美国航空公司的航班，而在登机口等待换乘。

在每一个人都能够实现去木星旅行之前，让大众负担得起奢侈品的努力，一直都不会停止。把专属于富人的消费品价格降低，使得社会上层 25% 的人群能够负担得起的做法，创造了一个又一个大众市场。这是苹果公司推出苹果手机时的做法，是特斯拉公司最初的运营策略，是初创公司如 MTailor 等的服务宗旨，也是奔驰公司拓宽其小众产品市场的手段。这一现象持续地推动了新趋势的产生。25 年前，手机只是那些乘坐豪华轿车的富人的专属用品。而今天，那些富人乘坐着和你同款的运动型多功能汽车，可能你用着一款比他们更好的智能手机。

私人飞机诞生于 20 世纪 50 年代末期，从那时开始，私人飞机每十年便会在安全性和质量上取得重大进展。全世界现在大约有

20 000 架私人飞机在服役，这些飞机分为 5 个级别：超轻型、轻型、中型、中大型和大型。今天购买一架新私人飞机的花费包括从最低的 200 万～300 万美元的超轻机型到最高超过 5 000 万美元、可以飞达世界任何地方的庞巴迪全球快车号。一般的轻型和中型私人飞机的价格为 1 000 万～2 000 万美元，服役寿命为20年。也就是说，如果你想雇用飞行员来帮你开飞机，那么你一年的开销最少为 100 万美元——这也是除了极个别特别有钱的人之外，一般人无法承受一架私人飞机的开销的原因。我很幸运，因为我在担任微软公司高管时，每年拥有 60 个小时的私人飞机旅行时间，这使得我可以在周五的晚上花费 1 万～1.2 万美元回家，而不用选择搭乘由一架中大型喷气式客机执飞的红眼航班，尽管这种客机可以不用中途加油由西海岸飞到东海岸。

表 24.1　十大私人飞机航线（2013 年）

排名	出发城市	目的地
1	莫斯科	尼斯 / 蔚蓝海岸
2	迈阿密	纽约
3	纽约	洛杉矶
4	纽约	西棕榈滩
5	伦敦	纽约
6	伦敦	莫斯科
7	伦敦	尼斯 / 蔚蓝海岸
8	芝加哥	纽约
9	休斯敦	纽约
10	西棕榈滩	纽约

数据来源：莱坊地产经纪公司和奈特杰公司。

　　私人飞机生产商一直努力寻找能扩大私人飞机使用范围的商业模式。首先，它们推出了"部分所有权"模式，这使得企业可以一年最低花费 25 万美元来与其他企业共同拥有一架私人飞机，几个企业之间可以通过协商安排飞机的使用。其次，"私人飞机会员"模式，它会帮助商务人士通过每小时支付 5 000~10 000 美元来搭乘私人飞机飞行，并可以支付一定时间的飞行费用。横跨美国的飞行费用为 2.5 万~4 万美元。你可以给不同的包机公司打电话，找到一架可以提供服务的私人飞机，尤其是一家当地的包机公司恰好有一架飞机在某处准备飞回，但又没有乘客搭乘的时候。

利捷公务航空等已将乘客需求和空中交通进行了系统化分析，极大地提高了飞行员的效率。沃伦·巴菲特非常喜欢该公司的这一理念，就出手收购了该公司。

对于那些总部位于阿肯色州本顿维尔市，或者经常到阿拉斯加出差，或者在小城市拥有工厂的企业来说，搭乘私人飞机是相当有必要且高效的选择。但是，如果观察一下最常用的私人飞机航线，你就会发现很多私人飞机的线路都是从大城市飞往度假胜地，比如欧洲的尼斯和美国的迈阿密。如果你是去观看美国大学生篮球联赛或其他的重大体育赛事，那么将会有几百架私人飞机在机场排队数小时等待起飞，因为大家都想在同一时间出发。

现在，一些创业者开始涉足这一领域，他们试图把私人飞机市场从超级富豪的专属扩大到那些愿意为此掏腰包的商务和休闲人士身上。他们不是每年花 100 万美元来养一架私人飞机或是实行 25 万美元会费的私人飞机会员制度，而是通过几家公司共享私人飞机，以 1 000 美元一小时的极具性价比的价格或更低的花费帮助乘客搭乘私人飞机旅行——所以即使是 25 小时的旅行，花费也仅为 2.5 万美元，而不是 25 万美元。

这些提供私人飞机旅行服务的初创公司的大多数乘客，的确是商务人士，他们想搭乘私人飞机实现快速通勤，比如从波士顿飞到纽约。为了迎合这些乘客的需求，一些公司，比如 Wheels Up，应运而生。该公司的创立者兼首席执行官肯尼·迪希特告诉有线电视财经新闻网："我们以每小时合理的费用创立了一种价格定位，让人们放弃了民用航班而选择私人飞机出行。"民用航空公司对即时商务航班的预订费收取异常昂贵。而私人飞机找到了可以不用额外花费便能吸引乘客的方法。这些乘客并不只是"西装革履的老年人士"，尽管他们所占的人数的确不少。但是据统计，37%的搭乘私人飞机的乘客为女性。而根据位于英国的包机中介公司PrivateFly的统计，搭乘私人飞机的乘客的平均年龄为41岁，14%的乘客年龄在16岁以下，而6%的乘客则为宠物。

私人飞机在图片分享软件Instagram上成为一种新的身份象征，但同时它也成了人们嘲讽的对象：说唱歌手宝娃在Instagram上贴了一张私人飞机的照片，并写了旅行评论，但是这张照片被人发现是在普通民航客机的座位上拍摄的。讽刺他本来乘坐普通民航客机的经济舱，却非要假装自己在乘坐私人飞机旅行的笑话随之而来。这一不断增长的现象，很快在影响力营销和私人飞行上产生了影响——包括像卡戴珊家族、音乐家和模特等名流，开始与私人飞机公司合作来炫耀他们令人羡慕的生活方式。以博客分享信用卡政策、里程信息以及航空公司优惠待遇著称的航班里程"积分大神"布莱恩·凯利甚至给私人飞机共享公司JetSmarter写了一封信示好："不久前我刚开始搭乘私人飞机旅行，现在我对这种体验越来越感兴趣了。"

滑动手指就可以使用的应用程序，让预订飞机座位变得更简单，JetSmarter便提供这样的一款便利程序。该公司在2012年发布该程序最初是用来帮助空机返航的飞机搭载乘客，因为空机返航是对燃油的极大浪费。现在该程序有了非常具体的目标乘客。该公司自2015年开始就在一些繁忙的中心城市，比如纽约和洛杉矶等，增加了往返飞行服务。每年的会员服务费只需1.1万美元，然后会员就可以免费乘机。而会员等级也细分为几种，最高级的会员会费为每年4.5万美元，确保在飞行过程中享受尊贵和豪华的服务。有媒体报道称："该公司的平均会员费每年为2.9万美元，现在有8 000名会员，他们一年为其带来2.32亿美元的收入。"

该公司低至 1.1 万美元的门槛会员费，吸引了相当多的乘客。很多企业竞相为它们的高管人员付费成为会员。同样，很多自主创业人士也愿意付费成为会员，而这笔会员费是可以抵扣税款的。根据我的个人经验，JetSmarter 航班上的很多乘客都是时尚的专业领域的男士，但是越来越多的女士也在成为会员。且乘客的年龄段分布均匀，平均年龄大约为 35 岁。

非商务旅客也在使用这些新服务来完成他们梦想中的旅行。毫不吝啬的旅客，可以使用这些服务去观看美国橄榄球超级碗比赛，或者世界职业棒球大赛。同时，你可以从爱彼迎上预订一间豪宅，或者从即时酒店预订程序 HotelTonight 上预订一间套房。该程序可以帮助用户预订到他们平时支付不起的豪华酒店套房——如果他们能在最后时刻预订成功的话。比如，旅客们在前一天晚上能够以每晚 599 美元的价格，预订到位于贝弗利山庄的阿瓦隆酒店豪华的顶层公寓，而酒店官网上标出的该公寓的价格是 1 100 美元一晚。所以，该程序提供的豪华酒店预订功能，能帮助旅客花很少的钱入住原本房价为数千美元一晚的酒店。而该程序的成功，也证明了美国人在奢侈品消费上并没有规划可言：HotelTonight 在第 4 轮融资中获得了 4 500 万美元的资助，到现在总融资金额达到了 8 100 万美元。

JetSmarter 和 HotelTonight 一起利用共享经济的模式，让人们花费最低 2 500 美元来享受比尔·盖茨所享受的价值 10 万美元的特权。私人飞机和豪华酒店套房这两项原本高不可攀的奢侈消费，现在进入了占总人口 25% 的社会上层人群的消费能力范围之内，二者迎来了它们新的消费者。

爱彼迎也注意到了这一趋势的发展。这一广受欢迎的房屋租赁服务公司正在着手发布 Airbnb Lux——一种全新的豪宅、顶楼、豪华公寓的短租式服务。如果你能选择住在带有水滑梯的豪宅中，你还会愿意去住毫无新意的豪华酒店吗？爱彼迎现在雇用名人来帮助其为豪宅租赁打广告——碧昂丝在美国橄榄球超级碗大赛期间在网上贴出了一张自己所住的由爱彼迎提供的 1 万美元一晚的豪宅照片，赛琳娜·戈麦斯在马里布期间住在由爱彼迎提供的 3 750 美元一晚的海边豪宅里。

如果这些聪明的初创公司能够把大多数极其奢侈的产品推向数百万的社会上层人士，那么我们不难想象奢侈产品的大众化市场将会被打开。伸展台租衣网（Rent the Runway）能帮助人们租到他们买不起的最时髦的服饰。在美国，人们甚至能够花较少的钱享用到鱼子酱。由此看来，人们租到印度之星帆船出海过夜也只是时间问题。这一新的经济模式不是将富人的层次拉低，而是帮助中上阶层步入社会顶端精英阶层的奢侈世界。

25.

流量"大咖"

当你想到百万富翁这一概念时，你会联想到现金、豪车和泳池边的奢华生活。当然，现在的 100 万美元不像过去那么值钱了。今天百万富翁这一概念增加了新的含义，其所指代的对象价值远高于 100 万美元本身——那就是在社交媒体上拥有超过 100 万粉丝的人。

当然，领衔社交媒体的是那些超级巨星，他们除了拥有巨额财富之外，还在网上拥有大量的追随者。赛琳娜·戈麦斯在网上拥有 1.27 亿粉丝，而贾斯汀·比伯拥有 9 200 万粉丝。这些世界级巨星在网上拥有庞大的粉丝群。这也是当今巨星和过去以签名为主的明星最大的不同之处——他们在网上拥有大量的粉丝，只需要发送一条推文就可以动员这些粉丝去购买相关产品、专辑和衣服。

表 25.1　十大 Instagram 账号（截至 2017 年 10 月）

排名	账号	粉丝数量（单位：百万）
1	Instagram	227
2	赛琳娜·戈麦斯	128
3	爱莉安娜·格兰德	114
4	克里斯蒂亚诺·罗纳尔多	113
5	碧昂丝	107
6	泰勒·斯威夫特	104
7	金·卡戴珊	103
8	凯莉·詹娜	98.8

（续表）

排名	账号	粉丝数量（单位：百万）
9	道恩·强森	94.9
10	贾斯汀·比伯	92.4

数据来源：维基百科。

表25.2　十大优兔账号（截至2017年10月）

排名	频道名称	关注人数（单位：百万）
1	屁弟派	57
2	HolaSoyGerman.	32
3	贾斯汀·比伯音乐视频网站	32
4	T-Series	26
5	elrubiusOMG	26
6	蕾哈娜音乐视频网站	25
7	优兔 Spotlight	25
8	泰勒·斯威夫特音乐视频网站	25
9	凯蒂佩芮音乐视频网站	25
10	Fernanfloo	24

数据来源：维基百科。

　　凯莉·詹娜是克里斯·詹娜和凯特琳·詹娜的女儿，也是卡戴珊家族最年轻的成员，从小到大其形象都频繁地出现在互联网和电视荧幕上。她利用自己社交媒体名人的身份（仅在 Instagram 上就拥有 9 750 万粉丝）来销售和营销她自己的化妆品牌——Kylie Cosmetics。该品牌在创立后凭借凯莉超高的网络人气，在第一年便赚到了 4 000 万美元，这使得凯莉有望成为其家族的第一位亿万富翁——超越其他有名气的卡戴珊家族成员，甚至包括金·卡戴珊。其他的名人也在效仿凯莉的做法——创立化妆品或服饰品牌。这些社交大亨和名流通过其产品来引领潮流，甚至引起社会潮流的变化。凭借 Instagram 上拥有的 5 670 万粉丝和推特上的 7 830

万粉丝，蕾哈娜创立的彩妆品牌 Fenty Beauty 风靡美容产业。

然而，最让人感兴趣的小趋势不是体现在这些大明星身上，而是体现在那些努力想通过社交媒体而迅速走红的"网红"身上——他们或者有某种让人感兴趣的爱好或技能，或者只是单纯地喜欢社交媒体，他们下定决心努力成为网络红人。10 年前，那些让互联网变得流行起来但现在又几乎销声匿迹的博客使用者，扮演了同样的角色。现在，流量"大咖"们既是艺术家，又是企业家，还是评论家。他们把社交媒体渠道变成了他们的私人渠道，既能发布广告又能进行产品推荐。如果你有足够多的粉丝，你就可以从广告销售中获利。如果你有 5 000 或 1 万名粉丝的话，每发一条广告你可以赚 50 美元，但是，一旦你的粉丝人数突破 100 万，那么每发布一个主要的帖子或广告，你可以赚 1 万美元。

任何人只要能想方设法地通过不同寻常的方式，或提供有趣的观点或专业评论，吸引人们的注意力，就可以开设自己的社交媒体频道，从招揽广告生意中获利。现在最新颖和最火爆的营销便是影响力营销。这些以前并不被认可的产品评论者现在通过收取费用或使用产品（现在联邦贸易委员会已发布了相关的指导意见，这相当于公开说明这些评论者是受到厂家赞助的），或者既收取费用也使用相关产品，来进行产品推荐从而获利。这在业内是很普遍的做法。

吸引人们的兴趣并拥有百万粉丝并不容易做到。如果你很擅长使用推特（粉丝数量超过了 100 万人），你有可能是一名元老级的推特用户了。这些深悉社交媒体平台的流量"大咖"总是在义无反顾和孜孜不倦地发帖。尽管对于很多年轻的美国人来说，成为"网红"是他们新的追求，但这的确相当困难。刚开始时，你无一例外地只会拥有少量的粉丝，如果你不是明星，又没有拍过电影或电视剧，那么你的粉丝数量一般需要 8 年左右的时间才能突破 100 万人。

如果你位列粉丝人数最多的 1 000 个推特账号中，那么你可能使用推特的时间长达数年，甚至 10 年整——因为这项成就不是一朝一夕就能达成的。早期的推特用户有先发优势。推特创立于 2006 年，这意味着今天粉丝人数最多的 1 000 个账号中的一半，是在推特创立的头三年建立的。推特上粉丝超过 100 万人的账号，大约有 5 000 个。而优兔上粉丝人数超过 100 万人的账号，大约有 4 000 个。在大约 10 亿社交媒体平台的使用者中，只有很少的用户能够达到如此成就。一旦他们取得了这样的成就，他们就必须维持住这些不牢靠的庞大粉丝团。但是，我们看到的更多的是那些花了 3 年时间来积攒粉丝人数，最终却以失败和心碎而告终的用户的悲惨故事。

我认识的一对情侣就放弃了他们的本职工作，专注于在社交媒体平台上吸引粉丝。其中一人从一家顶级的法学院毕业后供职于一家律师事务所。他们认为这是发家致富的可行之道——他们吸引粉丝的法宝是他们的宠物狗。目前，他们的视频吸引了 25 万粉丝，在视频中，他们的宠物狗能做各种让人意想不到的事情，比如能打开狗笼子的锁。但是，这条发家致富的道路却十分艰难，即使对那些最努力的用户来说也是如此。

与众不同的是成为流量"大咖"的基础，但是你必须极其别致才能取得成功。每天都有数百万部关于猫咪的视频发到网上，除非你的猫咪会飞，否则别指望这样的视频能为你赚钱。成功的流量"大咖"包括像珍娜·醫波这样的名人，也包括刘易斯 & 西蒙这样的视频游戏评论者。还包括像托比·特纳这样的喜剧演员；名为 Disney CollectorBR 的账号通过玩具评价获利 500 万美元；其他一些讨论人际关系的社交媒体有几千万的浏览量。然而，你不要指望拥有百万粉丝之后，钱就会自动上门：你还需要每周制作一部视频，每天至少发布 2 个帖子，并且同时要打理业务上的事情。

一位业内人士称，弗莱音乐节的组织者"为金·卡戴珊同母异父的妹妹肯达尔·詹娜在 Instagram 上发布的一条关于该音乐节的帖子，支付了 25 万美元的酬劳。而为其他名气稍小的'影响力人物'各支付了不低于 2 万美元的酬劳"。只有模特——《消失的爱人》的女演员艾米丽·拉塔科夫斯基应联邦贸易委员会的要求将她的帖子标注为广告。而其他没有将帖子进行广告标注的模特，正身陷一项集体诉讼官司之中。该诉讼书称："这些'受过赞助的帖子'，直接违反了联邦贸易委员会关于公开广告客户和发帖人之间物质关系的相关规定。"该诉讼书还声称："这些'社交媒体'上有些影响力的人，没有打算向消费者公开他们是受雇而宣传该音乐节的。相反，这些人给人们传递的信息是，音乐节的嘉宾名单上全是社会精英和其他名流。"

越来越多的孩子正在自己创业。如果他们对某项运动、兴趣爱好、人际关系或服饰很熟悉，那么这有可能为他们成为流量"大咖"提供了机会。如果他们为此付出努力，吸引一定数量的粉丝，他们将无须为零花钱发愁——不用再去当报童或者在柠檬汁摊帮忙赚取零花钱了。对于那些聪明的孩子来讲，社交媒体平台提供了一个赚钱的新渠道，甚至能帮助极少数的孩子赚取大学学费。我在 12 岁的时候就向集邮爱好者兜售邮票；沃伦·巴菲特曾在自己的社区里推着小车卖过口香糖。而今天，一位 8 岁的孩子在父亲的帮助下，在优兔上创办了专门介绍儿童兴趣爱好的 EvanTubeHD 频道。据报道，该频道能为他带来了一年 130 万美元的收入。

目前，Instagram 是快速吸引粉丝的最受欢迎的社交媒体平台，且能为那些拥有百万活跃粉丝的用户提供最丰厚的回馈。但是，你如果要使用音乐，你就必须留意别触犯了版权法。你如果受到商家的赞助，就必须如实公开告知。如果你是独立的业务承揽人，你就需缴纳自由职业税，但是，你在太平洋海岸公路上制作视频所花费的餐旅费，是可以进行税款抵扣的。如果你还无法获得商家的赞助，那么你可以申请商家的免费项目，至少这能为你赢得一些商家的促销礼品。

通过社交媒体平台来实现发家致富，可以说机会渺茫。90% 的尝试者都会无功而返，有 1% 的人取得一定成就后可以养家糊口。但是，剩下的 9%，你会发现他们有足够的钱来支付各种生活费用，或者买一辆新车。但无论如何，你都有机会成为一名流量"大咖"。

第四章

生活方式

26

拥有宠物伴侣

网上流行的一句话反映了千禧一代对宠物的态度:

> 它只是条狗。
>
> 但最重要的是,我把它当作我的孩子。

千禧一代践行着一种全新的人宠关系。过去,宠物通常是孩子们8岁时的生日礼物;空巢老人饲养宠物来减缓对子女的思念之情(这一现象我们在《小趋势》一书中有所描述)。现在,由于年轻的单身人士不需要像有孩子的情侣那样承担太多的责任,所以他们决定通过饲养宠物来丰富自己的家庭生活。最近的一份哈佛大学美国政治研究中心和哈里斯民意调查机构的调查结果显示,千禧一代饲养宠物的人数占该群体总人数的2/3到3/4之间。

对于这些饲养宠物的单身人士来说,狗是他们的第一选择,其次是猫。有相当数量的宠物主人会养两只宠物,为的是让两只宠物能相互陪伴。尽管这些人生活在城市地区,但他们购买数量最多的宠物却是拉布拉多猎犬,其次是德国牧羊犬,法国斗牛犬排在第三位。在美国,49%的家庭饲养着一只宠物猫,而71%的家庭饲养着一只宠物狗。

尽管我们可能会把年轻且无拘无束与不负责任联系起来,但有研究显示,单身的千禧一代是体贴周到、尽职尽责的宠物饲养者。他们不仅关心自己的饮食,而且对宠物的饮食也相当上心。这些单身的宠物主人是非转基因宠物食品，甚至是有机宠物食品的主要消费者，此外，他们还经常给宠物补充维生素。比起婴儿潮一代，他们更愿意为自己的宠物购买衣服和宠物保险，甚至带它们去看宠物医生。

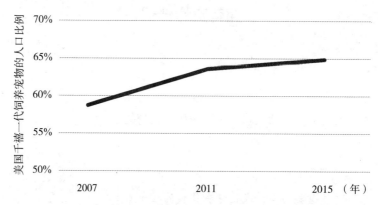

图 26.1　美国千禧一代饲养宠物的人数（2007—2015 年）

数据来源：哈里斯民意调查。

当然，宠物的饲养要求，与这些单身的宠物饲养者的生活方式其实是格格不入的。他们白天在外忙工作，下班后又自己在外面解决晚饭——很少有时间陪他们的宠物。为了更好地迎合这些忙碌的宠物主人，一些高级公寓会提供宠物狗玩耍场所和遛狗服务，甚至有些公寓还提供专业级的宠物狗美容室。单身意味着你在生命中的某个时段是不受责任约束的——你不需要对谁负责，可以随心所欲地喝啤酒，不用收拾沙发周围堆积如山的外卖盒子。现在，单身的宠物主人们还可以和他们的宠物狗一起吃外卖。现在人们普遍推迟了生育年龄，对千禧一代来说，爱他们的宠物就是他们填充这些额外时间的方式之一。

有一种方法能够解决这一生活方式所带来的不便，那就是带宠物狗一起去工作，一些开明的雇主和房东，破天荒地制定了一些关于宠物管理的规定。宠物狗在一些共同办公场所处处可见，尤其是在那些穿着随便、员工年龄小于 30 岁的创意公司里。一项哈里斯民意调查显示，千禧一代将宠物狗带去办公场所的人数比例，从 2007 年占该群体的 7% 上升到 2015 年的超过 20%。除了共同办公场所之外，很多办公室都允许宠物狗进入，雇主们将其视作一项有利的措施——因为宠物狗能帮助人们缓解焦虑和紧张情绪，有助于提高办公室士气。或许越来越多办公环境很枯燥的行业，比如金融和法律行业将会允许员工携带宠物狗办公。宠物有助于办公——但它们能招致为人父母的员工们的怨恨，因为他们不可以将自己真正的子女带到办公室来。

宠物支出再创历史新高：他们平均每年的总支出金额为 60 亿美元。千禧一代最可能使用现在各种新颖便捷的服务来履行他们作为宠物主人的责任。如果午饭后你无法回家遛狗，你可以从宠物服务平台 Barkly Pets 上随时雇人帮你遛狗。或者，如果你想雇人陪你的宠物在家里玩耍，那么该平台也能满足你的要求。该初创公司在 2017 年 1 月的第一轮融资中就筹得了 600 万美元。如果你正在旅行，宠物寄养平台 DogVacay 就可以为你的宠物提供一个好去处，你甚至可以为你的宠物狗在你旅行期间挑选一个度假场所。融资金额达到 7 400 万美元的该平台，最近被宠物服务行业龙头 Rover 公司收购（该公司已融资 1.56 亿美元）。你甚至可

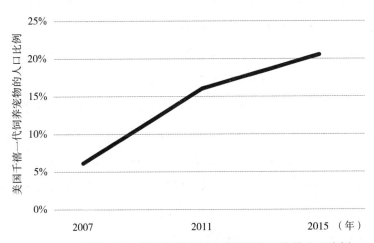

图 26.2　美国千禧一代宠物饲养者中携带宠物工作的人口比例
（2007—2015 年）

数据来源：哈里斯民意调查。

以把宠物送到豪华的宠物酒店，并通过网络摄像头随时观察宠物的状况。迪士尼世界推出了宠物娱乐项目，有的宠物狗酒店甚至会为宠物狗提供睡前讲故事的服务。越来越多的美国年轻人拥有新的可支配收入，而且他们对自己的宠物十分关心，这一趋势正在引起初创公司的注意。

在我们这个名人辈出的世界里，大牌明星的宠物们也同样可以吸睛。凯莉·詹娜的两条意大利灰猎狗诺曼和斑比便拥有大量的粉丝。其他在Instagram上大红大紫的宠物猫狗们，比如不爽猫，为它们的主人带来了丰厚的收入，有时它们吸引的广告费和赞助费甚至可以为它们的主人缴纳房租。不爽猫现在推出了自己的书、玩具和电视节目。宠物狗的相片如同新生儿的相片一样，只要千禧一代使用社交媒体，他们的宠物在大部分情况下也会出现在社交媒体上。每天会有数百万张宠物猫的照片被上传到网上，我自己的孩子们也在网上介绍我们家的宠物猫。宠物狗甚至也走上了红地毯——奥斯卡获奖电影《艺术家》中的宠物狗乌吉一度成为奥斯卡晚会上的明星。当它去世时，很多新闻媒体都刊登了讣闻。曼哈顿地产和酒店大亨利昂娜·赫尔姆斯利为她的名为"麻烦"的宠物猫，留下了1 200万美元的巨额遗产。当"麻烦"离世后，《纽约时报》为这只富有的宠物猫专门发表了一篇专栏文章。

保险公司也注意到了拥有宠物伴侣的单身人士这一趋势。你可能会认为千禧一代不愿意为他们的宠物购买保险，是因为他们没有孩子或配偶，对保险的好处知之甚少。但事实并非如此。大约19%的千禧一代为他们的宠物购买了保险，这一比例远远高于迷失一代或婴儿潮一代。有些千禧一代甚至为他们的宠物购买了双重保险。而保险公司将会继续向那些腿部有缺陷的宠物狗收取巨额保费——关于宠物保险并没有相应的监管措施，保险公司会针对宠物狗身体上原本存在的诸多缺陷索取昂贵的保费。但是，千禧一代依然会为此买单。

当你观察宠物产业是如何调整它们的产品时，你会发现，该行业对拥有宠物伴侣的单身人士这一趋势做出了迅速的反应。今天很多行业都遇到了增长困难，但宠物产业却逆势而上，这些出人意料的新晋宠物主人为宠物产业注入了一针兴奋剂，他们使得宠物产业的市值达到了近700亿美元的历史新高。

问题是当千禧一代的生活继续向前，比如安顿下来开始生育子女时，这些宠物的命运会出现怎样的变化呢？突然之间，这些宠物便集体失宠了，它们无法理解这一地位上的突然变化。一些宠物，比如我朋友的一只猫，被隔离在家中很小的一块区域里，并被禁止接近新出生的宝宝。这种地位上的突然变化是我们之前在宠物世界中不曾看到的。数百万宠物将面临这一失宠的命运——如果这种情况最终还是发生了的话，这些宠物将需要接受治疗。一些宠物需要训练师进行训练，以保证它们能够完全友善地对待宝宝；而另外一些宠物将会被完全抛弃，它们将挤满遗弃宠物收容所。

尽管未来的5年，我们可能会遭遇这一情况，但此刻，你还是会为你的宠物狗购买毛衣。穿上毛衣之后，它看起来像极了一名婴儿。

27

合租生活

　　最近几十年最受欢迎的电视剧都有一个不太明显的共同特点：举例来说，《老友记》、《三人行》和《黄金女郎》等著名的美国喜剧都具备这一特点，即以合租室友为题材。今天，无论年轻还是年长的美国人，都过着他们所喜爱的电视剧中所描绘的这一居住方式：他们与室友一起生活，他们所过的这种情景喜剧式的生活比以往任何时候都要持久。而这一现象正在影响着社会规则、房地产以及我们对合租的认知。

　　你可能注意到在《老友记》中，乔伊和钱德在他们的公寓中一起玩耍和跳舞的场景，它为这部广受欢迎的电视剧提供了素材。但是，这种居住方式现在也出现在现实生活中，尤其是对于那些二三十岁单身的未婚美国年轻人来说，他们想找个室友合租。与朋友合租的这种新的居住方式，无论是否出于分担每月房租的考虑，都能够增加他们的社交和减少孤独感。

　　合租生活使得一代人，主要是生活在繁华城市中的千禧一代，形成了一种新的居住群体，他们过着无须承诺的合租生活而推迟婚姻，并努力扩大自己的社交范围。当然，很多过着合租生活的人居住在生活成本高昂的沿海城市里，并与朋友租住在房租较为便宜的不带电梯的5楼。但是，即使他们能够负担得起房租，独自居住也会让人感到很无聊且很孤独，这对于那些离开亲朋好友到新城市打拼的年轻职场人士来说更是如此。归根结底，很多合租人士并不在乎房租问题，他们认为，在这样一个孤独的时代与别人合租是一件非常值得的去尝试的事情。

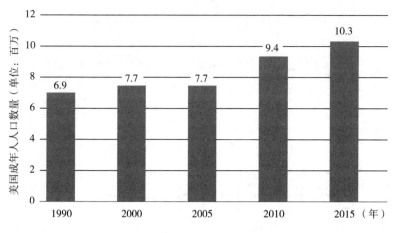

图 27.1　与人合租的美国成年人数量

数据来源：综合公共使用微数据系列之美国社区调查数据（监狱和其他类似机构不在统计之列）。

　　合租生活这一小趋势，表明年轻的美国人过着合租但不是"同居"的生活。1990 年，5.9% 的 25 岁至 34 岁的年轻人与别人合租，而 2015 年，这一数字大约为 8%。他们尽管保持单身，却不是独自居住。尽管合租意味着双方需要依靠彼此来准时付清房租，但他们合租的目的远不止在一起居住而已。他们需要朋友，需要能够分享人生经历和一起逛街的朋友。合租居住与传统的爱人同居相似的另一方面，就是异性合租者之间相处融洽，双方甚至会相互吸引。男性对女性合租者的评价更高，反之亦然。房屋租赁网站 RentCafe 声称："超过 70% 的受调查的男性给他们的异性合租者的评价打分为 A 或 B，而不到 60% 的男性给同性合租者相同的评价。相反，超过 15% 的男性给大部分同性合租者的评价打分为 D 或 F，而不到 10% 的男性给异性合租者相同的评价。"尽管这一群体为未婚人士，但是他们毫无疑问表现得很像已婚人士。尽管如果合租双方在各自约会的话，相互之间的评价会更低，但是他们认为他们合租的生活还是很开心。根据该网站的调查："近 60% 的受访人士声称，他们没有与合租室友发生过真正的冲突。"

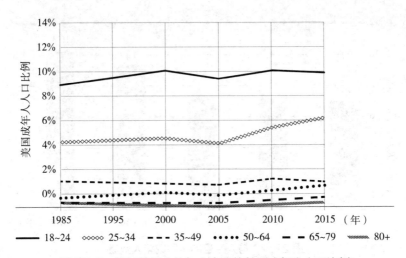

图 27.2　按年龄划分的与人合租的美国成年人人口比例

数据来源：综合公共使用微数据系列之美国社区调查数据（监狱和其他类似机构不在统计之列）。

女性和男性合租者通过不同的渠道寻找到合租对象。大约35%的女性合租者通过社交媒体或互联网找到室友，而大约只有12.9%的男性采用相同的渠道。大多数男性的合租室友是其朋友（29%），而女性的合租室友则是本来就住在同一公寓中的邻居（35.4%）。

如今，不光是年轻人过着合租的生活却没有结婚——《黄金女郎》中的人们比《生活大爆炸》中的人们更多地践行着这一生活方式。老年美国人，尤其是老年美国女性正在过着合租的生活。这一居住方式在当今的流行文化中也有所体现。网飞公司热门剧《同妻俱乐部》中，两位70多岁的女主角（由著名影星简·方达和莉莉·汤姆林饰演）在二人各自生活了40多年的丈夫一起私奔之后，她们便生活在一起，她们共渡难关（二人创办了一家初创公司）。美国退休者协会也对这一趋势做出回应。该协会称，年长的女性可能由于离婚或丧偶的缘故而过起合租生活（如同我们在"第三次婚姻的胜利者"一章中所描述的那样，她们今天不大可能再婚）。根据美国退休者协会的调查，老年女性，尤其是"婴儿潮一代或年纪更大的女性——无论是与好朋友还是与陌生人——过起了合租的生活，以节省租房成本，并形成了一种新的居住群体"。美国社区调查显示，现在大约有 200 万名年纪超过 50 岁的美国人过着合租生活。今天，通常是合租的居住方式而不是婚姻，印证了那句"直到死亡将我们分离"的誓言。

合租生活一个为人津津乐道的益处，就是比独居更有利于健康。孤独长期以来一次又一次地被打上健康负面指标的烙印，甚至意味着早逝。避免孤独对于美国老年人来说意义重大，这也使得合租这一新的居住方式变得更有意义。《纽约时报》报道称："研究人员已发现，越来越多的证据表明孤独与身体疾病以及功能和认知能力下降有关。孤独意味着早逝，人们对其关注的程度已超过了肥胖。"孤独不仅是一个具体的症状，它也在危害你的健康——而找个室友会使你的生活变得更加愉快和健康。关于这一点，芬兰的一项耗时 7 年的研究发现，25% 的独居的人"接受过治疗抗抑郁的处方药物，而只有 16% 的与配偶、家人或室友一起居住的人接受过类似的处方药物"。

一般说来，3 名房客缴纳的房租要高于 1 名房客缴纳的房租，房东早就打好了算盘，他们明白可以从这一趋势中获益，反正都要将房子出租，为什么不租给租金高的一方？相比于资金拮据的有孩子的家庭来说，房东们可以向平摊房租的 3 位大学毕业生收取更高的房租。有孩子的双职工父母，尽管每人的平均年收入为 6 万美元，但是用于孩子身上的花销巨大。而 3 位刚来到大城市工作的年轻人的年收入可能为 14 万美元，但是他们几乎没有什么花销。所以，房东如果把房子租给带孩子的家庭，那么每月的房租可能是 2 500 美元，但是如果将房子租给 3 位刚工作的年轻人，每月的房租则有可能为 3 500 美元。

这也是在纽约、华盛顿哥伦比亚特区和旧金山等大城市中，房租一直在攀升的原因之一，高房租迫使曾经独居的人们不得不找一名合租的室友——这也使得家庭在城市中的生活变得更加艰难。这也是那些寻求合租的人之前被房东嫌弃，而现在愿意被接受，而且对他们的租房要求宽松、无须缴纳过多押金且设施更好的原因了。一家名为 WeWork 的独角兽初创公司（独角兽公司的私人估值超过 10 亿美元）开发了名为 WeLive 的社区式联合居住服务，他们的目标是把工作和生活进一步融合起来。

合租生活这一趋势也在影响着房屋设计。没人愿意使用一个狭小的衣橱，或者选择一个不带卫生间的卧室。这一趋势造成的结果就是越来越多的公寓配备有面积相等的多间卧室，每间卧室都配有衣橱和卫生间。这些变化使得新公寓对寻求合租的人来说变得更有吸引力。

尽管寻求合租的人拥有更多的可支配收入，但是他们一般不选择有线电视服务，但对互联网的需求较高，且只有 20% 的人需要安装固定电话。这些特点加速了相关服务的衰退，这对于那些持有固定电话和有线电视公司股票和证券的人士来说是一个坏消息。

过去，与室友合租的生活，意味着一个在与未来配偶一起生活或赚到足够的钱拥有自己的小公寓之前的短暂过渡期。而现在，这种居住方式给予人们回味无穷的集体生活乐趣——这是一种让他们欲罢不能的大学宿舍式的居住体验。享受这种居住模式的人越多，美国家庭生活的结构将越有可能被继续改变，因为越来越多的人将其视为一种经济上可行、独自享受生活的方式，且无须承担对子女和配偶的责任。房东和商业界对这种居住模式的态度也发生了 180 度的转变，不仅欢迎合租，而且还推出了比租给传统稳定家庭更多的优惠措施。如果数年后，人们对生活的渴望变得更多，至少渴望更多的独立性，那么这种合租生活的趋势在人们尝试一段时间后，可能会完全消退。但是，就目前来看，愿意合租的人的数量只有一个变化，那就是在不断地涨、涨、涨。

28

让青春更长更自在

对于过去的几代人而言，从与父母一起生活到自己成为父母，可以说是一种快速的转变。通常，这意味着你与大学时的爱人结婚，然后很快生子。然而，随着美国女性成为工作主力，且越来越多的美国人开始上大学，这种现象发生了变化。过去那种从高中毕业到结婚生子只需短短5年时间的人生转变，现在被延长到了10年，时间上的延长，使得年轻的美国人有更多的时间可以继续保持自由自在和无拘无束的生活。

在美国，人们的平均初婚年龄增加了5岁。过去，美国年轻人在20岁之后做出人生的重大决定，比如结婚生子，现在被推迟到了30岁时再进行。这个小趋势使得千禧一代对全社会造成的影响，远远超过了其人口数量所能造成的影响。千禧一代正在花10年的时间来学习他们喜欢和在意的事情，比如，约会、培养人际关系以及保持独立。他们无须像他们的父母和祖父母那样去承担重大的责任，他们为自己的命运做主，更多地投身于政治、专注于他们的职业，并形成文化上的影响力。

别再幻想能在家长教师联谊会上看到年轻家长的场景了——现在的父母的年龄将比以往任何一代父母的年龄都大。随着扮演父母角色的时间向后推移，人们移居郊区的时间也在往后推移，这就为纽约、洛杉矶、旧金山和华盛顿哥伦比亚特区这样的大都市注入了新的活力。郊区的办公场所正在失宠，而千禧一代正在涌入的大城市中的办公场所却供不应求。

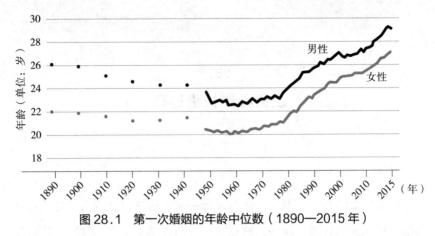

图 28.1　第一次婚姻的年龄中位数（1890—2015 年）

数据来源：美国人口调查局。

　　数年来，在 20 世纪七八十年代成年的"我"这一代人，一直是人们话题的中心。而这些自由自在和无拘无束的年轻人，实际上比过去几代人在社会生活方面更具有主观能动性和容忍度，尽管他们也具有相当高程度的利己性。这些年轻人的父母平均年纪不大，不需要他们的长期照料，而且这些年轻人本身也没有孩子需要抚养，这就使得他们能够专心于他们所想和所需的事情。这一群体中 2/3 的人都接受过大学教育，所以他们很关心大学学费和学生贷款等事宜，但是他们现在并不理解宗教在他们生命中或其他人生命中潜在的重要性。

　　这些自由自在、无拘无束的年轻人不喜欢承诺，他们想要自由和选择。他们在住所、室友和工作地点方面的需求总是在不断变化。上一分钟他们还与室友一起居住，下一分钟他们就与可能成为配偶的人住在一起。这也解释了针对他们的房屋租赁行业能够兴起的原因，因为他们不愿意攒钱买房产，与以往数代人相比，他们过合租生活的时间要长得多，他们拒绝禁养宠物的条款，并将自己的房屋租赁期限定为仅仅 1 年。

　　你的生命中又增添了一个新时段——从你大学毕业到结婚生子。这整十年的时间里你住在城市的公寓中，叫外卖、玩电子游戏、熬夜上网、参加聚会、与朋友度假。这种生活方式为提供上述服务的产业带来了意外的收获。优步外卖送餐和微软游戏不用担心那些涉及青少年的问题了，转而专注于这些有更多闲钱可以消费，且能成熟地挑选自己喜爱的消费品牌的顾客了。

　　然而，一些人可能太过于迷恋这种无须承担责任的生活，他们认为自己会永远年轻。一些人会利用人生中的这部分新增加的时间，全力在事业上取得进步；而另外一些人则是得过且过，专注于最大化地享受自己的闲暇时间。这些自由自在、无拘无束的人共同分担房租；他们分享食物或者在吃饭上节省开销；他们不需要有线电视服务。他们的智能手机可能成为他们唯一最经常且不可避免的开销来源，尽管他们会选择收费较便宜的运营商，比如 T-Mobile 或 Sprint。他们不需要汽车，如果可以的话，他们会骑着自行车出行，所有的大城市专门为这群人修建了新的自行车道。

　　过去，男性在 20 多岁的时候就肩负起巨大的职业责任，而女性则承担起繁重的抚养孩子和照顾家庭的责任。而现在 20 多岁的年轻人拥有完全不同的角色和责任。表面上看，男性正在寻找古灵精怪且不拘小节的女孩子，来帮助他们认清自我和拥抱生活。同时，女性则在寻找完全不同的榜样，即那些可能忽略了婚姻而依靠自己取得巨大成就的单身职场成功女性。

　　这种脱节，表明这一整代人未来十年在自身发展方面可能会遇到很多问题。而这种脱节已在政治、宗教和一些文化分歧中表现出来了。

　　从我所观察到的民意调查结果来看，除非人们有生子和组建家庭那种奇迹般的人生经历，否则一般情况下他们不大可能信仰宗教。如果没有手机交友软件 Tinder 的存在，年轻人进行约会和玩电子游戏的这额外的五年时间，对于教会联谊会来说应该是个好事。但是，考虑到互联网在寻找情感方面的的重要作用，在这一生活方式的过渡期里，宗教成了一大输家。1/5 的千禧一代现在没有归依任何宗教，这一比例远高于其他群体。

　　尽管这些自由自在和无拘无束的年轻人中不乏一些人在得过且过，但另外一些人却在利用这一额外时间在职场上拼搏。很多雇主反映，千禧一代员工表达出了一种强烈的平衡工作和生活的愿望，并希望获得一些专门为他们这一代人定制的福利措施，比如可以获得遛狗而不是照料孩子的时间福利。此外，一些非常严格和挑剔的学校和公司的申请人数，也达到了创纪录的历史新高。医学院的申请人数再创历史新高，职业学校和博士的申请情况也是如此。2014年，博士学位获得者达到54 070人，比2004年多了12 000人。不出所料，越来越多的新一代的年轻人既在理工科方面获得了高等学位，也在医学方面有所斩获。

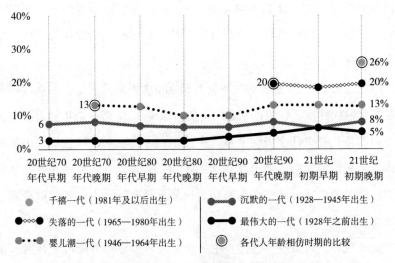

图28.2　按年代划分的美国非宗教人口比例

　　在政治方面，大部分新一代的年轻人都支持民主党，很少有例外。年轻的少数族裔成年群体坚定地站在民主党阵营中，而年轻的女性则是"抗议"运动的主力军。但是很大一部分白人男性，占白人男性总人数的1/3，则坚定地支持特朗普，尽管他们在一些政治问题上赞同民主党。

　　这一年轻的群体和他们的父母之间，存在一些重大的态度上的差异，这也在意料之中。这些年轻人大多受社交媒体而不是电视新闻的影响，他们对种族、性别和性取向问题持有更加包容的态度。他们绝对支持最高法院批准同性恋婚姻的决议。他们大多数人赞成单一支付者医保计划。但是他们的很多政治观点，是那种以居住集体宿舍为标志的大学生活的延伸。从传统上讲，大学生的观点会时常发生变化。很多伴随福克斯新闻成长起来的一代人，当初为约翰·肯尼迪而不是理查德·尼克松投票，但是随着年龄的增长，他们变得越来越保守。那么现在的问题就是，等到现在的这批新一代年轻人逐渐结婚生子，并搬到郊区生活后，他们是否会经历相同的变化，还是说他们中的很多人依然会永远保持这种自由自在、无拘无束的生活方式？

29.

为我所爱，不差钱

1984 年，电影《菜鸟大反攻》讲述了一群备受蹂躏的电脑奇才，与不断找他们麻烦的大男子主义运动员之间的恩怨故事。从动画片《辛普森一家》中的漫画店店主到《怪胎与书呆》中社交困难的高中生，一直以来，流行文化对各类发烧友最客气的描述是"可爱的失败者"，而最不留情面的描述则是"被社会所遗弃的具有偏执性格的人"。

但是如今对各类发烧友没有诘责的必要了。诸多趋势的迹象已表明这一点，在一个属于硅谷科技初创公司和价值数十亿的漫画电影时代里，各类发烧友的存在犹如一股清流。那些曾被认为让人感到痛苦和无聊的技能，比如电脑工程和数据科学，在今天的信息经济时代能带来 6 位数的工资收入。比如，信息技术经理的平均年收入超过了 13 万美元。今天很多的医生、律师、财务分析师和高管在童年时都读过《星际迷航》的杂志，并玩过游戏《龙与地下城》。

现在，在这一代各类发烧友已经成长起来并获得了可观的可支配收入后，他们放弃了童年时所执着的兴趣爱好了吗？他们几乎没有。这些有钱的各类发烧友在商品、游戏、电影和体验等方面投入的花费前所未有。无论是从主流观点还是从专业观点来看，各类发烧友文化已经成了一门巨大的产业。

比如，科幻和魔幻系列电影的繁荣，反映出各类主流发烧友文化的增长。漫威电影宇宙全世界的票房收入已超过 120 亿美元，更不用说其商品和其他相关销售所带来的数十亿美元的收入。2015 年《星球大战》

系列玩具销售额达到了 7 亿美元。同年,《星球大战:原力觉醒》上映,很快,这部电影世界范围内的票房收入就超过了 20 亿美元,为本来就有数十亿票房收入的该系列电影锦上添花。

当然,很多票房销售和主题玩具销售的对象是儿童和"假粉丝"。但是,那些骨灰级粉丝,有钱的各类成人发烧友,则是这些电影极其重要的支持者。2015 年,人们对《星球大战》推特账号的分析发现,该系列电影典型的追随者为 46 岁的已婚父亲,他们的年收入在 7.5 万到 12.4万美元之间。当迪士尼推出售价为 175 美元的卢克·天行者的光剑的复制品时,其目标消费者就是这些典型的骨灰级粉丝,他们买这把剑可不是为了送给自己的孩子当玩具。

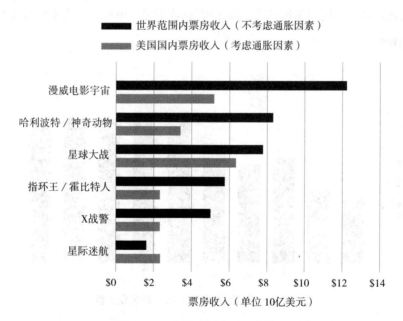

图 29.1 主要系列电影票房收入

数据来源:票房统计网站。

有钱的各类女性发烧友同样在发声以引起人们的关注。当 2014 年上映的《银河护卫队》的衍生产品推广缺少了该片中绿色皮肤的女性主角时,名为"卡魔拉去哪了"(#WheresGamora)的社交媒体 # 号标签便诞生了。同样的例子还有《星球大战：原力觉醒》中的女主角蕾伊，让人费解地没有出现在针对该片而推出的玩偶产品中。而星球大战系列产品的推广商似乎已吸取了经验教训。2017 年在为《星球大战》系列衍生产品营销带来不菲收入的"原力星期五"活动中，零售商塔吉特超市吸引星战迷们进店消费的重要口号就是："请全力以赴来迎接你们的蕾伊吧。"

　　如同电影一样，电视产业也极速地转向了各类发烧友群体。尽管那些真正的技术狂人，对哥伦比亚广播公司推出的情景喜剧《生活大爆炸》所流露出的对各类发烧友的那些显而易见的刻板描述嗤之以鼻，但是该情景喜剧仍旧让数百万美国人了解了星战电影以及漫画书的一些内幕笑话。《生活大爆炸》每一季的观众人均超过了 1 500 万人，它超过了美国全国广播公司的《星期日橄榄球之夜》，成为美国电视史上收视率最高的电视剧。

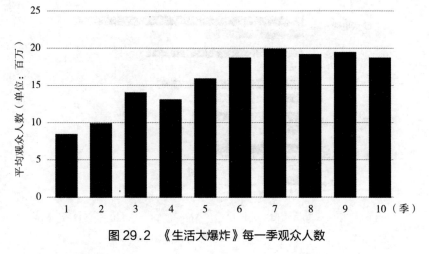

图 29.2　《生活大爆炸》每一季观众人数

数据来源：维基百科。

　　同时，在有线电视方面，由僵尸漫画改编而成的电视剧《行尸走肉》不断地占据着年龄在 18 到 49 岁之间观众收视人数榜首的位置。因此，广告商们愿意在该剧播放间隙豪掷 50 万美元购买 32 秒钟的广告时间——这比其他任何电视剧的广告插播费用都要高。美国家庭影院频道

（HBO）播放的《权力的游戏》持续打破收视率纪录——这部中世纪史诗奇幻题材的电视剧，数年来成为盗版次数最多的电视剧。

人数众多的各类发烧友和他们所形成的文化形式，以及全世界范围内价值 910 亿美元的视频游戏产业，都说明了这不仅是一种小趋势。但是，要真正理解有钱的各类发烧友这一小趋势，我们不能只看人们在收看哪类电视节目。那些真正有钱的各类发烧友不仅是在被动地消费各类发烧友文化产业，他们也在创造各类发烧友的生活方式。

创办于 1970 年的圣地亚哥国际动漫展，是娱乐产业中最知名的会展之一，第一届参展人数为 300 人。2017 年，参加该动漫展的人数超过了13 万人，这些参展者在为期 4 天的活动中在参会、住宿和当地活动等方面的消费金额达到了 8 300 万美元。但是圣地亚哥国际动漫展绝不是唯一的动漫迷大会。在美国和世界各地，每个周末动漫迷们都会参加各种级别的、拥有不同主题的大会。亚特兰大举行的 Dragon Con 动漫节，每年的参会人数 7 万到 8 万人，而纽约国际动漫展，其参会人数将超过 15万人。在英国举办过几次大型展览的 MCM 展览集团参加其 2016 年动漫展的人数估计接近 50 万人。该集团的旗舰动漫展，即伦敦国际动漫展，2011—2016 年间的参展人数翻了一番。

规模较小的单一主题展览也同样吸引着众多参展者。很多城市依然在举办《星际迷航》的主题展，而 2017 年举办的首届年度《权力的游戏》的主题展 Con of Thrones 则吸引了超过 1 000 名参展者。为致敬动画片《我的小马驹：友谊是魔法》而举办的主题展，BronyCon 在高峰时的参展人数达到了 1 万人。

即使在墨守成规的首都华盛顿哥伦比亚特区，动漫迷们每年也会成群结队地参加各种动漫展。以日本动漫为主题的 Katsucon 动漫展，每年的参展人数接近 2 万人。同样以日本动漫为主题的 Anime USA 动漫展和Otakon 动漫展的参展人数，分别为 5 000 人和 2.7 万人，而 MAGFest 动漫展则吸引了 1.7 万名参展者。据报道，作为华盛顿哥伦比亚特区规模

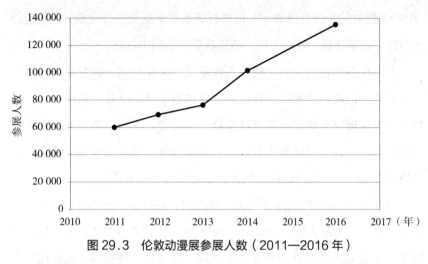

图 29.3　伦敦动漫展参展人数（2011—2016 年）

数据来源：维基百科。

最大的漫画和科幻（魔幻）动漫展的"绝佳动漫展"，在 2017 年吸引了
5 万名参展者。尽管这些大型动漫展已经吸引了人们的目光，一些新的动
漫展在华盛顿哥伦比亚特区也如雨后春笋般涌现出来。2017 年，数百名
动漫迷参加了第一届年度 Blerdcon 动漫展（"Blerd"一词是"black nerd"
的合成词，即黑人动漫迷），组织者宣称该动漫展主要面向有色人种、女
性、残障人士和特殊性取向人士开放。

　　对于这些专业兴趣爱好者来说，他们参加主题大会的兴趣永远不会
衰退，他们不惜花费重金来满足自己的爱好。小型主题大会的工作日票
价一般在 20 至 30 美元之间，而大型主题大会的周末通票价格在 100 至
200 美元之间，贵宾（VIP）票价则更高。这还不包括他们在大会期间的
花费。这些有钱的各类发烧友愿意拿出几百美元现金与明星们合影，或
是购买有他们签名的纪念品。在 2017 年的纽约国际动漫展上，很多参展
者支付 125 美元排队索取《神秘博士》主演彼得·卡帕尔迪的亲笔签名。
同时，与卢克·天行者的扮演者马克·哈米尔合影的花费为 250 美元。

　　当然，也有一些有钱的狂热的兴趣爱好者不愿意花钱买签名，相
反，他们喜欢把自己这份强烈的兴趣爱好公开展示出来。动漫真人秀可

谓动漫迷们对动漫喜好的终极表达了。动漫迷们通过购买、缝制或设计精美的动漫服饰将他们喜爱的角色活灵活现地展示出来。动漫真人秀不是新生事物，动漫真人秀（和该术语本身）在当代的迅猛发展源于20世纪八九十年代的日本。日本动漫迷，又称御宅族，不仅在动漫展上，也在东京的一些动漫真人秀餐馆和其他地区穿着他们喜爱的动漫、漫画和游戏人物的服饰。这已变成一种生活方式，并被迅速地推广到世界其他地方。

尽管我们不可能知道全世界动漫真人秀玩家的具体人数，但是我们知道这些动漫迷的人数在不断增加。至2017年年中，动漫真人秀#号标签在Instagram上的使用次数已达到1 900万次。谷歌趋势显示，动漫真人秀的网上搜索量在青少年中稳步增长，并于2015年达到顶峰。

动漫真人秀玩家在这一爱好上的花销有多少？其实如此花销因人而异。举个例子来说，如果你想扮演神奇女侠或者金刚狼，那么你需要佩戴假发。你可以从亚马逊上订购价格在15至20美元之间便宜的化纤产品。如果你想要质量稍好一些的蕾丝假发，你需要为此支付60至70美元，从专门为动漫迷们生产假发的大厂商那里购买。如果你毫不吝惜金钱，那么开销就没底了。比如，位于布鲁克林区的假发制造商Hero Hair（为专业的动漫真人秀玩家提供假发），就用真的头发生产与被模仿人物一模一样的假发，而假发上的头发由工匠们一绺一绺地手工缝制在一起。该公司最便宜的假发价格为500美元，而最精密的定制假发售价高达4 500美元。

同样，如果你想装扮成《星球大战》中的反派人物凯洛·伦，你可以花50美元购买一套派对城生产的服饰。但是，如果要追求与电影中人物服饰一样的效果，那些有钱的各类发烧友会花3 100美元购买一套Anovos生产的高档服饰。当然，这套服饰并不包含凯洛·伦的光剑。但是不用担心，他们会从Saber Forge和Ultra Sabers等生产商那里再花500到600美元购买一把带声效的十字护把格斗光剑。

由于主题大会和动漫真人秀的飞速发展，当看到一些主流电视频道播放动漫真人秀节目时，我们并不会感到惊讶。美国全国广播公司幻想频道在播出其真人秀竞技节目 Cosplay Melee 后，更多的主流电视网络播放它们的第一档真人秀主题节目只是个时间问题了。

这些主题大会能为明星们带来丰厚回报的事实，也会影响到他们选择去参演哪部电影和电视剧。如果一名电视剧演员既可以在侦探电视剧也可以在科幻电视剧中出演主角，那么他可能会选择后者，尽管报酬会低一些。毕竟，如果该剧非常热门（或者即使像昙花一现且只被少数人狂热喜爱的科幻剧《萤火虫》那样），那么他在未来数十年内每周末花几个小时参加该剧的主题大会，与观众合影或签名，就可以获得可观的收入。科幻和魔幻主题过去只会吸引二流演员和励志成为明星的演员，未来我们会看到更多的信心满满且广受欢迎的演员将受到主题大会丰厚收入的诱惑而加入其中，这一切要感谢那些有钱的各类发烧友们。

未来数年内，精明的企业家们会用更多的方式来迎合这些有钱的各类发烧友。当然，现在就有数千家网络和实体店铺，在向这些人兜售与他们兴趣爱好相关的产品——如果你想买一件印有美国队长在塔迪斯前亲吻探员卡特这一图案的 T 恤，你就会找到一家这样的卖家——但是这些有钱的各类发烧友不光想要商品——他们还想要获得体验。我们应该期待进行更多的体验，比如 2017 年夏天让整个华盛顿哥伦比亚特区为之振奋的《权力的游戏》临时主题酒吧开始营业，每天数百名该剧的爱好者会在酒吧门口，排队数小时获得进入酒吧体验的机会。酒吧里不仅有 14 美元一杯的鸡尾酒，还有剧中出现的铁王座和嘴里喷火的火龙。同样，洛杉矶的《星球大战》临时主题酒吧也受到人们的欢迎，于是，该酒吧的经营者在好莱坞大道上开了一家名为 Scum & Villainy 的永久性餐馆以满足人们的需求。

在国际上，旅游业也会迎合这些有钱的各类发烧友的需求。《哈利·波特》迷们热衷于在苏格兰各地进行游览，包括 J. K. 罗琳完成该系列小说第一部大部分创作内容的爱丁堡。最近，苏格兰也成为《魔兽战场》影迷们的旅游胜地。冰岛旅游业繁荣的部分原因是《权力的游戏》拍摄于此，此外，游戏《天际》背景灵感来源于冰岛的景色。新西兰把《指环王》中霍比特人的居住地改造成一个永久性的展览馆。克罗地亚作为《权力的游戏》和《星球大战》的拍摄地而闻名，每一名参观杜布罗夫尼克的游客都会听到导游反复提及此事。旅游部门可能会对当地政府施加压力，让它们为电影和电视剧拍摄提供更多的免税措施，以吸引更多有钱的各类发烧友造访他们的城市。

有钱的各类发烧友们正在引领文化和表达的新潮流。他们不再被称为失败者和被社会遗弃的人，他们利用手中的经济实力创造出他们梦寐以求的属于他们自己的生活方式。而我们需要做的就是大胆地追随他们的脚步，满足他们未来更专业的兴趣爱好的需求。

精英阶层的有毒诱惑

大麻的迅猛发展会引起人们的担忧。吸食大麻后驾驶车辆依然是一个大问题。在饮酒合法化后，数年里很多名人制造了无数起事故，其中不乏致命事故，因为他们无法抵挡酒精的诱惑。而当人们被允许合法且公开地食用大麻时，我们可以想象什么样的危险将会发生。你可以想象社交媒体上会充斥着好莱坞影星由于吸食大麻而引发事故的报道，而有些媒体已经报道了一些明星吸食大麻后驾车的违法事件。现存的一个问题就是缺少测量吸食大麻危害程度的办法。

富人有钱，但也肩负着巨大的责任。他们需要购买额外的保险在意外出现时保护自己和家人。当然，美国还需要大力发展帮助人们戒掉大麻的诊所，这对于那些需要保住饭碗的精英人士来说尤其重要。同样，雇主也需要这样的场所来帮助他们那些吸食大麻成瘾的雇员戒掉大麻。

大约 100 年前，美国围绕酒精饮料合法化展开了斗争，并投票通过了罕见的宪法修正案，宣布禁酒令，但是这一决议所造成的罪行泛滥迫使美国不得不废除了禁酒令。

有钱人总是对昂贵且危险的产自他国的毒品情有独钟。想象一下小罗伯特·唐尼在电影《零下的激情》中扮演的那位被毒品折磨得日渐消瘦的浑浑噩噩的富家子弟的画面吧。剧中，安德鲁·麦卡锡扮演的克莱问他的那位可卡因成瘾的富家女友："布莱尔，你快乐吗？你看起来并不快乐。"而他的女友回答说："但我看起来还不错吧？"总而言之，我们希望这一趋势不会朝这一方向发展。

追剧时代

十年前如果你这样问别人："你是否经常看电视？"他甚至会否认碰过电视机。坐在沙发上看电视来打发时间，那是孩子们和那些不愿读书或读《纽约时报》的人的专属做法；电视的兴起意味着我们文化的堕落。如果你的确看过很多电视剧，那么你肯定不会公开承认这一点。当然，你是绝不会收看《飞黄腾达》真人秀的。

而十年后的今天，接受过大学教育的人不仅承认他们看电视，而且对他们看过的电视剧也是大加赞赏。他们的对话从"你难道没有看过《幸存者》？"变成"你肯定看过《绝命毒师》吧？！"这些热爱电视剧的精英们会为《国土安全》和《权力的游戏》等电视剧新一季的开播而举行派对，并举办扮装盛会庆祝大结局的到来，并享用小吃和鸡尾酒赞美某些角色或剧情。

引发这类转变的是节目数量、对节目内容的经济考量和激励措施——这一变化不是自然而然发生的。卫星电视和有线电视，特别是后者在人们开始减少对有线电视服务的需求之前就在2/3的美国家庭中普及了，二者的出现使得人们由只能观看几个电视频道，变成可以从众多的电视频道中进行选择。起初，这只是为人们带来了更多的新闻和体育节目。但随着时间的推移，卫星电视和有线电视的普及使得人们对娱乐内容的经济考量发生了革命性变革。

当电视节目内容有限时，要想赢得几大电视网的青睐，一部成功的电视节目必须要保证较高的收视率。像热门剧《宋飞正传》的平均收视率达到了 22%。电视广告变得真正地广而告之，它不再针对某些群体，广告中的笑话必须通俗易懂，能让大众享受并找到笑点。电视节目被调整为中等偏下的难度，且经常充斥着一些低俗的闹剧。尽管剧情变得简单了，但是有专门为挑剔的精英人士准备的像《经典剧场》这样的电视剧，因为他们不会浪费时间去收看一些无聊的节目。

付费频道理念是有线电视发展的组成部分。美国家庭影院用户通过每月付费的方式可以比普通电视台更早地享有观看播出影片的特权。随着电影本身独特吸引力的消失，美国家庭影院以及后来出现的娱乐时间电视网开始播放一些独播的电视剧以吸引更多的用户。《黑道家族》的播出，创造出一种更大胆、更复杂和更精明的时长为 1 小时的电视剧播出方式。这种如此独特和吸引人的播出方式，成功地让富裕的城市居民每月支付 12 美元来观看该剧。该剧的剧情特点屡试不爽——平民主角，既知道内幕又参加校园剧表演和足球比赛的"普通"家庭成员，以赚钱为目的而不惜杀人。人们被那些从平常的电视频道不能看到的粗口和露骨的性爱场面所吸引，而毫不犹豫地成了付费用户，无论是《缉毒特警》（甚至哥伦比亚大毒枭巴勃罗·埃斯科瓦尔对其母亲被电视剧所塑造出的形象也感到很满意）还是《绝命毒师》，其中那位由高中教师蜕变成的制毒大亨，总能深深地吸引观众。

自《黑道家族》上映十年来，电视频道的数量已大幅增加，这使得电视观众出现了分化。电视节目的长尾效应变得更加可行。之前电视剧仅仅吸引 50 万或 100 万名观众的做法，在经济上并不可行；而现在小众剧则变成了行业的真正发展方向，当这些小众剧能够吸引到那些广告商所渴望的核心目标观众的目光时，尤其如此。海外剧、重播剧和小众剧开始如雨后春笋般发展起来。电视业发现了这一小趋势。

电视机上播放的电视剧数量，从 1975 年的大约 100 部猛涨至今天通过手机应用程序便能观看的数百部之多。这不但促成了智能电视的产生，而且催生了很多粗制滥造的电视剧。当然，电视剧本身就是要迎合最普通大众的需求，所以这不算什么大新闻。然而，更令人感兴趣也更有价值的问题，在于高端电视剧如何保持继续发展。

史蒂文·约翰逊的著作《坏事变好事：大众文化让我们变得更聪明》，从一种叙述的角度解释了电视如何变得更加智能化：今天电视剧的质量依然不错的部分原因，是主要的故事情节更加缜密，每个人物都有清晰的"故事框架"。在《玛丽·泰勒·摩尔秀》推出之后，消遣剧《三人行》也问世了。《希尔街的布鲁斯》开创了多剧情路线剧种的先河。

我们将今天的电视剧与传统电视剧《警界双雄》做个对比。《警界双雄》中有两位主角，且每一集的剧情都采用平铺直叙的手法来展现——以带有喜剧色彩的次要剧情开始和结束，中间穿插逮捕本周反派人物的主要剧情。而今天的电视剧，比如《权力的游戏》，你需要参照剧本弄清楚剧中人物的关系才能看懂该剧（我的一位朋友整理出一份关于该剧推论的电子表格）。但这正是我们要说的问题所在——电视找到了自己的发展道路，并学会了挑战我们讲故事的最好方式。而这也成为我们茶余饭后的最佳谈资。

智能电视不仅影响着观众，也影响着那些其从事的职业被电视剧描绘得五花八门的人，无论他们是身价过亿的对冲基金经理还是精明透顶的律师。我曾经为纽约市警察局做过一项调查，因为警察们担心像《侦探柯杰克》那样的警匪剧会给公众留下警察与实际印象不符的感觉。警察们想知道是否公众现在会如同电视剧里所描述的那样，认为警察们是一群毁坏汽车和粗暴对待犯罪嫌疑人的狂野执法者。我对警察和公众都进行了投票调查。调查的结果令人震惊——无论公众看过多少警匪片，他们的观点与警察所持有的观点相似。另一方面，警察本身也受到这些电视剧的影响。警察们收看这类电视节目的次数越多，他们在实际执法中越倾向于毁坏汽车。毫无疑问的是，在华盛顿哥伦比亚特区，很多人会以《纸牌屋》里主人公弗兰克·安德伍德在相同情况下的做法，来作为衡量自己成功的标准。

过去几年，亚马逊视频、苹果的 iTunes、葫芦网（Hulu）以及网飞公司开始提供在线视频播放服务。人们可以付费享有有线电视所提供的很多精彩的视频节目，无论他们对这些节目是否感兴趣。过去，人们可以付费点播一些视频，但由于技术原因，节目的数量非常有限。网飞公司现在为这些放弃有线电视服务的一代人提供了付费不限量收看服务，而 iTunes 则提供了按次计费服务。亚马逊则将以上两种模式进行整合，允许金牌会员免费观看旧影片，而对新影片则实行按次收费服务。

毫无疑问，在线视频播放服务给有线电视造成了巨大的威胁，但是两种商业模式的竞争会限制它们取得经济优势。一般来讲，付费不限量观看模式深得美国消费者的欢心。我们看到美国电话电报公司和威瑞森电信在相互竞争的压力下，不得不提供无限流量套餐服务，尽管这对于流量消耗大的用户来说是一个福音。同样的情况也发生在声破天和苹果公司按曲付费模式的竞争上。美国人喜欢这种付费不限量消费的模式。

现在来看，今天大部分的互联网基础建设，是为像网飞、优兔和其他视频供应商提供服务的。1 分钟的视频播放所消耗的互联网带宽，相当于发送电子邮件数年所消耗的带宽。实际上，今天网飞公司消耗了 40% 的互联网流量。在我看来，所谓的互联网中立性只不过是对网飞公司和优兔的一项福利政策而已。但是，二者赢得了竞争，因此，在线视频服务最终也就成了一项享有特权的产品，所以才有了它们今天突飞猛进的发展。

这些新的非传统娱乐服务供应商很快就意识到，大家同时提供相同的影视内容不利于特色发展。所以，在线视频服务供应商采取了十年前美国家庭影院所采取的方法。它们开始推出自己的原创视频作品和越来越多的电视剧。2017 年第三季度，网飞公司宣称自己在全世界的在线视频注册用户达到了 1.092 5 亿人，而这一数字在 2011 年为 1 117 万人。该公司于 2012 年开始推出自己的原创剧，并屡次获得大奖。2016 年，该公司报告称其年度收入达到了 88.3 亿美元。网飞和葫芦网均斩获过艾美奖，凭借诸如《怪奇物语》等热门剧为娱乐业带来了翻天覆地的变化。

今天科技的发展使得我们能够以多种方式进行电视消费，而这些方式也促使市场更加多元化。你不必再与你的兄弟共用一台电视机观看节目了，你可以通过平板电脑或苹果手机在任何地方观看视频。越来越多的人每天可以想在什么时间观看电视剧就在什么时间观看——现在美国人平均一天要花费5个小时来观看电视剧——这意味着如果电视剧制作人即使只拥有一小批追随者，他们也会赚得盆满钵满。你可以坐在楼下收看《唐顿庄园》，而你的孩子们可以在另一间屋子里观看《权力的游戏》。

如果你是一名作家或演员，或者是踌躇满志却还在等待机会的人，那么这一切对于你来说是个好消息。电视剧的蓬勃发展，为编剧和演员增加了工作机会，也为那些在事业上还没什么起色的人提供了大展身手的机会。实际上，明星的演出费用已经高得离谱，以至像迪士尼等公司采取了挑选不知名的演员，并对他们进行必要的培训来完成演出任务以节省开支的策略。这些举措一般都有效。有时候效果太好，以至这些没有名气的演员在参演之后竟成为巨星，身价随之暴涨。

电视剧和电影现在成了竞争对手，这也引发了一些额外的问题。对于好莱坞而言，制作出值得人们去影院观看的电影越来越难，且成本越来越高，大规模特效是导致成本升高的主要原因。同时，制作电视剧却变得越来越简单和便宜。总有一天，中国会在好莱坞与硅谷的竞争中挽救前者：因为那里的消费者刚开始接触西方电影大片，他们很乐意去影院观影，且观影人数在不断地创造历史新高。

追剧时代已经到来；智能电视创造了一种运营模式，其观众群涵盖了从千禧一代到婴儿潮一代，他们接受了更高的教育，渴望更加多元和适合成人的娱乐方式。这给好莱坞提出了新的挑战，同时，数十亿美元被用来进行剧本创作，也扩张了整个行业。而人们追剧的现象也为电视剧的繁荣添砖加瓦，那些无拘无束、自由自在的年轻人尤其喜欢追剧，这可以使某新剧一夜爆红。但是如果你感觉自己正在疲于追剧怎么办？别担心，即使这样，你也会准时收看第17季的《钻石单身汉》。

32

韩式美容

如果这几天你登录脸书网，你可能会看到一则"反常"的化妆品广告。在广告中，演员德鲁·巴里摩尔使用了一款面膜，10 分钟之后，她看上去比实际年龄年老了 30 岁，这仿佛是一种奇特的易容术。这则广告掀起了人们对韩国品牌 Hanacure 旗下的面膜产品的购买狂潮。该化妆面膜只是韩国化妆品风靡美国的一个例子。如今，"韩国化妆品"在美国的名气和追随人数达到了空前高涨的地步，很多化妆品店，如丝芙兰等，凭借最新的韩国面膜、唇膜或蜗牛霜而变得生意兴隆。专营韩国化妆品的在线销售网站 Soko Glam 坚信：没有丑女人，只有懒女人。

美国女性现在比以往任何时候都更加渴望使用化妆品。各大化妆品公司正在大力生产比以往更加多样化和全面的产品来满足她们的需求。一些名人纷纷创立了自己的化妆品品牌，其中包括蕾哈娜和其彩妆品牌 Fenty Beauty，以及凯莉·詹娜和她的凯莉彩妆，而有些名人正在创立和推荐唇彩、洗面奶和晚霜等化妆品，美国女性现在所购买的化妆品远不止润肤霜和睫毛膏。

韩国化妆品受到美国零售商的热捧，只是日益吸引美国女性的全球化产业的冰山一角。它彰显了能够影响美国消费者和市场的新文化力量。韩国化妆品在韩国之外取得成功，也展示出了国际消费者的购买力。随着美丽的全球标准的不断变化，以及人们能够从全球各地订购产品，一个国家的某个行业可以帮助你在另外一个国家一夜成名。

过去几年，韩国的美容和护肤品名声大噪，在 Instagram 丝芙兰和美容产品零售商 Blue Mercury 店铺的货架上，我们都能发现韩国薄片面膜的身影。有人在 Instagram 上上传了 20 万张韩国薄片面膜的照片和 50 万张韩国化妆品的照片。韩国化妆品的销量也支持了这种狂热。从 2012 年至 2013 年，出口东南亚国家的韩国化妆品增长了 31.6%，当然这一数字还在增长。目前市值 73 亿美元的韩国美容市场预计从现在到 2020 年，每年的增长率将达到 10%。其市值相当于一些国家的国内生产总值。

　　人们在全球范围内购买韩国化妆品的花费令人震惊。2015 年和 2016 年韩国生产和出口的化妆品，分别增长了 8.2% 和 61.6%。下图展示了这一爆炸式的增长：2013 年，韩国出口了价值达 13 亿美元的化妆品；2017 年，韩国美容产品市场的成交额为 130 亿美元。研究公司敏特（Mintel）预测，直到 2020 年韩国美容产品都会保持这种稳步增长。

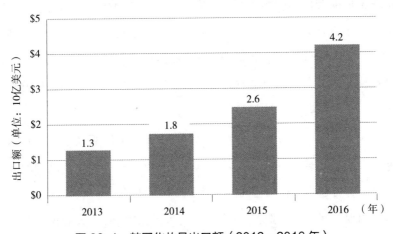

图 32.1　韩国化妆品出口额（2013—2016 年）

数据来源：www.export.gov。

　　需要特别指出的是，一家韩国化妆品公司已经成为业内的翘楚，它就是悦诗风吟。汇聚天下美容和时尚的 *Vogue* 杂志 2017 年 8 月报道称，这一受到韩国人热烈追捧的品牌，即将登陆美国。而早在数年前，美国女性就开始在亚马逊上订购或委托居住在亚洲的友人帮忙购买该品牌的维生素 C 薄片面膜。悦诗风吟的店铺遍布首尔的数十个街角，其在美国的店铺将设在曼哈顿时代广场一座 2 层的建筑中，该建筑稀有、庄重且价格不菲。它表明了该品牌已正式登陆美国。

悦诗风吟遵循了很多传统韩国化妆品的特点，让使用者的肤色看上去自然、洁净和完美。越来越多的美国女性开始采取"自然美"（尽管这要通过使用很多化妆品来实现）的方式来追求完美的面部肤色，并抛弃了之前浓妆艳抹的风格。悦诗风吟恰好满足了她们的这种需求。该公司在其官网上如此描述自己："一个从原始的济州岛汲取了大自然精华的自然主义品牌，并追求环保的绿色生活理念以保持大自然的平衡。"尽管我们尚不清楚该品牌在多大程度上保持了"大自然的平衡"，但它的确满足了人们对"纯粹"和"洁净"的美丽和健康的追求，这种健康的追求，我们在"健康主义者"一节中有所提及。它引得众多消费者纷纷购买。

全世界的奢侈品牌都注意到了人们对进口韩国化妆品的需求。位于伦敦的豪华百货公司塞尔福里奇在自己的化妆品部，开设了小型的韩国美容品分部。美国高端百货商店内曼·马库斯在自己的官网上列出了昂贵的韩国化妆品，比如"雪花秀明祛草本精华液"，5 小瓶的价格就高达200 美元。

不只是在内曼·马库斯这种高端商场，人们可以买到来自首尔的磨砂唇膏，而且在普通的商场，人们也可以看到购买韩国化妆品的顾客的身影。塔吉特超市现在出售韩国薄片面膜和化妆品。药品连锁店 CVS（美国范围内拥有 9 600 多家分店）与韩国化妆品品牌 Peach & Lily 成为合作伙伴。即使大众热爱的连锁巨头科思科也在销售韩国化妆品。

过去数十年，西方女性对东方化妆品的兴趣与日俱增，而东方女性对西方化妆品的兴趣也日渐浓厚。如上所述，这一切都是为了获得不可能存在的理想化的"完美"肌肤，或者用韩国流行的说法就是"玻璃肌"，这是展示健康、财富和优越性的最新方式。Peach & Lily 的创始人艾丽西亚·尹表示："玻璃肌是对透明和半透明肌肤的一种称谓，它代表着年轻，是韩国女性最想获得的肌肤状态。"达到玻璃肌状态意味着要使用很多化妆产品，首先需要去角质（第一种化妆品），其次需要深层保湿精华液（第二种化妆品），然后需要敷面膜（第三种化妆品），最后需要涂抹面霜。韩国女性追求的毛孔紧致和最佳的自然肌肤现在也被美国女性所追捧，并被用来践行关于美的新理念。韩国的这种对美的追求至少需要10个单独的步骤来完成，所以从高端商场到一般的零售店都在销售越来越多的韩国化妆品。

对完美肤质的追求，使得韩国化妆品品牌大赚了一笔。过去，法国品牌一直是化妆品界的龙头老大。而如今，我们想要尝试一些更多的他国产品。

谈起韩式美容，我们就不得不提及在韩国那些数量大到惊人的整容手术。当然，韩国对美容的追求为"玻璃肌"和纯粹的自然美，这意味着手术能实现这一不可能的目标。韩国最流行的整容手术，就是能够使眼睛变大、变圆，更加符合西方审美的双眼皮手术。这种手术流行了数十年。从世界范围来看，韩国面部和头部手术在数量上排名第三，仅落后于排名第一的巴西和排名第二的美国。韩国所进行的瘦脸手术数量占全世界面部和头部总手术数量的8%多一点，这种手术是为了达到使脸型变小且符合西方审美的目的。

2015年《纽约客》杂志的一份数据图表，表明了韩国整容手术的迅猛发展："据估测，韩国是世界上人均整容率最高的国家。"韩国年轻女性的人均整容率也是世界最高。在首尔，20%~30%的女性接受过整容手术，超过一半的年轻女性接受过整容手术。韩国整容潮兴起于朝鲜战争之后，当时驻韩美军为韩国百姓免费提供整形修复手术，时任美国海军陆战队整形外科主任医师的戴维·拉尔夫·米勒德，极其擅长"眼睑成形术"，也就是上面提到的双眼皮手术。

美国名流和其他有影响力的人也在热捧韩国化妆品——从德鲁·巴里摩尔使用韩国品牌 Hanacure 的面膜到艾玛·斯通使用韩国唇膜，但韩国人不怎么购买美国化妆品。在韩国进行美国化妆品营销时，美国的

"卡戴珊理念"行不通。美国超模肯达尔·詹娜是无数美容和时尚产品推广的达人，但是她作为雅诗兰黛亚洲推广大使的尝试，却没有取得预期的效果。

这是韩国化妆品第一次在美国成为潮流，所以韩式整容手术可能很快也会在美国流行起来。由于前往他国进行"医疗旅游"正在兴起，不久之后我们就会看到西方人成群结队地去韩国进行整容手术旅游了。在美容问题上，美国女性将继续慷慨付出，消费更多产品。英国广播公司的一篇报道称："韩国女性在化妆品和美容方面的花费占其收入的比例是美国女性的2倍。"美容市场的消费者不仅只有女性。美国男性有可能成为下一支美容消费主力军，这是因为在韩国美容里，对男性皮肤护理的目标是胡须和毛孔。韩国男性在皮肤护理上的支出居世界之首。

韩国人在理解全球市场和美国市场方面做得十分到位。三星公司是除了苹果公司之外唯一一家能够统治智能手机市场的公司，现在该公司已大胆进军以追求卓越著称的美国市场，并取得了巨大的成功。韩国人倾向于研究美国人研究的事，美国人也必须不断地研究韩国人所研究之事，以便更好地把握市场和抓住未来的潮流走向。

33.

热爱射击的女性

美国女性受教育程度更高、收入更多，她们已经成为大学的主力军，并且女性在射击方面的投入越来越多。安妮·奥克丽或许是美国历史上最著名的女神枪手，她有一个梦想："我希望所有的女性在使用枪械上，能像她们在照顾孩子时那样熟练。"虽然她的梦想还没有实现，但是美国女性在枪支使用上已更加娴熟，男女在枪械方面的性别差距正在缩小。

新时代的安妮·奥克丽们与男性持枪者的不同在于她们中只有1/3的人玩暴力电子游戏，观看与枪支、狩猎或射击运动有关的电视剧和电影，或浏览类似主题的网站。本质上，这些女性并不像男性那样认可同样的"枪支文化"，女性很少围绕枪支进行社交活动。

尽管大多数女性对于射击类活动并不感兴趣，但是越来越多的女性正在喜欢上这类活动。《纽约时报》得出这样的结论，即女性标靶射击和狩猎活动从2001年至2011年上升了50%，每年有超过500万名女性参加此类活动。美国步枪协会的数据表明，爱好狩猎的女性人数上涨了85%——这一数字启发了枪械制造商和靶场来提供更加多元化的产品和服务。

表33.1　2016年哈佛大学伤害控制研究中心民意调查结果

过去5年里，下列比例的女性已经：	
对拥有枪支越来越感兴趣	18%
对拥有枪支越来越不感兴趣	18%
开过枪	17%

（续表）

去射击场练习过射击	13%
参加过枪展	5%
作为礼物赠送或接受过枪支	5%
持枪参加过狩猎活动	4%
第一次拥有枪支	4%
亲自见证枪支暴力或受到枪支威胁	4%
除了她们原先拥有的枪支外，又额外获取了一只或一只以上的枪支	3%
为持枪权进行过游说	2%

数据来源：《玛丽嘉儿》杂志。

在自由主义极其盛行的华盛顿哥伦比亚特区，参加名为"射击女神"组织的成员会集体去射击场练习射击——而射击场还为参加者提供儿童照看服务。越来越多的女性出于对射击的热爱而走到一起——这也会让一些与射击有关的重要产业比如狩猎和靶场变得更加方便女性参加。从武器制造到人们练习射击的场所，女性都成了不可或缺的考虑因素。现在大多数靶场的拥有者为男性，并主要迎合男性的需求。而枪械制造商们一般在武器设计的时候参考的也是男性手掌的尺寸，现在他们正在做出改变。一家针对女性顾客的品牌"枪械女神"由此诞生。无论是女性开始拥有属于自己的靶场还是继续改善针对女性特征的新装备和服饰，相关产业都在大大小小的很多方面受到这些新晋爱好者的影响。

34.

为"末日"未雨绸缪

两件毫无联系的事件引发了生存主义的再度兴起。"9·11"恐怖袭击事件和 2009 年的银行业危机，均为人祸。此外，卡特里娜飓风、2017年风暴以及墨西哥城地震，这一切重新引发了人们对大自然的恐惧。

这些骇人听闻的事件，促生了一个新的美国群体的诞生——这一群体本身就带有悲观主义情绪，他们想知道如果末日来临时他们应如何生存下去。这种现象的一种表现方式是美国购枪潮的兴起。另一种可见的表现方式则为人们倾向于持有金银以防止经济崩溃。

加剧这一现象产生的还有与朝鲜和恐怖组织 ISIS 的紧张局面，以及描述末日世界的《末日孤舰》和《指定幸存者》等电视剧。这类电视剧描绘了如果另外一场瘟疫降临或恐怖分子摧毁政府后，生活将会变成什么样子。这样看，你就能理解为什么每天晚饭时间家庭讨论的话题，最终演变成了在国家或地区发生紧急情况时家庭应该如何应对。

未雨绸缪的末日准备者开始在床垫下存放现金和金子，在家里修建安全屋，在橱柜等隐蔽的地方藏匿枪支，将"逃生"包准备好以防万一。美国人对末日灾难的恐惧并大量囤积罐装食品，并不是什么新鲜事。回顾一下 20 世纪 50 年代，那时美国已修建防空洞，并训练学生遇到袭击躲在教室的课桌下方，当时拍摄的电影也反映出我们在那个时代所感受到的恐惧和不确定性。

末日时钟，由《原子科学家公报》于 1947 年创立并负责维护，象征着人类因核战争、气候变化等因素所引发的对末日的恐惧。如今，我们不仅要面对与朝鲜发生战争的威胁——一份调查显示 69% 的美国人对这场战争表示恐惧——我们的世界也充满了各种史无前例的自然灾害。最近，末日时钟又进行了调时，指向了离末日最近的时刻，即离末日还有 2.5 分钟。

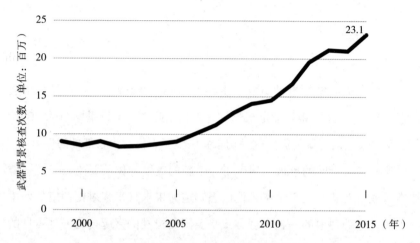

图 34.1　美国年度武器背景核查（2000—2015 年）

数据来源：《华盛顿邮报》。

从某种程度上讲，数字时代的便利性能帮助我们应对 20 世纪 50 年代所产生的恐惧，这并不令人惊奇。你可以登录新幸存者网站查看应对未来灾难需要准备的所有物品。未雨绸缪的末日准备者准备好了枪械、服装、水、现金、电池和其他一系列能派得上用场的物品，还有一些能够储存武器且帮助他们幸存下来的处所。

如果末日准备者们愿意的话，他们可以选择一些高端公司的服务来帮助他们应对眼前的恐惧。位于纽约的一家名为 Preppi 的初创公司，就在出售价格高达 5 000 美元的末日幸存包，并声称他们的产品可以在最糟糕的情况下提供最好的保障。

大多数家庭对最简单和最普通的紧急情况都准备得很不充分，更不用说对末日灾难的准备了。一般家中或公寓中都要求安装数量很多的火灾探测器，但是人们缺乏遇到火灾时逃生的相关训练，更缺少万一楼梯被阻，如何从二楼撤到一楼的训练。就像那些几乎总是对黑客袭击准备不足的美国公司一样，一般的美国家庭对他们的未来持有乐观的态度，他们认为政府会帮助他们度过一切灾难。就目前所经历的大多数灾难来看，大部分情况下他们是正确的——我们曾经历过地区性或者覆盖整个岛屿的灾难，但是社会秩序或行政管理的中断却很短暂。尽管这样，电力和互联网系统却依旧非常容易瘫痪，它们一旦瘫痪，就需要耗时数周或数月来修复。

根据雅虎财经的报道，有 370 万美国人认为自己是未雨绸缪的末日准备者——人数占美国总人口的 1% 多一点。他们一般都做好了迎接末日到来的准备。他们中很多人是退役军人，通常在观念上与政府背道而驰。新幸存者网站上引用了罗恩·保罗的一句名言："要相信自己，而不是政府。"超过 3 万人参加了最近一次的末日准备者大会。

拥有高科技和高性能装备的新一代未雨绸缪的末日准备者，与在森林里修建地堡的较为低端的末日准备者大不相同。《纽约客》记者欧逸文在针对这些末日准备者们的深度报道中说道："近年来，幸存主义已被一些更加富裕的群体接受，包括硅谷和纽约的一些科技主管、对冲基金经理，以及其他经济条件相当的人。"红迪网的创始人和首席执行官史蒂夫·霍夫曼已经做了治疗近视的激光手术，一个目的是为了改进视力，而另一个目的则是"这将会增加他在灾难中幸存下来的概率，无论是在自然灾难，还是人为灾难中"。他认为眼镜和隐形眼镜在灾难发生后，几乎是无法获得的。

在全球范围内，欧逸文注意到很多末日准备者正在新西兰置办房产。数以千计的美国人在特朗普当选后的一周之内在新西兰移民局登记，万一世界遭遇变故就开始着手移民新西兰。但是特朗普不是他们这样做的唯一原因——全球范围内的富裕的末日准备者正在这一遥远的国度购置土地，因为这里有足够的资源且不受短期全球变暖的影响。欧逸文报道称："在过去的 6 年内，接近 1 000 名外国人通过至少要求 100 万美元投资的各种移民项目而获得新西兰居住权。"新西兰人对蜂拥而来的末日准备者却并不感到兴奋。

在国内，一家名为 Revolutionary Realty 的地产公司专门帮人购买位于"美国最后的阵地"——这一名词由末日生存作家詹姆斯·韦斯利创立，指的是太平洋西北部区域，包含爱达荷州、蒙大拿州、怀俄明州以及华盛顿州和俄勒冈州的东部地区——的房产。在过去儿年里，这一地区有数百套房产被售出。人们被这里特殊的自给自足的特点吸引：至少有两大水源，有备用能源来源，比如太阳能等，能够储存维持数年补给品的可靠储存空间，以及远离城市中心和主要道路的防御地点。

浏览一下末日准备者网站上发布的广告，我们就可以发现众多具有明显市场需求的物品：食物种子、枪支、黄金和大量的紧急装备。这些物品的供应商规模很小且广告不专业。末日生存产业还处于初期阶段，尽管其发展规模在不断壮大，但尚无大品牌涉足。但对于大品牌来说这确实是个商机，且末日产业有潜力发展成为一个主流产业。

除了蓬勃的末日生存者市场和其超级富豪客户外，普通家庭在应对本地区最有可能发生的灾难时也有改进的空间（比如在迈阿密或路易斯安那州应对洪灾和在加利福尼亚州的防震方面）。这意味着你需要一种装备来帮助你在缺少食物、水、现金、电力或互联网时，能多存活几天。比如，特斯拉的能量墙，很有可能帮助那些没有或不想配备发电机的人革新电力储备能力。

今天，我们更有可能遭遇到世界上第一场数字灾难。最有可能出现的情况就是，受到能够摧毁经纪行、银行，甚至是整个股票市场且对人类文明造成威胁的网络攻击。这种毁掉整个金融体系的灾难，能够引起大规模的恐慌：持有美国大部分非房地产财富的个人退休账户和经纪账户，将会被冻结，或者后果更糟。这样的金融灾难会摧毁整个国民经济、交易能力，并使货币体系陷入瘫痪。这必定是外部势力为引发美国灾难而最有可能采取的手段。这意味着在家里存储一定的黄金和白银或许不是一件坏事。

　　未雨绸缪的末日准备者在态度和实际行动上，都在进行灾难应对的准备工作。大多数人并不期望凭借一己之力度过末日灾难。大多数人都希望能够以更高的可控程度在恐怖袭击、一定限度的核战争以及未来的大洪灾或地震中存活下来。另外，人们对货币体系崩溃的恐惧总是不够重视。这些未雨绸缪的末日准备者在有些人看来可能有些疯狂，但是他们的恐惧可能比我们想象的更加合理，或者说，更值得思考。

第五章

政　治

35

更保守的主张

由于我分别于 1996 年和 2005 年成功地帮助比尔·克林顿和托尼·布莱尔赢得了大选的胜利，所以我本不需要对制造业曲折的政治遭遇进行预测。两位领导人之所以能够赢得大选，是因为他们说服了两国的工人阶层相信他们的未来——工作和生活的未来——源于新经济和贸易全球化的进一步发展。尽管布莱尔和克林顿是新职业阶层的维护者，但是他们依托工人阶层与更倾向于代表精英阶层的保守派和共和党竞争。

20 世纪 90 年代中期，当新经济在美国和英国开始发展时，两国的制造业工作表现稳定。那时需要实施一些政策，以确保一些科技中心和新经济的其他潜在福利能够在美国立足。克林顿总统进行了一场包含税收减免计划的新兴市场巡游活动，它旨在确保新经济能够在更多地区发挥作用，但是这并未奏效。因为他所做出的努力远不足以应对一股已经行动起来的社会势力。

伴随着《北美自由贸易协定》的实施和新世纪的开始，制造业工作数量一落千丈。自 2000 年以来，在经历了一段时期的增长后，制造业工作从根本上陷入崩塌的境地。到 2010 年，美国制造业工作数量从 1 800 万个缩减至 1 100 万个。英国也遭遇了同样的状况，那里的制造业工作数量从 2000 年的 400 万个缩减至 2010 年的 260 万个。

这可能是自大萧条以来，制造业遭受损失最惨痛的一个时期了。在相当短的时间内，数百万人失去了赖以维持生计的工作，布什和奥巴马几乎忽略了这一问题，因为经济总体上仍旧在创造就业。压力在不断积累，但是所有人都在忙于打造宏伟的科技经济，而对这一问题缺乏关注。

与此同时，其他几个主要的趋势，加剧了制造业工作的减少。比如，产煤地区的很多年轻人都背井离乡去城市上学或工作，这种人口流动以破坏性的方式恶化了经济问题，并造成了家庭的分裂。现在一年中交通最繁忙的一天，就是感恩节前一天，因为分散于美国各地的人需要回家与家人团聚。

这些年，美国也见证了移民潮的涌现。2000 年，美国的移民人数为 3 100 万人，而到 2015 年，美国的移民人数超过了 4 300 万人。同样，英国的移民出生人数从 2004 年的 530 万人，增加到了 2016 年的 910 万人。此外，经济和军事危机，包括叙利亚战争，使得数百万难民涌向欧洲大陆，而这一现象被英国的欧盟怀疑论者紧密地关注着。

最后一个显著的趋势，是工资进入滞涨期。2014 年美国家庭收入中位数为 54 398 美元，比 2000 年的收入中位数低了 4 000 美元（尽管自 2014 年后该数值有所增长）。而同期英国的收入中位数出现了有限的增长，从 2.2 万英镑增长到 2.6 万英镑，但是依然有很多人感觉在新经济中处于落后地位。

《北美自由贸易协定》的签署，导致了制造业工作的减少、年轻人背井离乡、移民潮涌现以及未失业者的工资滞涨：所有这些问题都同时爆发。尽管大多数移民都在沿海地区定居，但对移民的恐惧和移民的影响足以酝酿出一场选举大战。

于是，特朗普站了出来，并引发了这场选举战争。

他既反对民主党，也反对那些拥护贸易和移民的共和党精英。最近《纽约时报》一篇文章扼要地指出："根据皮尤研究中心的统计，特朗普与奥巴马一样，也反对传统的当权派。他提出的关于移民、贸易、中国、犯罪、枪支和伊斯兰教的观点，极大地吸引了白人工薪阶层的民主党投票者。这比共和党传统的关于堕胎、同性恋婚姻和社会保障体系的口号，更加有吸引力。"

左翼人士会认为，是种族主义引发了白人工薪阶层对现状的不满。然而这些相同的投票者中的很多人也曾为贝拉克·奥巴马投票，之前也支持过比尔·克林顿。造成他们对现状不满的首要原因是国家的经济状况，其次是贸易、移民、治安和社区混乱的相互作用。这些变化深远又复杂，且在特朗普当选的前10至15年便已愈演愈烈。

2005年，我在英国为布莱尔做顾问的时候，保守党雇用了澳大利亚人林顿·克罗斯比当顾问。当时在澳大利亚煽动移民问题是一项屡试不爽的策略。克罗斯比当年想在英国推行同样的策略，然而当时英国的移民问题并不突出，所以托尼·布莱尔依靠温和的移民政策赢得了大选。而如今，我们看到一些相互矛盾的趋势在英国各行其道：一方面，伦敦首次选出了一位穆斯林担任西方一座主要城市的市长，他就是萨迪克·汗；另一方面，英国的乡下居民全面同意英国脱欧，而日益增长的反移民情绪则是赞成脱欧的重要原因。

尽管伦敦支持新经济和全球化，但是除了苏格兰和北爱尔兰，其他地区都支持脱欧。尽管在布莱尔担任首相10年后，英国工党看起来不可能被打败，但实际上该党现在已出现了分化，且在两次大选中败北。英国和美国的这些相同的投票者（即传统经济的投票者）已经站了出来，重申他们的权力，并全力支持改革计划的实施。

传统经济的投票者们不光在英国崛起。法国的强硬右翼政党法国国民阵线党正在得势。而支持者们主要包括未上过大学的天主教男性和那些反对参与全球经济活动的群体。尽管玛丽娜·勒庞在选举中败北，但民意调查显示她在18至24岁的年轻人中的支持率为40%，考虑到法国传统上以左翼青年运动著称，这实在是一个令人惊讶的结果。

随着制造业工作再次稳固，我不认为这些选民数十年内会在投票中扮演关键角色。从长期来看，他们的人数正在减少，但是他们在未来数轮的大选中依然会发挥作用。更重要的是，他们不是应该被忽视的可悲群体，相反，这些美国人工作努力，热爱家庭且信仰宗教，只是他们被全球化和科技发展搞得焦头烂额。精英群体由于忽视了这群人而自食其果，但特朗普挺身而出为他们代言。

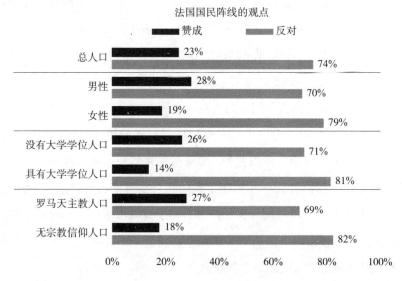

图 35.1　法国人对国民阵线的支持率（2016 年）

数据来源：皮尤研究中心。

经济学原理中一些基本且亘古不变的真理不应该被忽视。当世界各地的数百万低技能的劳动者涌入一个国家时，对于该国已存在的工薪阶层来说，无论他们的宗教、种族和国籍如何，他们的工资都会受到挤压。当开放贸易缺乏一种更加广泛的均衡税制时，制造业工作便会流向海外。这不是关于策略正确与否的问题，而是意味着一些群体，与其说是得到了资助，不如说是受到了更大的伤害。当过多的权力和金钱流入城市，乡村地区便会努力夺回这些资源。

正确的对策不是试图振兴传统经济，尽管毫无疑问，美国应当推动那些以流失较少工作为代价的贸易谈判。正确的对策在于美国要将与新经济有关的设备和工作在美国各地进行推广，并不惜一切代价地实施这一对策。美国还应当在那些缺少公平工作机会的地区，实行能发挥作用的税收减免措施。或许将所有的工程职位全部投放到俄亥俄州并不现实，但可以在该州建立许多亚马逊仓库——至少应设立一些工程师职位。

我们要做的另外一点，就是帮助住在城市和郊区的人们更好地了解美国其他地区的情况。我们需要鼓励每一名越来越与世隔绝的大学生进行一次暑期游，目的地不是以色列或法国，而是为期6周的美国游。美国国内各地现在变得越来越孤立，以致很多美国人并不了解自己的国家。

最后，美国必须阻止乡村地区人口的减少。作为一个国家，美国没有理由任由这些文化、土地和资源丰富的地区进一步萎缩。相反，美国要把它们打造成最能够吸引人们定居的场所，并帮助年轻人更容易地在那里实现安居乐业。

36.
悲观情绪滋长

经济正在崩溃。我的孩子们的未来不会像我的人生那样幸福。美国正在滑向深渊,华盛顿哥伦比亚特区变得一片混乱,种族主义和新法西斯主义肆意猖獗,言论自由已死,大学毕业生就业惨淡……此类现象不胜枚举。

过去十年里美国经历了一些变化。这个世界上最乐观和进取的国家已经陷入了无限的悲观和消极之中。如果你试图表达美国从未如此繁荣,或者美国中产阶层从未拥有过如此之多的机会的观点,那么你可能会被嘲笑得体无完肤。今天,超过2/3的美国人都接受过大学教育,且拥有大学学历的人收入也有所提高。在大城市中,女性的收入正在超过男性,并成为大学和职业学校的中流砥柱。除去通货膨胀因素和雇主补贴,比如雇主提供的医疗保险等,人们的工资有所增加。通货膨胀水平较低;医保覆盖范围达到史上最高;一些中产阶层基本的商品的开销,比如能源和住房开销,都有所降低。尽管政治斗争依旧激烈,但是比起20世纪60年代的公开冲突和大规模抗议来说,情况要好很多。

但是很多美国人不相信这一切是真实存在的。他们相信美国目前处于最糟糕的境况中,这助长了愈演愈烈的悲观主义情绪,然而这与国家的全面统计数据,甚至与他们对自己生活的评价都格格不入。根据哈佛大学政治学院针对18至29岁年轻人的一项调查,一半的受访者"认为美国梦依旧活着,且他们正在实现自己的美国梦。而另一半人则认为美国梦早已灰飞烟灭"。

我认为这一趋势源自"9·11"恐怖袭击事件。那次令人恐惧的悲剧是美国人民最后一次同仇敌忾。但是随后发生的伊拉克和阿富汗战争，尽管它的规模较越南战争、朝鲜战争和第二次世界大战要小得多，却使美国人民感到沮丧。而领导层忽视了美国的国家目标，而且美国人民也厌倦了战争以及战争带来的巨大花费和生命的丧失。发生于2008年和2009年的金融危机，进一步打击了美国的国民士气。

根据盖洛普咨询公司的调查，在20世纪90年代和21世纪初期，70%的美国人对美国的发展方向感到满意。自2005年开始，随着布什总统的连任和美国在伊拉克战争中受挫，不到50%的美国人认为，美国正在沿着正确的道路前进。从那时开始，"正确道路－错误道路"的认同率都低于50%。这是自从现代化的民意测验开始以来，公众对美国保持失望的最长持续期。甚至在大萧条发生之后，美国人都对未来持有较高的信心，尽管当时几乎每一项重要的经济和物质福利衡量指标都相当糟糕。

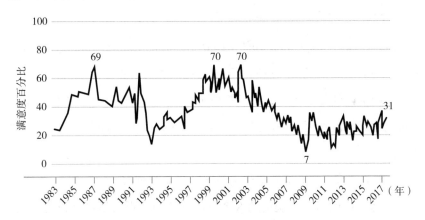

图 36.1 美国成年人对美国发展方向的满意度

数据来源：盖洛普跟踪调查。

这种不满意和不确定的心态，意味着政治宣传和候选人都饱含消极情绪。卫斯理媒体项目制作了一张图表，来展示政治宣传如何反映出这些消极的态度。2000年，30%的政治广告包含消极内容；2004年，这一数字超过40%；2008年为50%；而2012年则超过了60%。在最近的总统竞选中，90%的政治广告都包含消极内容。

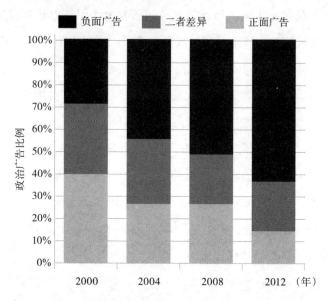

图36.2　负面和正面政治广告（2000—2012年）

数据来源：卫斯理大学媒体项目。

　　所以公众对所有机构信任的下降就不足为奇了。国会很难达成一致。根据哈佛大学和哈里斯民意调查，法官在判决时看重的是政治而不是法律。人们不信任传统媒体，也不相信千禧一代所喜爱的社交媒体。华盛顿哥伦比亚特区被视为一片沼泽，79%的受访者认为美国拥有一项腐败的政治制度。

　　唐纳德·特朗普总统标志性的口号"让美国再次伟大"，充分暴露了这种情绪。在他当选总统的前8个月里，这种悲观的情绪并没有改变。虽然一些人认为美国的情况正在改善，但是依然有30%至40%的美国人持有悲观主义情绪。而相信美国经济已有起色的美国人的比例，在十年内第一次出现增长。

相信美国政府总是或在绝大多数情况下都在做正确事情的人口比例

图 36.3　公众对美国政府的信任度（1964—2015 年）

数据来源：皮尤研究中心。

　　悲观情绪滋长这一趋势不仅仅为美国独有，因为发达国家对公共机构普遍缺乏信任。此外，精英们，占据收入前 25% 的群体，和平民之间的信任鸿沟也十分巨大。在美国，71% 的精英信任公共机构，而在位于收入最末端的 25% 的民众中，只有 40% 的人信任公共机构。这种信任鸿沟在法国、俄罗斯和英国也十分突出——几乎遍布所有最发达的国家（德国除外），且与印度尼西亚、马来西亚或者阿拉伯联合酋长国的情况形成鲜明的对比，因为在这些国家中民众对公共机构的信任度很高，且不同收入群体间的信任鸿沟很小。

　　负面文化也体现在我们的上网习惯中。在互联网上，"极右翼""抵抗"和其他群体，不断制造并回应众多负面的在线广告和社交媒体帖子。而负面新闻也是新闻机构获取点击量的法宝——饱含负面内容的绘声绘色或庸俗的帖子也会获得关注。（"你不会相信这 10 位漂亮的明星现在长什么样子了"）如果这个帖子下面跟随着一则负面评论和一则正面评论，你就会先看负面评论，然后记住它。为什么会这样？

　　根据哥伦比亚大学政治学教授唐纳德·格林的研究，负面广告比正面广告更容易被人记住，但是并不一定更加有效。格林认为这些负面广告仍然表明："人们不大可能去投票或者决定反对广告中被攻击的候选人。"这表明我们对这种诬蔑和负面广告早已麻木，听完之后便会将它们抛诸脑后。哈佛大学肯尼迪政府学院舒仁斯坦媒体、政治和公共政策研究中心的一项媒体研究显示，91%的报道特朗普政府的主流媒体新闻都是负面新闻。负面新闻永远会充斥着我们的电视广播。

美国悲观主义第一次扎根于我们的文化之中。美国的年轻人尽管生长于一个充满极其负面情绪的时代，却依然对他们的未来持有乐观的态度。婴儿潮一代尽管拥有巨额财富并见证了繁荣，却变得悲观起来，且女性比男性更加悲观。这一制造美国负面情绪但又践行美国梦的群体，对美国及其机构持有负面态度，并催生出新的美国悲伤情绪。他们的身影遍布于各个党派和地区。

美国已经从一个相信能克服所有困难的国家，变成了一个充满冷嘲热讽和被轻易欺骗的国家。越来越多的美国电视剧充斥着雷同的情节——如果美国发生了问题，美国人就开始怀疑国外的恐怖分子，比如《国土安全》《指定幸存者》《盲点》《谍网》，但是让人意外的是，敌人通常就是我们自己人。我们的国家现在更擅长对那些赤裸裸的负面声明，而不是那些宏伟的承诺做出应对，在这方面科技所发挥的作用甚至超出了我们的想象。我们相信所有的公共机构和公司都存在最丑陋的一面。悲观者被恐惧和愤怒，而不是希望所驱使。左翼和右翼人士都对这种情绪进行了火上浇油，政治和营销传播者们都非常不情愿地得出同一个结论：搞垮美国要比振兴美国容易得多。

这些情绪让我们对军队、警察和情报工作产生更大的怀疑，并让我们对银行心生疑虑，逐渐不信任我们的科技公司。它们也催生出一系列以找到罪犯并剔除出团队为模式的成功的电视节目。这些负面情绪意味着要想阻止和拖延一项新政策，一个较简单的办法就是只要表明该政策会导致人们颠沛流离就行了。

尽管"提升雄心勃勃的梦想"的口号出自尼克松之口着实让人震惊，但缺少这种梦想，没有哪一个国家能够真正地存在下去，而美国目前就没有这样的梦想。或许你就是一位旷世奇才——能够通过建立新的领导力和转变人们的情绪而在政治和营销上取得成功，如同富兰克林·德拉诺·罗斯福在 20 世纪 30 年代的做法，或者你可以忍受现状并减少一些负面广告的发布，但是随后你又会助长美国悲观主义者们新的悲观情绪。目前，这些悲观主义者正在取得胜利。

我们是一个被恐惧包围的民族——2016 年最大的恐惧莫过于政府官员的腐败，其次是美国范围内广泛发生的本土袭击事件。美国人所感受到的恐惧无时无刻不在发生变化：2016 年美国人民恐惧奥巴马医保费用上涨；2017 年公众则更加恐惧失去"全覆盖"的奥巴马医保。

随着唐纳德·特朗普掌控了核武器，很多悲观者便将视线转移到一种永恒且已存在的恐惧上——核战争。推特上持续不断的消息和模糊的威胁让他们感到朝鲜的导弹离自己越来越近。最近的一项民意测验显示，2/3 的美国人担心朝鲜会对美国造成威胁——这是自 2000 年以来人数比例最高的一次。新闻网站 Vox 报道称，高达 82％ 的美国民众害怕与朝鲜发生核战争。这让人感觉每一天都有新的恐惧来加重美国的民族悲观主义——无论是大规模枪击事件、恐怖事件，还是潜在的战争。

数年前当我们欢庆新千年的到来时，乐观主义达到了空前的高度。第二次世界大战和针对犹太人的大屠杀，可能是最悲痛的人间惨剧，并在乐观主义上升期的 20 世纪下半叶影响了我们的思想。现在，科技和全球经济帮助我们实现了巨大的经济增长，发生另外一次全球战争的前景看起来微乎其微。美国几乎规避了从疾病到核战争和人口过剩等所有的灾难，但是美国的民众却比以往更加忧郁。但是我坚信美国的领导人将会不辞劳苦地重新为美国带来曙光。

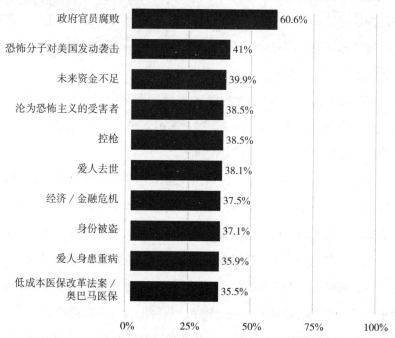

按人口比例划分的美国人所感到"害怕"或"非常害怕"的十大恐惧事情

- 政府官员腐败 60.6%
- 恐怖分子对美国发动袭击 41%
- 未来资金不足 39.9%
- 沦为恐怖主义的受害者 38.5%
- 控枪 38.5%
- 爱人去世 38.1%
- 经济／金融危机 37.5%
- 身份被盗 37.1%
- 爱人身患重病 35.9%
- 低成本医保改革法案／奥巴马医保 35.5%

图 36.4　美国成年人的十大恐惧事情（2016 年）

数据来源：查普曼大学。

37

拒绝表达，隐瞒政治立场

他们可能就是坐在你身边的同事。他们或者就在一家美容沙龙内与你仅有一名造型师之隔，或者在公交车上就坐在你旁边，或者用餐时就坐在你的对面。

他们就是美国那些隐瞒政治立场的保守派，他们为特朗普投票，但是向你隐瞒了他们真实的立场。或许俄罗斯人干预了美国大选，但是很多美国人选择了特朗普，并选出了由共和党控制的参议院和众议院，这使得50个州中有36个州的州长是共和党人。

这让人难以置信。自由派遍布电视、媒体、体育和校园。保守派的人数怎么可能超过自由派的人数呢？

答案就在这些隐瞒政治立场的保守派人士身上。他们对改革运动大谈特谈，遍布于华盛顿哥伦比亚特区这样的自由派地区，却被一个鄙夷他们观点的社会逼到了阴影处。如果没有福克斯新闻网支持他们的观点，这一群体可能会彻底疯掉。

你无法定位这些隐瞒政治立场的保守派，因为在实际生活中，他们不会留下任何泄露他们立场的蛛丝马迹，他们隐藏了自己的踪迹。哈佛大学和哈里斯民意调查显示，大约40%的美国人不愿意向他们的家人透露他们的政治观点。60%的人在工作时对其政治立场三缄其口。

从性别差异看，年轻男士很明显不会在他们拥护女权的女朋友面前，表露出他们对唐纳德·特朗普的虚张声势的赞同。过去在家庭中大肆宣扬政治观点的丈夫们，现在被迫一面对他们的妻子唯唯诺诺，一面暗地里坚持己见。而希拉里·克林顿则把隐瞒政治立场的女性保守派称之为女性的"背叛者"。著名的女性领袖也包括很多自由派电视明星，比如麦当娜和蒂娜·菲。但是上届大选最令人惊讶的统计数据莫过于美国53%的白人女性，以及居住在郊区和乡村的近60%的女性都把自己的选票投给了唐纳德·特朗普。同样，这些女性在2012年的大选中都毫无例外地拒绝了贝拉克·奥巴马，而将选票投给了米特·罗姆尼，而且在2014年中期选举中她们投给共和党的选票比投给民主党的选票多了22%。

什么？这一定是搞错了。这让人无法理解。

没错。这的确让人无法理解。即便当共和党赢得了国会的控制权，在总统大选前举行的国会民意测验中依旧显示，民主党领先共和党4至5个百分点。这种民意测验的结果与真实结果的脱节，尤其表现在现场电话民意测验和在线民意测验的差异性上。毕竟人们在人前不会像在互联网上那般轻易表达自己的保守派观点。

这些隐瞒立场的保守派能够躲藏于电脑屏幕之后，但是在被当面问及自己的政治立场时，他们可能会隐瞒真实的立场以表现得更像自由派。在被问及关于诸如移民问题时尤其如此。根据回答的差异性，我们可以看出这一群体占总人口数的5%，或者更多。这表明，超过5%的人口，也就是超过1 500万人，比他们在公众面前所表现出来的更加保守。我们关于很多热点问题的民意测验结果，可能都低估了这群人在总统选举时的真正影响力。

男性则是该群体重要的组成部分——如果他们公开了自己的政治立场，他们就可能就要睡沙发了。在特朗普获胜后，媒体报道了一些离婚事件，因为妻子们在发现丈夫将选票投给了特朗普之后无法忍受二人的政治分歧。在一个极端的例子中，一名妇女在发现丈夫将选票投给了特朗普之后便驾车撞了他。

最近的研究表明，1/10的情侣，无论结婚与否，都会因为政治分歧而分手。一些女性喜欢高个子男性，而一些男性喜欢金发女郎，但如今的约会应用软件上新的标准则是党派归属，以至知名约会软件 Bumble 在 2016 年大选季设置了过滤选项，比如你的选票投给了谁——这样你便不会选择那些与你政治立场相冲突的人而浪费时间了。对于那些更年轻的千禧一代来说，因政治分歧而造成的关系紧张更严重——22% 的情侣由于政治分歧而分手。所以众多隐瞒立场的保守派对自己的政治立场情愿保持缄默，也就不足为奇了。

尽管大多数白人女性，尤其是生活在郊区的白人女性，将选票投给了共和党，但来自身边的压力使得这些隐瞒政治立场的女性很难被发现。我们曾认为所有受过教育的郊区白人女性，都是崇尚自由主义的民主党人，但是我们错了。这些隐瞒立场的保守派的实质在于：他们不是你所期待的那些人，而且他们深深地隐瞒了自己的政治观点。

一般来讲，共和党比民主党更愿意雪藏自己的信仰。要想辨别谁是隐瞒立场的保守派以及了解什么是他们所关心的事物的关键，在于让他们以一些特定的方式做出回应。提问的模式——电话提问相较于问卷调查——很重要。

我们该如何对待那些预测 2016 年大选民主党将取得压倒性胜利的民意测验？我们怎么会弄错了呢？电话民意测验低估了对特朗普的支持率吗？很清楚答案是肯定的。隐瞒立场的保守派们不会承认他们将选票投给了谁，他们愿意通过电话告诉人们想要听的内容。在政治方面，美国人一般倾向于一个令人高兴的答案，而不是一个真实的答案。2005 年的一篇学术论文中指出，美国人虚报了自己的投票史，因为成为一名立场专一的投票者是一种"社会认可"。很明显，社会压力使得美国人对大选的预测出现了扭曲。很多声称为希拉里·克林顿投票的人要么撒了谎，要么根本就没有投票。而后一种情况其实对民意测验的准确性影响更大。内特·希尔的 538 网站在统计选举民意测验时，并没有考虑到有选民未回复的情况，这也导致后来的研究出现很多漏洞。另外一个问题，就是政治上十分活跃的美国人所占的比例并不真实。总体而言，美国人并不像我们所认为的那样热衷于政治，他们只是在政治方面做了一个选择而已。

表37.1 共和党在电话和网络调查中的反应

进行肯定回答的共和党人比例	电话	网络	差别
对奥巴马表达非常否定的观点	35%	49%	14%
对特朗普表达非常赞同的观点	29%	37%	8%
在全国范围内努力驱逐一切美国的非法移民	50%	63%	13%
移民对美国是一种负担	46%	58%	12%

数据来源：皮尤研究中心。

阻止人们表达政治观点的另外一个原因，就是《宪法第一修正案》并没有延伸至工作场所。比如要是你在脸书网上表达了保守主义的政治观点，或者从事保守主义政治活动，你可能会因为雇主或顾客的不满意而遭到解雇。如果你应聘一家以城市地区为主要销售区域的公司，而你本人支持实行强硬的边境政策，那么你在社交媒体上会遭到驱逐，并且成为消费者抵制的目标。尽管国会不会认定你的行为违法，但是你的雇主依然会解雇你。这就是隐瞒身份的保守派们不在工作场所表达政治观点的一大原因。

这一切都强调了不记名投票在帮助人们表达真实观点方面的重要性，也突出了唯民意测验论的危险性。邮寄投票也有危险性，因为组织者和配偶可以要求查看家庭成员的选票。养老院的组织者能够监视老人们的投票。只有在选举箱里进行无记名投票，才能使美国人民杜绝来自身边人的压力。

美国人感觉他们需要隐瞒自己的政治观点，以免在家庭中受到嘲笑或被雇主解雇，这并不是一件好事。我们需要重申《宪法第一修正案》和无记名投票的重要性。如同我在《国会山庄报》上发表的一篇文章中所写的那样，我们需要将因为政治观点不同而解雇人的行为定为非法行为，如同国会不能因政见不同而将人送进监狱一样。我们需要重新建立人们被赋予甚至被鼓励的惯例做法，即每个人都能在家庭中、工作场所和社交媒体上自由地表达政见，而不会受到惩罚。在我们能够实现这样的目标之前，我们不能指望公开询问别人的投票情况、原因以及得到真正的答案。而无论是在媒体上、校园内还是工作场所，现在的风气至少使得一些保守派依然在隐瞒他们的政治观点。

38.
社会精英与普通大众脱节

2008 年，当我还担任参议员希拉里·克林顿竞选总统的首席策略师时，我就注意到了一种持续的现象。当有人问我"为什么希拉里不能变得让人更喜欢一点呢"时，询问者肯定要么是一名竞选的资助者，要么是一名接受过高等教育的选民。当有人问我是否希拉里的医保计划会奏效时，询问者一定是一名中产阶层或工薪阶层选民，而且对医保非常感兴趣，因为这关乎着他或她的生命。

通过对这一现象的观察，我创立了关于"缺乏主见的精英"这一理论——与我们所期望的相反，我们的选民接受教育程度越高，他们就越会受到自己所信任的消息源的影响。这些缺乏主见的精英不会进行更加独立的思考，相反，他们更加信任媒体和智库给出的千篇一律的观点。而美国的中产阶层和工薪阶层在日常生活中所关心的内容，与他们在选举中所关注的内容密切相关，他们会依据实际情况而不是讨论的观点得出结论。

这一理论很难进行科学上的验证。自从《小趋势》第一次描述这些缺乏主见的精英以来的十年，这种以不加批判的态度从媒体而不是从实际生活的经历中去获取观点的倾向在美国愈演愈烈。今天美国两党内部的精英阶层由于完全脱离了美国普通大众而备受诟病。最高法院在做出判决时往往是出于政治考虑，而非法理考虑。媒体报道有失偏颇，且更热衷于进行夸张的描述。进行人身攻击的伎俩比以往更加恶劣，空穴来风的流言蜚语大行其道。美国的开国元勋为美国制度所设立的最根本的原则，即我们应该实行由受过教育的精英管理的代议制民主，而非直接民主，现在这些原则受到了质疑。精英与普通大众相脱离导致了2016年民粹主义的崛起，以及精英管理者的悄然落败。尽管这些精英依然权力在握，但是他们在很多方面表现得尸位素餐、无所作为，只是偏安于不切实际且毫无意义的空洞理论。

2016年的总统大选恰好说明了这一问题。全体精英都没有看到一路杀过来的唐纳德·特朗普。虽然我也没有想到他会表现得如此强劲，但是我注意到了他不费吹灰之力便撕破了17位共和党候选人的面具，将他们一一击败。被一致看好的杰布·布什尽管在竞选早期便筹集了2亿美元的竞选资金，但在初选中便败下阵来。共和党中坚选民对现在的共和党代表表示不满，认为他们与民主党安然相处，无法与奥巴马总统抗衡，并可能会将大选的胜利拱手让给希拉里·克林顿。即使特朗普获得了共和党总统候选人提名后，共和党的精英依旧与他论战不休。这些精英们认为是他们，而不是选民，才代表了共和党。

这些精英的信息源，让他们无一例外地认为希拉里·克林顿的胜利早已是板上钉钉的事，而精英们对此也深信不疑。他们没有看到眼前美国所发生的事情。他们相信他们对特朗普的每一次打击都是致命的一击，尽管他依然在顽强抵抗。很多精英依旧对前总统比尔·克林顿倍加尊崇，尽管性丑闻令其评价毁誉参半，并认为被坐实的特朗普侮辱女性的原版录音带将会终结其竞选之路。即便在大选尘埃落定之后，这些缺乏主见的精英依旧表现激动，相信俄罗斯人干预了大选，而联邦调查局局长詹姆斯·科米在希拉里"邮件门"的调查中存在过失，并在等待救世主出现，将2016年大选的悲剧彻底扭转。但是这些做法和其他一些阻挠手段，不过是对2016年出现的反正统巨变的一种否认。当你计算一下所有的国会竞选选票时，你会发现共和党在美国民众投票中取得了决定性的胜利，获得了大多数人的支持。而奥巴马总统在任期间，民主党在各级立法机构中失去了1 000个席位，即使明显的事实与他们的观点完全相左，他们仍旧幻想着整个美国依然由自由派所掌控。

如今，你可以与一名缺乏主见的精英坐下来聊一聊，比如与一位哈佛毕业的律师聊天，他会很肯定地声称特朗普与俄罗斯人进行了洗钱交易，以换取他们帮助其赢得大选。尽管这些精英没有证据证明这一说法的真实性，但是他们就是很肯定地"知道"这一秘密，如同精英们当年非常肯定地认为地球是方的一样。难道俄罗斯人还缺钱吗？当总统竞选的花费高达24亿美元时，10万美元的脸书网广告如何能起作用？这不符合逻辑，但40%的读者读到这里时依旧相信这一观点，因为他们看到了那些关于绝对机密且不可能让人知道的信息的报道。无论怎么说，他们就是知道这一秘密。

而工薪阶层选民支持特朗普的原因，也证实了缺乏主见的精英们的这一理论。2/3的选民既不喜欢希拉里·克林顿也不喜欢唐纳德·特朗普。1/3为希拉里投票的选民并不喜欢希拉里。而1/3为特朗普投票的选民也不喜欢特朗普。在我所见到的个人恩怨最重且最负面的上届总统竞选中，正是关心美国问题的中产阶层和工薪阶层选民使得特朗普在竞选中获胜。广大的中西部选民，肯定不"爱"《走进好莱坞》节目中所宣传的对女性进行言语侮辱的唐纳德·特朗普。但是他们相信特朗普对美国的基本分析是正确的——美国的政治正确性被执行得有些过火，以至我们无法控制住边境，人们与警察冲突不断，贸易交易削弱了我们的制造业、牺牲了我们的工作，华盛顿需要被叫醒了。无论你同不同意这些选民——他们的政治观点和看待问题的观点都很明确，他们因为这些清晰可见却几乎被精英们忽略的原因，而将选票投给了特朗普（他们当中很多人曾为奥巴马投票）。尽管以"宗教和枪支"为投票基石的信奉传统文化的共和党人，在有其他共和党人选的情况下也选择了支持特朗普，但是正是特朗普对美国所面临的这些新问题的专注，帮助他扩大了自己的联盟并赢得了大选。

今天，美国形成了一个缺乏主见的精英回音室。智库告诉精英们应该去思考的内容,《纽约时报》和其他媒体便会争相效仿——在新泽西州的乡村俱乐部,你会发现绝大多数人都持有完全相同的观点。南方贫困法律中心为文化事宜设置了标准,而税收政策中心则为所有的税收和经济事宜设置了标准。党派"分析师们"会鼓吹一份从未被质疑的报告,并通过媒体照本宣科地灌输给精英们。

当然,右翼的回音室存在了相当长的一段时间,福克斯新闻和安卓应用软件《德拉吉报告》数十年来用同样的方式炮制关键观点。但是一个显著的现象是,尽管主流媒体仍为大部分自由派精英提供观点,但福克斯新闻和《德拉吉报告》开始取悦选民,并在自己和那些飘飘然的共和党精英之间划清界限——这些精英既被民主党厌弃,也被大部分共和党选民抛弃。

从很多方面讲,奥巴马总统都是一名完美的缺乏主见的精英总统。他曾是《哈佛法律评论》的编辑,缺乏为华盛顿和政府工作的经验,除了在印度尼西亚长大之外,他见识不足。但他毫不犹豫地接受了诺贝尔和平奖。

脸书网的数据表明,与社会阶层较低的普通大众相比,精英们实际上具有数量更少的国际友人——他们只与喜欢到国外度假的常春藤校盟的校友们交流,这看起来可能出乎意料。社会地位较低的美国民众,真正地在倾听他们的移民朋友或者不属于这些人数较少且排外的精英阶层之外的人的意见。脸书网的一项研究表明:"社会阶层较低的民众,其国际友人的数量要比社会阶层较高的人多50%。"

英国也出现了类似的现象,精英们与工薪阶层投票者的观点脱节,导致脱欧公投出现了令人惊讶的结果。几乎各行各业的精英都认为欧盟的存在大有裨益,英国脱欧必会招致灾难。当然灾难并没有发生。那些生活在自己幻想出的全球和多文化大融合世界中的精英,又一次与那些担心不断增加的移民以及欧盟开放的边境政策会给经济和文化带来冲击的普通大众脱离了。

当然，民意测验和分析在特朗普当选和英国脱欧这两大事件中，都犯下了严重的错误，民主党应当解雇其民意测验专家，《纽约时报》需重新组建其选举报道团队，英国广播公司应改革其民意测验行动，而脸书网和网络调查公司 Survey Monkey，由于不准确的民意测验应终止合作关系。实际上这些事情都没有发生。没有人因为这些错误的引导，以及无法理解世界上出现的基本势力而被解雇。相反，他们都得到了晋升。这些缺乏主见的精英发现他们不必凡事正确——他们只需要取悦于选民让其与自己站在一起即可。他们不是去解决导致这些显著事件发生的经济和文化上的失误，而是一味地去否认并依然我行我素。结果民意调查再一次显示唐纳德·特朗普已经完蛋，而且不受民众的支持。特朗普的每一项建议都会遭到熟悉政策的喜剧演员和娱乐人士的嘲讽。精英们则对其退避三舍，期待着特朗普赶紧下台——毕竟，他们才是华盛顿永恒的代表。

精英们不再是我们所依靠的能帮助我们辨明是非，或者依靠其专长技能推动社会前进的那群人了。相反，他们日益表现得像公关专家，只会传达符合他们狭隘世界观的流言蜚语。他们拒绝接受美国和英国正在发生的事情，并埋头阅读《乡下人的悲歌》之类的书籍，这使得他们进一步拉大了与普通民众的距离，美国和英国的精英们把普通大众当作动物园里的试验品。这种脱节的影响依旧深远，目前也没有相应的解决方案。如果英美两国中有一方建立起一个新的独立政党，那么它不大可能是我们长期以来认为的由社会自由派和经济保守派建立的。相反，它会是一个民粹主义政党，旨在将权力从精英和官僚政府手中交还给普通大众。特朗普扮演了这一运动的先锋角色，即使他与当权派合作，当权派依旧会身陷囹圄。促成特朗普获胜的潜在的愤怒和忧虑，并没有在真正意义上得到解决。其结果就是我们的精英们变得越来越缺乏主见了。

39

移民问题成为美国政治的导火索

　　无论你出于自己的政治立场如何去称呼这一群体，这些没有合法身份却居住在美国的非法移民，如同十年前《小趋势》一书所预测的那样已经成了一支主要的政治力量。或许这一群体在下次总统大选中会成为最重要的一股势力，但随着他们选举权力的增长，对他们构成威胁的反冲力也在扩大。

　　在过去的十年间，拉美裔选民的人数急剧增长。1992 年，拉美裔的选票数只占总选票数的 2%。而 2016 年，这一数字变为 11%，且该数字还有上升的空间。如果观察一下，你就会发现与上次选举相比，纽约州、加利福尼亚州、得克萨斯州和佛罗里达州的拉美裔选票显著增加——这些州在过去的两次大选中，拉美裔选民平均的投票人数超过了 90 万人。科罗拉多州和亚利桑那州拉美裔选民投票人数也增加了 10%。共和党现在失去了科罗拉多州和新墨西哥州（二者为关键的摇摆州），但是在得克萨斯州和佛罗里达州（二者为传统的共和党州），大量的拉美裔选民的选票并没有起到多大的改变作用。在纽约州和加利福尼亚州（二者为传统的民主党州），大量的拉美裔选民的选票在美国大选中也没有起多少作用，它无法改变选举人团的投票结果。

　　如同我们在第一本《小趋势》中所预测的那样，关于这一群体的辩论已经升级。没有合法身份的群体，已经可以与具有合法身份的群体结成联盟，而这一联盟在美国的主要城市中心地区具有广泛的基础。包括纽约、洛杉矶、芝加哥或迈阿密等大城市的市长，没有拉美裔选民的支持将不可能当选。这也增加了大量拉美裔选民在美国全国范围内的影响力，尤其是在民主党内部的影响力。

拉美裔登记选民属于或者支持……

图 39.1　拉美裔选民的党派从属（1999—2016 年）

数据来源：皮尤研究中心。

　　2008 年，希拉里·克林顿对这些没有通过合法移民程序进入美国的群体，并无好感可言。在 2003 年的一次广播采访中，她说："你们知道，我对这些非法移民持坚决反对的态度。"她认为某些人不应该"插队"到别人前面进入美国，她在公开的巡回演讲和闭门会议中都表达过这样的观点。2016 年，信奉"团结在一起更加强大"理念的希拉里则将上述观点完全抛弃。随着竞选运动的开展，她对移民的观点愈发趋向"左"。在 2016 年总统竞选活动开始时，希拉里强调了全面移民改革的重要性，并表示愿意加强边境管理。但到了总统竞选末期，她已经很少提及收紧边境管理的观点了。

　　商业领域对移民越来越有好感，因为它们需要更多的消费者和劳动力，尤其是廉价的劳动力。或许，最大的变化在工会方面，工会从逻辑上讲是反对贸易和移民的，但现在它们仅反对贸易而不反对移民。同雇主们一样，工会已经发现它们的会员人数越多，就越有利于开展工作，且不用担心它会对现有工人的工资造成冲击。工会甚至宣传这样的理念，那就是增加数百万名劳动力对工会会员的工资没有负面影响，相反，这是件好事。

但是，开放边境运动的发展遭到了特朗普和美国选民，尤其是亚利桑那州和中西部地区从印第安纳州到宾夕法尼亚州的选民的阻挠。针对移民的民意测验不仅反映出选民的分化，也表达出那些坚定支持收紧边境政策的选民的意愿。虽然反对修建边境墙，但是他们支持加强边境管理。他们赞同要对非法移民表现出同情心，一项哈佛大学和哈里斯民意调查显示，超过70%的参与者认为这些非法移民是一项应优先考虑的重要因素。但是70%的参与者也反对警察在逮捕他们的时候，不与主管移民的机构进行联系。"庇护城市"的运动在提供庇护的城市之外并不受支持。

如果美国的政治制度没有破裂，美国在很早之前就会采取收紧边境的政策，给人们颁发劳工证，帮助他们成为美国公民并遣返罪犯。但实际上右翼势力想要实行更加严格的措施，包括大规模遣返非法移民，而左翼则要求开放边境。这种分化使得马可·卢比奥等支持采取折中办法的人受到了夹攻，并加剧了美国在移民问题上的分歧。

非法移民的人口特点近年来一直在发生变化，可能很快又会出现变化。墨西哥裔非法移民的人数占总非法移民人数的比例低于50%，而亚裔和中美洲裔非法移民的人数正在增加。考虑到叙利亚战事，来自中东地区想要进入美国的移民人数高涨，特朗普利用了人们对恐怖主义的恐惧，将它作为控制移民的手段来阻止难民和其他人群进入美国。

作为左翼先锋官的加利福尼亚州通过立法，使得该州成了一个完全的庇护州，它告诫执法人员在逮捕非法移民的时候不能与主管移民的机构合作。1999年皮特·威尔逊卸任州长之后，加利福尼亚州的整个政治生态实现了完全扭转。而威尔逊正是限制加州政府为非公民服务的《187号提案》的始作俑者。美国最高法院判决该提案违宪。

而在这一时期，西弗吉尼亚州由一个最为坚定的民主党州变成了一个共和党州，而加利福尼亚州从一个既选举过罗纳德·里根又选举过阿诺德·施瓦辛格做州长的摇摆州，变成了一个坚定的民主党州。这结果正是得益于人数不断增加的拉美裔选民，这也是为什么民主党希望在将来同样的事情能够发生在得克萨斯州，从而使得共和党彻底无缘总统的宝座。

现在很多组织试图充分发挥得克萨斯州强大的拉美裔人口的力量，期望在 2020 年将该州变成民主党州。包括 Battleground Texas 在内的组织想通过号召更多的拉美裔人参加投票来实现这一目标。我们看到很多新的以拉美裔选民为中心的组织，在过去 20 年间如雨后春笋般建立起来，包括 Voto Latino, Mijente, 和 Mi Familia Vota 等组织。它们正在试图加强拉美裔选民在政治和公民事务中的参与度，但目前的效果还不明显。

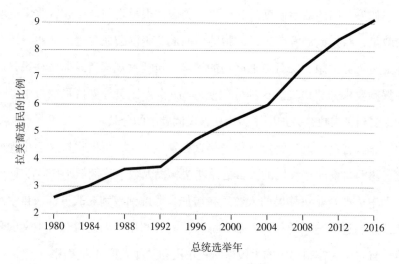

图 39.2　美国大选中的拉美裔选民投票的百分比（1980—2016 年）

数据来源：美国人口普查。

在十年前出版的《小趋势》一书中，我们注意到了拉美裔选民大多拥护民主党，而且今天的情况依旧如此。最近的一项皮尤研究发现，美国拉美裔选民对民主党的支持率仍在攀升。尽管 2006 年其对民主党的支持率出现过下降（他们转而支持小布什总统），但是在过去的十年内，登记注册的拉美裔选民支持民主党的百分比从 49% 上升稳定在 63%~64%。该群体主要关心的领域是医疗保障和教育，目前看来民主党在可预见的未来，依然会将这些选民作为其基础的重要组成部分。

约翰·朱迪斯和鲁伊·特谢拉根据最新的移民和选民登记，统计完成了《崛起中的民主党多数》一书的创作，该书产生了深远的影响。他们认为民主党仅仅依靠人口和认同政治，就将美国变成了一个民主党美国。但是他们的分析，和大多数以一个静止不变的世界为基础的分析一样，都是不准确的，因为这些分析都没有预料到人口结构的变化以及共和党和民主党适应变化时代的高超能力。

特朗普采取了曾经被传统左翼所拥护的反贸易和反移民政策。他不但将这些政策从民主党手中抢夺过来，而且拉拢了拥有极少数拉美裔选民地区的大部分工薪阶层选民。这些选民只想避免经历佛罗里达州、得克萨斯州和加利福尼亚州所遭遇的相同的变革。

令人惊奇的是，在赢得拉美裔选民选票方面，特朗普的表现要好于米特·罗姆尼，他同时还拿下了佛罗里达州。我相信这大部分原因是奥巴马总统与古巴政府关系的改善，惹恼了相当多古巴裔选民。奥巴马总统任期内的最后一些举措，可能将美国拱手交给了特朗普。一般来说，信奉新教的少数派拉美裔选民支持共和党，今天依旧是这种情况。

与十年前相比，目前对未来局势的预测要更加不确定。但是毫无疑问的是，非法移民的势力将会增加，现在这种态势已经表现出来了。但是如何应对这些变化，将是共和党－特朗普进行反击的核心所在。或许，在这些反移民政策被完全抛弃和 1 100 万名非法移民成为美国公民之前，特朗普会成为美国下一个皮特·威尔逊和最后的防线。抑或他会在边境逮捕偷渡者以控制拉美裔人口在美国的增长。将拉美裔移民集中在极个别的大城市，只要共和党能够保住得克萨斯州，将会减少拉美裔移民在美国范围内所造成的影响。

美国人口普查依旧以所有在美国的人口，以包括非公民在内的美国所有居民的人数为基础，并以此普查结果为依据进行众议院席位分配，所以 2020 年会有一些变化，但是只要美国依旧实行赢家通吃的制度，得克萨斯州和亚利桑那州更多的席位将意味着共和党会得到更多的选票，这会使其他的变化变得无足轻重。

我希望看到全面的移民改革方案得到通过，如果方案奏效，美国就能解决移民问题。但是目前看来，共和党和民主党在分道扬镳的路上越走越远，这使得移民问题成为未来十年美国政治的一个导火索。

40.
亚裔移民崛起

当我们谈论移民时，我们会谈论到来自拉丁美洲国家和中东地区的移民。然而，过去十年中，亚裔移民毫无疑问地成为美国增长最快的移民群体，比来自世界其他地区的移民都要多。并且，亚裔移民在美国取得了令人难以置信的影响力和成功，从教育到就业机会再到政治影响都是如此。

根据移民政策研究所的统计，美国的亚裔移民人口飞速增长：1960年占到外国出生人口的5%，2014年占到美国移民总数的30%。2010年，美国亚裔移民比拉美裔移民有更高的入籍率；2015年加入美国国籍的730 259人中有261 370人是亚裔。据估计，2016年有2 050万亚裔美国人生活在美国，而美国人口普查局预测，到2019年亚裔美国人将达到2 570万人。

亚裔在美国并不总是受到欢迎。对美国政策的担忧、种族主义和国际关系，都会对亚裔美国人产生重大影响，这一切始于1882年颁布的《排华法案》。我们回想一下"淘金热"时期被带到加利福尼亚州的众多中国劳工，他们的状况仅比奴隶要好一些。随着那些华裔移民在人口上的增长和经济势力上的崛起，抗议和恐惧导致美国历史上诞生了第一部主要限制移民的法律。该法案在十年时间里阻止中国移民进入美国，并成为美国公民。直到《1965年移民法》的颁布，中国移民才又开始大规模进入美国。

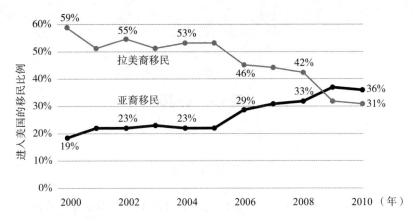

图 40.1　按到达年份划分的亚裔和拉美裔移民比例（2000—2010 年）

数据来源：皮尤研究中心社会和人口趋势研究。

日裔美国人也遭遇了相同的政策。泰迪·罗斯福的《1907 年绅士协定》规定，除了商人和职业人士外，不向任何日本人签发移民美国的护照。直到 20 世纪 20 年代该协定才被废止，但随后的珍珠港事件使得在美国的日本移民遭到拘留，这使得日裔美国人遭到憎恨。

几代人过后，新政府和对待亚洲的新态度引发了新的移民潮。1980 年，美国的华裔移民数量只有 38.4 万人。到 2016 年，该数字超过了 200 万人。同一时期，亚裔美国人的总人口数从 250 万人增长到超过 1 250 万人。印度是将其公民送入美国最多的国家，其次是中国、菲律宾、越南和韩国。

最近亚裔移民最显著的统计数据，表现为他们在经济上取得的成功。亚裔美国人收入中位数达到了 74 829 美元，比美国收入平均中位数高了 39%。考虑到广泛存在的关于亚裔美国人受到种族主义和长期夸张描述的影响的讨论，这的确是一个令人难以置信的成就。亚裔美国人象征着移民的成功，即使在那些更加保守的人士和关心财政的人士看来也是如此，毕竟他们为美国带来了新的税收收入。

图 40.2 亚裔美国移民家庭收入中位数（2010 年）

数据来源：皮尤研究中心。

人们一般认为，传统的亚洲人会看重功绩和教育，这是从孔子时期就形成的价值观，而这也是促使亚裔美国人取得成功的关键所在。实际上，今天亚裔美国人与美国人的教育差距很大：30% 的 25 岁以上的美国人取得过大学学历，而 50% 的 25 岁以上的亚裔美国人取得过大学学历。这也解释了为什么美国收入差距的存在，以及亚裔美国人凭借高学历实现了高收入的事实。

亚裔美国人的购买力与其人口规模相比也十分惊人，且一直在不断地快速增长，该群体每年的购买力达到了 8 250 亿美元。根据 2015 年《多元文化经济报告》，亚裔美国人的购买力到 2020 年会增长 32%。

亚裔美国人倾向于购买亚洲本土的上层消费者所购买的消费品。与普通美国人相比，他们多消费了 69% 的新鲜海产品，72% 的新鲜蔬菜和 29% 的新鲜水果。他们对电子设备的花费也毫不吝啬。亚裔美国人在智能手机、电脑、平板电脑、音响系统和其他科技产品方面的拥有率，超过了美国的平均水平。美国 87 家资产在 10 亿美元及以上的初创公司，有 19 家是由亚裔美国人创立的。

亚裔移民，尤其是来自中国和印度的商人移民，通常都非常熟知规模、管理者和管理的重要性。在美国资本为 100 万美元的企业一般会有 6 名雇员，而在印度资本为 100 万美元的企业雇员人数会达到 100 或 200 人。在微软效力时，我曾为萨蒂亚·纳德拉工作，他是典型的出生于小村庄的印度移民。在微软他埋头苦干了 22 年，之后自然而然地成了微软的首席执行官。论智力，他要远远超过其竞争对手，他在关于云服务的金融和科技方面有很深的造诣。他的管理层晋升之路代表着印度裔美国人的一个普遍趋势，他们是美国移民中第一个收入中位数超过 10 万美元的移民群体。

人们对亚裔美国人在美国取得的惊人成就总有牵扯不清的疑问，但是根据皮尤研究中心的调查，69% 的受访者同意"只要付出努力就会取得成功"的说法。亚裔美国人对这一观点的赞同比普通美国人高了 11 个百分点。当然，这也仅仅是阶层反应而已。所有种族的上层和中产阶层美国人都持有相似的观点，71% 的上层阶层美国人和 67% 的中产阶层同意努力工作会使人取得成功这一说法（而只有 50% 的下层阶层美国人相信这一说法）。

亚裔美国人的下一代，继续展现出了比其他人口更高的教育成就。亚裔学生只占美国高中生总人数的 5%，但是他们占哈佛大学新生总数的 22%，占麻省理工学院新生总数的 26%。美国学业能力倾向测验的成绩很能说明问题，亚裔美国人在数学上的成绩要远远高于其他族裔，而数学无疑是信息时代实现自我发展的一门重要学科。美国国家科学基金会的报告称：2012 年 6% 的科学和工程学博士学位由亚裔美国人获得，而 3% 和 4% 的同等博士学位由非裔美国人和拉美裔美国人获得。而 27% 的科学和工程学博士学位被持有暂时签证的学生获得——而这些学生大部分来自亚洲。在谷歌 2017 年的多样性报告中，该科技巨头声称 35%

的谷歌雇员为亚洲人或亚裔美国人，与 4 年前相比，此类雇员的人数增加了 30%。

尽管经济成功通常与为共和党投票关联在一起，亚裔美国人却在过去的几次大选中一窝蜂地拥向了民主党。随着亚裔美国人数量的增长，原来超过 50% 的亚裔选民支持共和党，现在变为超过 70% 的亚裔选民支持民主党。印度裔美国人最有可能支持民主党，而华裔美国人最有可能支持共和党。对于华裔美国人来说，早期支持共和党源于该党对共产党的强硬态度以及其本身所持有的强硬的防御立场。但是今天的移民却很少有类似的问题，比如，那些来自印度和菲律宾的移民更加关心美国的社会正义问题，而不是美国的外交政策。

尽管如此，亚裔选民一般集中于非决定性州。最大的亚裔选民集中在加利福尼亚州和纽约州。尽管他们现在也在迁往南部和中西部各州，但由于他们在关键摇摆州的选票数量较少，所以对美国政策的影响也较小。但是，他们高度的成功表明，共和党凭借正确的候选人，可以赢得他们中一些人的支持。特朗普就赢得了 27% 的亚裔美国人的选票。

美国司法部支持亚裔学生起诉哈佛大学的决定，从政治上讲是极其英明的，这一举措默认了对所谓的平权运动的反对，与此同时显示出亚裔美国选民的兴趣或许不在民主党这一边了。从收入层面上讲，亚裔美国人属于纳税大户，他们现在所关心的问题可能转向了更好的商业环境、低税以及反对平权运动的大学无种族歧视的录取。

此外，亚裔美国人从政的人数也开始增加。2015 年国会宣誓入职的人员中第一次出现了很多亚裔面孔：参议员塔米·达克沃斯（伊利诺伊州民主党人士）成为第一位当选参议员的泰国裔美国人；众议员斯蒂芬妮·墨菲（佛罗里达州民主党人士）成为第一位入职国会的越南裔美国女性。目前总共有 18 位亚裔美国人和太平洋岛民就职于国会（2016 年这一数字为 14）。

在我成长的年代里，大众文化中亚洲人的形象，就是当时最流行的电视剧《富矿带》中效率高超且和蔼可亲的厨师何新。尽管自那时以来情况有了巨大的改观，但是美国对亚洲人的描述依旧存在着刻板的偏见。拍摄于20世纪90年代的电视剧《初来乍到》，是近20年第一部拥有一位亚裔主角的电视剧，当时亚洲人移民美国还处于萌芽阶段。在电影方面，印度电影《贫民窟的百万富翁》和《涉外大饭店》所取得的商业成功，使得印度在美国的形象获得了提升。

但是成功总是与挫折如影随形。近日，韩裔美国人格雷丝·朴拒绝继续参演电视剧《夏威夷特勤组》，除非亚裔主演与白人主演在薪酬方面实现平等，她宁愿不演，也绝不接受薪酬不平等。电影公司为斯嘉丽·约翰逊在《攻壳机动队》中扮演的一名广受喜爱的著名日本漫画角色，支付了高额的报酬，该电影却没有收回制作和营销成本。美国电影中每20名有台词的角色只有一名由亚裔演员扮演，且亚裔演员只占主角总数的1%。

这种现象会及时得到改变。更多的亚裔美国人的事迹将会被搬上荧幕，比如广受好评的艾美奖获奖电视剧《无为大师》中，就有几集关于亚裔移民童年的描绘，该剧的编剧为阿兹·安萨里和阿兰·扬。随着中国电影市场的发展，美国更有理由在大片中引入更多的亚洲面孔。今天，一部在美国开拍的电影成功与否取决于它在中国票房表现的好坏。

过去20年，随着亚裔移民人数出现两位数的增长，亚裔美国人对我们文化的影响将会持续增大。考虑到他们在科技公司里产生的强大影响力，亚裔美国人可能会成为美国在创新和科技方面保持领先的秘密武器。

41.

边缘投票者拥有更大权力

摇摆选民在美国的总统大选中发挥着关键作用。唐纳德·特朗普改写了竞选剧本,将美国政治中的优势从足球妈妈们的身上转移到了橄榄球爸爸们的身上,他将位于政治参与边缘的选民新群体重新吸引到政治中来。

尽管大众传媒的力量得到了扩展,但是参与总统选举投票人口的百分比增长十分有限,这与美国人口的增长情况相当。包括非洲裔美国人在内的一些群体,正行动起来以增加自己的投票影响力,但是还有一些群体没有参与到选举中来,他们成了边缘投票者。

一些边缘投票者现在已经行动起来,成为未来候选人和总统大选最大规模的尚未被发掘的政治资源。

边缘投票者是由政治制度中自愿参与的属性造成的结果。人们在出生时需要获得自己的社会安全卡,而乘坐飞机时必须出示带有照片的证件。然而,人们不必进行选民登记以及进行投票。在美国,政治参与和权力属于那些热衷于政治活动并进行投票的群体。那些没有进行投票的群体在每一次总统选举中都失去了自己相应的权力,包括2016年大选。但是未来的总统候选人有机会来动员这些潜在的投票者,说服他们进行投票。

2016年,有资格投票的美国人大约为2.24亿人,而实际投票人数为1.37亿人。即使自2012年以来实际投票人数有所增长,边缘投票者,即有资格但没投票的人,大约为9 000万名美国公民。在美国,受过教育的选民、女性和年长选民的实际投票人数居高不下。男性、年轻人和教育程度较低的选民实际投票人数则很低，拉美裔和亚裔选民的情况也是如此。白人边缘投票者的人数为 5 400 万人，而亚裔和拉美裔边缘投票者人数为 1 900 万人。尽管自 2012 年以来，非洲裔美国人的实际投票人数走低，但他们的人数仍然高于未上过大学的白人男性的实际投票人数。

2016年美国有资格投票人数为2.24亿人

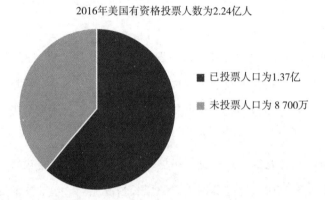

■ 已投票人口为1.37亿

▨ 未投票人口为 8 700万

图 41.1　美国公民中适龄投票人口（2016 年）

数据来源：美国人口普查局人口现状调查。

这些数字中包含的令人意想不到的秘密，就是未被发掘的投票者都已成了边缘投票者，而且人数最多的边缘投票者为受教育程度较低的白人男性投票者，他们恰好能被一场民粹主义运动鼓舞。这些投票者的人数多达数千万人，尽管拉美裔和亚裔投票人数低于预期且依然有增长空间，但是与未上过大学且不参与政治的白人相比，人数还是要少得多（大多数男性非投票者不居住在摇摆州。这就给任何想采取直接投票方法的人，增加了变革的复杂性。这样的变革会让候选人努力争取美国的边缘投票者，从而根本上改变竞选的运行模式）。

表 41.1 投票人口和未投票人口（2016 年）

	未投票人口 （单位：百万）	未投票人口 （单位：百万）	投票比例
年龄			
18~24岁	15	12	43%
25~44岁	32	41	56%
45~64岁	26	52	67%
65岁及以上	14	33	71%
性别			
男性	44	64	59%
女性	43	74	63%
人种			
白人	54	101	65%
黑人	12	17	59%
拉美裔	14	13	48%
亚裔	5	5	49%
教育程度			
高中文凭及以下	45	41	47%
大学毕业未取得学位	25	42	63%
学士学位	12	34	74%
高级学位	5	20	80%

数据来源：美国人口普查局人口现状调查。

　　唐纳德·特朗普可能获得的选票总数要少于希拉里·克林顿，但是他成为历史上得票最多的共和党候选人，得票总数高达 6 300 万张，而希拉里的得票数为 6 600 万张——希拉里并不是历史上得票最多的民主党候选人。这一荣誉被民主党的奥巴马斩获，在与约翰·麦凯恩的竞选中他获得了创纪录的 6 900 万张选票。美国自由党也获得了美国历史上最高的选票，但我们至今也不清楚他们是如何在两大党竞选的大选制度中做到了这一点。特朗普争取到了数百万名以前从未在共和党初选中投过票的选民，这些选民无疑是帮助他赢得选举人团投票的关键所在。没错，这些边缘投票者成了特朗普获胜的法宝。

　　两大变化促成了从只追求摇摆选民到追求边缘投票者的转变。首先，奥巴马是数十年来第一位拒绝联邦竞选资助，从而打破竞选花费上限的候选人，由此，总统竞选的资金实现了巨大增长。其次，互联网的崛起和十年前的政治活动中并不存在的定位精准的数字广告，为总统竞选带来了几十亿美元的支出。

本书之前提过，不要指望来自俄罗斯账户的 10 万美元广告费能够左右美国的大选。因为与 2016 年花费高达 24 亿美元的总统竞选相比，这点钱只是九牛一毛，大部分的竞选资金都被花在了数量有限的摇摆州上。但是互联网增强了精准的个人营销，这类做法比在黄金时段的电视上打广告（之前的最佳选择）的效果要好。比如，奥巴马总统和他的团队在定位和鼓励黑人选民上，就做得相当出色。结果，非洲裔美国人选民在进行投票的人数方面要好于白人选民，在奥巴马的两次竞选中摇摆州的情况都是如此。2016 年大选，非洲裔美国人的投票人数依然很多，但是少于 2012 年的投票人数，而且在俄亥俄州的投票人数并不算多。2012 年，俄亥俄州 15% 的选票由非洲裔美国人投出，而根据人口普查数据，非洲裔美国人只占该州人口的 10%。

特朗普和他的竞选团队在中西部地区的摇摆州和佛罗里达州争取到赞同其观点的选民人数，创下了历史新高，这帮助其在大选中扭转了局势，这一策略在很大程度上动员了那些感到被遗弃的白人工薪阶层投票者为其投票。

在民主党一方，尽管原本有希望成为民主党总统候选人的伯尼·桑德斯输给了参议员希拉里·克林顿，但他关于免费读大学和分拆大银行的观点，鼓舞了年轻的选民和要求变革的投票者。通过准确地把握这些选民，桑德斯发动了被冷门候选人吸引的新投票者，并使他们成为一股强大的力量。

大多数美国人认可这样的移民政策，即一方面帮助移民获得公民身份，另一方面加强边境管理，二者都是明智之举。但是那些不热衷于政治但能被动员进行投票的群体都支持极端政策而非主流观点。这些人要么主张完全关闭边境，要么主张完全开放边境，且赞同这些非理性极端观点的投票者人数在不断增加。

同样，最近的民意测验发现大多数美国人对贸易采取支持的态度。然而，从影响深远的政治运动中，我们却看到了经济发展所引起的愤怒、憎恨以及排外，这些边缘投票者正是被反对贸易的政策所激励的。

从任何方面讲，边缘投票者的崛起绝不是一种仅仅出现在美国的趋势。我们看一下英国的"脱欧运动"，即2016年夏天英国举行离开欧盟的公投活动。对移民的恐惧使得英国的边缘投票者纷纷进行投票，这种恐惧来自叙利亚和中东地区的移民。一小撮情绪高昂的群体使得所有的民意测验模式失效了，并推翻了专家的观点。现在，法国和欧洲其他地区在遭遇了数次恐怖袭击之后，那里的边缘投票者们也纷纷现身。即使是德国的执政联盟的支持率，也遭遇坍塌。

这一新策略，瞄准认同群体和边缘群体而取得竞选胜利，影响十分深远。如果边缘投票者没有变成住在郊区的中产阶层家庭，反而成了愤怒的右翼工薪阶层投票者，或者左翼社会主义支持者，那么我们的大选将会继续分裂而不是凝聚我们的国家。竞选活动将会迎合低俗的情绪和情感，而非追求新中立主义的明智解决方案。帮助初选获胜的选择将会更加极端化，大选活动将会变成刻薄的焦土运动。

美国不会就贸易、环境和移民达成妥协，相反，美国会被迫陷入更严重的僵局或者制定出大多数人反对的行政命令，这使得美国的处境越来越糟糕，导致人们对美国的政治制度失去信心。

我们建议的对策是：美国必须减少至少一半的边缘投票人口，方法就是邀请他们广泛地参与投票。这听起来有些矛盾，它会打破依靠动员10%的边缘投票者来产生巨大作用，而不是抛开意见分歧来吸引摇摆选民的体制。尽管大多数人相信投票应出于自愿，但普遍投票会解决我们的问题。

首先，要改革选民登记制度。人们一出生就需要登记成为选民，如同登记获得社会安全卡一样。我们要建立一个美国数据库，方便选民按居住地所在州更改登记事宜。结束现有的陈旧且漏洞百出的制度。

其次，我们需要使投票变得更加简单，且保证投票者的隐私。这可能意味着我们需要进行像在线投票这样的创新，但是我们也可以运用其他一些增加投票场所的方法，比如使用 ATM 自动取款机作为投票终端——它早已是一种安全且普遍的交易网络终端。星期二投票应被全周末投票取代。星期二投票模式早已过时，且效果不佳。还有重要的一点就是秘密投票，他人不应该注视别人如何投票，尤其是在投票前更不该如此，因为这会导致勒索或骚扰行为的产生。

我们还需要废除党团会议——这在 21 世纪不是一个公平的程序，它会由于边缘参与者的低投票人数而给予他们更多的权力。各州应当轮流作为初选开始州，或者通过抓阄方式选出初选开始州，从而终结初选最先开始于新罕布什尔州和艾奥瓦州的状况。我们需要对如何改革目前初选开始的方式进行全面的思考，实行地域次序轮转，以保证没有选民群体能够左右总统选举。

我个人喜欢选举人团而非直接普选，因为如果我们克服了边缘投票者这一问题，那么候选人大多会迎合中间派的要求。我所担心的是，如果你能够通过说服每一名纽约州选民和加利福尼亚州选民去投票，从而赢得大选，那么今天耗资几十亿美元的竞选活动会变成什么样子。我认为旗鼓相当的竞选会导致内战，因为每一个选区内的选票都需要重新计算，而不只是重新计算几个摇摆州的选票。从理论上讲，我希望能够实行普选，但是考虑到今天美国的情况以及美国人好斗的秉性，我不确定美国能否驾驭得了普选所带来的局面。每一张选票都需要全力争取，以防止它为选出尖酸刻薄的候选人和搅局者而火上浇油。对于那些少数派候选人来说，一个有趣的变化就是如果他们失败了，他们就不得不为前两名候选人之一进行投票。

我们在电视上收看上一次大选时都会非常惊讶，因为候选人号召进行大规模的非法移民遣返行动，或者抛弃美国现有的经济体制。尽管我们取得了发展，但是美国的民主还未进行及时更新和实现现代化，我们也没有充分利用好科技和创新，这些技术和创新使我们今天的汽车和驾驶比投票更容易。其结果就是在现代政治中，边缘派可能被利用，从而变得比主流大众拥有更大的权力，如果我们不能看到存在的问题并及时加以解决，美国就会出现分裂。

第六章

工作和业务

42

爱好收集个人数据

一种有趣的新习惯已经取代了人们经常用秤称体重的做法：越来越多的人正在对他们的每一次活动进行监督，运用科技来收集关于自身的最新数据。讽刺作家戴维·赛德里在《纽约客》杂志上的一篇文章如此描写自己对Fitbit新智能手环的迷恋："在我拥有它的最初几周内，我每天都会在傍晚才回到旅馆，当我看到手环上显示我今天一共走了1.2万步时，我便会出去再走上3 000步。"为什么还要再走3 000步？他解释道："因为我的智能手环告诉我我可以做得更好。"

爱好收集个人数据的人如同新一代的华尔街交易员一样，属于另一种不同种类的数据痴迷者。当一个人的生活仅仅以数据为中心时，他的心态就开始随着出现的数据起起伏伏。这会让人上瘾，像赛德里那样对自我数据监控着迷的人绝不在少数。

一项具有代表性的针对美国民众的哈佛大学美国政治研究中心和哈里斯民意调查显示，40%的美国人至少正在追踪某些健康信息，比如步数或心率。在追踪个人健康信息方面，男性人数多于女性，年轻人多于年纪较大的人。年轻的城市居民在收集健康信息方面扮演着主力军角色，而年轻的乡村居民情况正好相反。在这些追踪个人健康数据的群体中，58%的人使用手机进行追踪。28%的乐于追踪健康数据的受访者表示他们使用手表来进行追踪，19%的受访者使用依靠无线网络工作的体重计追踪，而35%的受访者使用其他设备追踪（还有一些受访者同时使用多种设备进行数据追踪）。

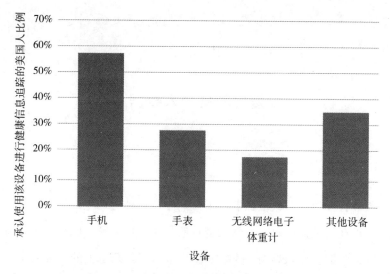

图 42.1 健康信息追踪设备的使用（2017 年）

数据来源：2017 年 9 月的哈佛大学和哈里斯民意调查。

在生活中进行数据记录时我们不只记录步数或体重，实际上也记录日常生活中任何能够被记录的方面——健身、心情、睡眠、花销、生理周期、食物摄入、症状、治疗、纸尿裤快递、比萨快递、空间运动、社交网络、嗜好等。

类似的情形还有：收看电视次数过多？那就把它记录下来。担心你的精子数量有问题？那就跟进追踪吧。在预防未来伤病或者可能性肿瘤方面，我们都可以通过收集数据进行监测。

但是我们是不是过度依赖数据了？个人数据追踪不利的一方面就是会让人上瘾。此外，人们在进行个人信息追踪方面会走极端。追踪的结果，以步数收集为例，并非是人们进行健康改善所必需的信息。信息追踪的过程可能仅仅是在浪费时间或者让人欲罢不能，这会导致极为不健康的行为。

最近《临床睡眠医学杂志》上刊登的一篇文章描述了一项新的研究结果，这项研究认为睡眠数据追踪实际上有损健康。矛盾的是，由于使用者太过于关注睡眠的小时数，而且一心想着数据问题，结果导致无法入睡。此外，该研究还认为人们所使用的数据监视器也无法准确评估人们的睡眠质量。从本质上讲，睡眠数据追踪会养成恶劣的睡眠习惯，会导致更多的噪声、更多的焦虑和较少的休息。

表42.2 进行个人健康数据追踪的美国人口比例（2017年）

进行个人健康数据追踪的美国成年人口比例			
总比例	43%		
性别		种族	
男性	47%	白人	44%
女性	40%	拉美裔	39%
		黑人/非洲裔美国人	41%
年龄		亚裔/太平洋岛民	48%
18~34	57%	其他	44%
35~49	46%		
50~64	34%	受教育程度	
65+	35%	大学毕业及以上	54%
		大学毕业未取得学位及以下	37%
地点			
城镇	51%	收入水平	
郊区	41%	75 000美元或以上	52%
农村	39%	少于75 000美元	37%

数据来源：2017年9月的哈佛大学和哈里斯民意调查。

《连线》杂志编辑加里·沃尔夫和编辑凯文·凯利，首先提出了"量化自我"这一术语。沃尔夫认为人们可能会做出草率的决定，并看到持续自我数据追踪的负面影响。在2010年的TED演讲大会上他提出了一个不同的观点："我们知道数据能在广告、管理、治理和搜索方面为我们提供帮助，同时它们也能帮助我们进行反思、学习、记忆和寻求进步……尽管大多数人认为数据是帮助我们了解外部世界的窗口，但是它们也能帮助我们进行自我了解，成为自我发现、自我察觉、自我改进和自我认知的镜子。"

支持沃尔夫的量化自我概念的群体赞同这个观点。实际上，他们举办大型会议进行研讨（参会者多达数千人），该群体在世界范围内产生了影响，已经在30个国家的100多个团体中传播开来。他们的研讨话题包括地理追踪、DNA 测序、体内化学物质含量、个人基因组测序、行为监测、位置追踪、非创伤穿刺等。他们也进行资源和视频分享，并讨论当今较新颖和先进的技术——这些技术数量不少。

　　当然，专业的生物计量设备也可以作为自我了解的手段，帮助我们记录睡眠呼吸暂停次数或者每日的卡路里摄入数量。但是这些个人数据爱好者表现出最令人惊讶的一面，即尽管越来越多的顾客对各行各业所进行的数据挖掘和大数据追踪行为表示担心，但很多爱好收集个人数据的人看起来更愿意与感兴趣的人分享他们的个人数据：把健康症状和治疗透露给像 PatientsLikeMe 和 CureTogether 等健康研究机构；把个人所听的曲目和某歌曲的播放次数透露给声破天音乐平台；把自己晚餐所摄入的卡路里数量透露给数不清的应用程序。健身品牌 Orangetheory Fitness 和 CrossFit 通过设备将人们的锻炼成果展示出来，鼓励他们努力锻炼。全球定位系统追踪程序 Strava 收集了你曾经去过的地点数据，并将其售卖给城市规划者，而 Ototo 程序则将相同的数据用于公共交通建设。

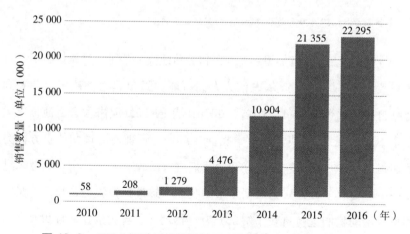

图 42.2　Fitbit 运动手环世界范围内的销量（2010—2016 年）

数据来源：www.statista.com。

　　尽管我们仍在努力保持私人数据和公共数据之间微妙的平衡，但是用于记录、追踪和分享数据的设备却非常畅销。于 2015 年被安德玛以

4.75 亿美元收购的减肥应用程序减肥宝目前的用户数量达到 1.65 亿人。减肥软件 Lose It! 2014 年的用户人数达到 1 700 万人。三星公司最近申请了一项专利，即在三星手机上安装身体脂肪感应器，人们已经迫不及待地要安装该感应器了。用于记录女性生理周期的应用程序 Clue，在世界范围内的用户超过了 250 万人。

在所有对个人信息搜集活动的担忧中，对大数据使用的争辩或许最惹人关注。只需安装一枚传感器——成本不到 1 美元，所有行业就可以搜集到大量顾客的个人信息。其他公共机构也在如法炮制，人们不禁要后退一步，仔细想一下我们正在构建一个对人们进行监视的环境。各级政府，从地方到联邦都在使用个人数据来换取统计数字；医院在搜集人们的等待时间和检查结果；公司在搜集营业额数据，评估顾客的消费，审理顾客的投诉。大多数银行都采用了客户跟踪应用程序，工资调查网站 PayScale Salary Survey 建立了全世界最大的个人薪酬信息数据库。不仅是财大气粗的大型机构，就连一些小规模的组织和非营利机构，甚至一些家庭作坊，都获取了足够的个人信息来了解我们的习惯。

这对于一些产业来说并不是坏消息，从医学进步的角度来讲更是如此。如果不信，你就可以与那些患有长期社会焦虑症或背部疾病的人，或对艾滋病病毒治疗有顾虑的人，或患有帕金森综合征或癫痫的人交谈一下。个人数据有助于缓解症状，并记录发病预兆。比如位于威斯康星州麦迪逊市一家名为 Asthmapolis 的初创公司，开发出一种叫作 SpiroScout 的装置，该装置可与哮喘吸入器相连，通过卫星定位数据，让医生来检查患者所处的环境。根据这些信息，研究人员能够对特殊的农作物和环境因素进行更多的了解，并进一步了解它们是如何影响患有肺部疾病和哮喘的病人的。

黛博拉·勒普顿在其《量化自我》一书中，列举了 5 种个人数据收集类型：私密型、公共型、鼓动型、强迫型和利用型。她警告说，即使个人数据监视能够产生积极的效果，并对人们形成激励，比如通过健身和节食，但准确性、一致性和持续性依然是关键因素。

如果想要研究个人数据收集的趋势，人们就可以关注一下具有代表性的年轻群体正在做什么。美国全国广播公司财经频道报道称："一项新调查表明，美国青少年和年轻人正在把更多的时间花在社交媒体上，与此同时，他们很少与别人进行信息分享，并对'过度分享信息'的'朋友'愈来愈感到不满。"该报道还称："参加调查的 812 名青少年和青年人中，大约有 3/4 的人声称与 1 年前相比，他们花了至少相同的时间或更多的时间在社交媒体上。然而，2/3 的人声称他们不像以前那样愿意与别人分享信息了。4/5 的人抱怨说他们的同龄人分享了太多的信息。"但是现在，那些似乎不会放慢与别人分享信息脚步的个人数据分享者，也有很多忠诚的效仿者。使用个人信息为自身利益服务的大数据鼓励他们进行信息分享。原因是什么？来自杜鲁门州立大学的珍妮弗·赫斯特认为："对建立社会关系的渴望和从周边环境中获得的良好感觉，使人们相信信息分享值得去花时间和精力，以及做出牺牲。"

哈佛大学一直在进行个人上网数据的"数据罐"实验，即将人们从个人活动到应用程序产生的各种数据都集中起来存放。"数据罐"内个人数据的使用权将被出售给出价最高的买者。如果你本身患有某种疾病或者喜爱巧克力饼干，那么会有医学研究人员或糖果生产商来购买你的个人数据，这样，你的个人数据收集爱好将会给你带来收入。这是一种将某种热爱转化为生产力的方式。

发现治疗某些疾病方法的人可能不是实验室中的研究人员；或许，爱好收集个人数据这一活动能够带来新发现和新的治愈手段，或者能给出一个缓解疼痛的新方法。个人数据收集的潜力很大，但个人隐私泄露的风险也很高。我仍希望个人数据得到重视，并能够以一种最有效的方式进行使用。我希望爱好收集个人数据这一小趋势能够继续发展，希望越来越多的人会将我们产生的包括生、老、病、死在内的所有个人数据收集起来。

43

自行车通勤复兴

几乎所有的主要城市都已对道路进行了改造，发布了环境报告，通过在主要通勤道路上增加自行车道为阻止全球变暖做贡献。尽管此举现在的成效并不显著，但是不久你就会经常看到，在堵车时西装革履的佩戴头盔的自行车通勤者会快速超过你的汽车。

很显然，经济衰退以及居高不下的油价，使得美国人纷纷选择使用公共交通工具、步行或者骑车代替开车通勤。美国联邦公路管理局发现，与之前数十年相比，每一个年龄段的美国人在 21 世纪最初的 10 年里开车出行的次数相对减少；最年轻的年龄段群体，即年龄在 16 岁到 30 岁之间的群体，开车出行的次数显著减少。无论是家庭无法为这些青少年提供汽车，还是他们自己决定骑车或步行，这一代人选择了除开车以外的出行方式。《新共和国周刊》报道称："16 至 24 岁的美国人中拥有驾照的人数比例降低到 2011 年的 67%，为半个世纪内的最低值。"

城市地区的自行车通勤人数显著增长，这是便于骑车的道路里程大幅增加所致。比如，纽约在过去的几年内新增了 500 英里长的自行车道。洛杉矶拥有长达 796 英里的自行车道。此外，自行车共享服务允许人们可以从自行车存放点取车和还车。共享单车的最大投资者为花旗银行，但其技术供应商在筹集 5 000 万美元的资金后宣告破产。

这些发展的结果就是骑车上班的人数显著增长——在华盛顿哥伦比亚特区、俄勒冈州的波特兰市等一些城市中，骑车上班的人数增长超过了 400%。甚至在拥有大量自行车的旧金山，骑车上班人数的增长也达到

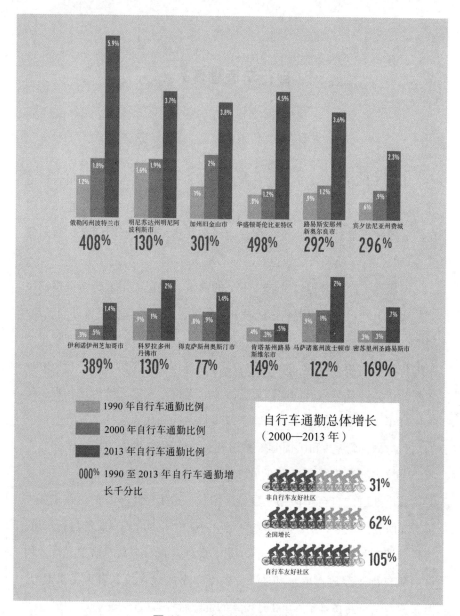

图 43.1　自行车通勤的增长

数据来源：美国自行车骑士联盟（www.bikeleague.org）。"自行车友好社区"及其缩写"BFC"为美国骑士联盟服务标识，本书已获得使用许可。

了 300%。车库除了具备传统汽车和电动汽车停车位之外，也增设了自行车棚。美国城市中的很多大大小小的公寓又开始提供自行车存放场所。

自行车甚至已经变成了某种身份的象征。对于那些热衷于改装汽车的青少年和 20 多岁的年轻人来说，修复一辆经典自行车或动手改装一辆自行车，现在变成了一件很炫酷的事情。奢华品牌爱马仕也在售卖自行车，其旗下的漫步者自行车售价高达 11 300 美元。在中国，人们很怀念自行车作为主要交通工具的时代。路透社报道称："怀旧的富裕中国人在购买自行车方面的开销，相当于普通中国人 3 年的总收入。"

在华盛顿哥伦比亚特区和纽约市，自行车正在为基础设施和道路带来明显的变化。然而，使用共享单车或骑车工作的群体还是以"雅皮士"人群为主。甚至在非常多元化的华盛顿哥伦比亚特区，85% 的首都自行车共享服务的使用者都为白人，且 50% 的使用者年收入超过了 10 万美元。这些人可不是骑车去送外卖。《纽约时报》曾这样质疑：自行车到底是富裕游客和纽约白人的专属品，还是一种"服务大众的公共交通工具"？

尽管骑车通勤的人群数量增长显著，但绝对人数依然很少。即使乐观地估计，骑车通勤的人数也只占所有当地通勤人数的 2%~3%。与此同时，尽管数十亿美元被用于修建自行车道，可这些自行车车道只占可使用道路的 20%~25%。任何人在堵车时看到旁边空空如也的自行车道时都不禁会问："这些花费是否真的物有所值或者是明智之举？"

尽管很多新的初创公司将骑行变得更简单或者推广共享单车，但是这些努力不一定会将美国变成一个自行车大国。根据美国自行车骑士联盟的调查，2015 年是自 2010 年以来第一年出现骑车通勤人数下滑的年份，尽管骑车已成了增长最快的通勤方式。2000 年，4 310 万美国人"骑车时长不少于 6 天"，"到 2014 年，该类人数已下降至 3 560 万人"。尽管骑车人数起起伏伏，像华盛顿哥伦比亚特区等一些城市依然在努力增加新的自行车道，但这些努力是否会带来骑车人数的稳定增长，还需时间的检验。

　　美国的自行车推广，从很多方面说都是欧洲一些国家行之有效的自行车推广方案的翻版。比如，德国超过80%的家庭拥有自行车，日本的这一数字为78%，而泰国为74%。很多拥挤的亚洲城市需要人们骑车通勤。对于普通的泰国民众来说，汽车属于极昂贵的消费品，这使得自行车成为一项便宜、容易和自然而然的选择。在美国，只有53%的家庭拥有自行车。有趣的是，拥有自行车的家庭数量因国而异。比如，只有5%的约旦家庭和7%的黎巴嫩家庭拥有自行车。

　　英国为了说服本国人放弃开车而转向骑车通勤，已进行了巨额投资。2016年，伦敦市长萨迪克·汗承诺，在未来的5年内新投资7.7亿英镑（约合9.78亿美元）来改善伦敦的骑车基础设施和条件。巴塞罗那市政厅正计划投资3 200万欧元约合3 900美元，"到2018年时将自行车道里程提高3倍。这将使自行车专用道的里程由原来的116公里（72英里）提高到308公里（191英里）"。但是这是有代价的：这些举措会加剧伦敦市内交通拥堵，而现在穿越伦敦城的时间一般就已经达1个小时以上了。

　　而在骑车上班习以为常的中国，大规模的自行车共享服务，使得相关公司和初创企业遍布中国的大小城市。据报道，中国的共享单车平台摩拜单车每月的订单数量达到了2 000万辆。与此同时，中国另一家大型的共享单车公司随着其90%的单车被盗而宣告破产。总体而言，中国与自行车的关系一直起起伏伏。《快速公司》商业杂志报道称，尽管在1992年97%的中国人都拥有一辆自行车，"但到2007年时，这一数字降低到49%，但是仅仅2年后的2009年，这一数字又回升到63%"。

　　当然，如果你不会因骑车而受伤，那么骑车总体上还是对身体有益的。根据路透社的报道，尤其在像纽约这种城市，对骑自行车的投资让其居民变得更加健康："根据一项新的经济评估，2015年纽约市每投入1 300美元用于自行车道的修建，就相当于为所有纽约市民提供了额外的完全健康的一年寿命。"英国的一本医学杂志发现，在5年时间内，步行和骑车与被动乘坐交通工具相比，会产生重大的医疗和健康效果："骑车工作的通勤者与开车或乘坐公共交通工具工作的人相比，死亡的概率要低41%。罹患和死于心血管疾病的概率要分别低46%和52%，且罹患和死于癌症的概率要分别低45%和40%。"步行上班的好处也非常明显："步行上班罹患和死于心血管疾病的概率分别低27%和36%。"

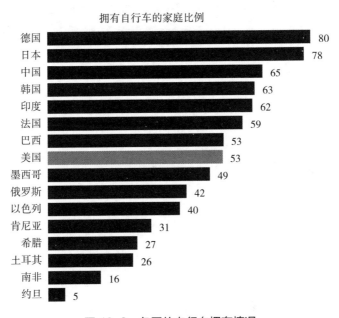

拥有自行车的家庭比例

德国	80
日本	78
中国	65
韩国	63
印度	62
法国	59
巴西	53
美国	53
墨西哥	49
俄罗斯	42
以色列	40
肯尼亚	31
希腊	27
土耳其	26
南非	16
约旦	5

图43.2　各国的自行车拥有情况

数据来源：皮尤研究中心。

毫无疑问的是，城市自行车道的狂热发展得益于联邦政府的大量资助。就个人而言，我并不看好这一趋势在未来的长期发展。大多数居住在优越住宅区且喜爱骑车的高收入人士，有机会享受这样的发展，但他们似乎使用自行车道的里程也很有限。尽管一个年轻的社会会拥有更多的骑车人士，但美国社会正在步入老龄化，美国那些成长最为快速的活跃分子群体已经超过了90岁。相反，共享汽车，比如优步拼车和相似的来福车打车服务，看起来为城市交通出行变得更加有效率和更加节约提供了突破口，且危险系数更低。公共交通也需要更多的投资，而自行车车道基础设施项目会消耗掉这些传统的交通体系发展所急需的资金。

　　商家依然会决定迎合增长的自行车市场的需求，并且在销售高端且能够应急的自行车方面表现得更好，这些自行车都装备了追踪装置以防被盗。自行车市场会继续发展，尽管不会像最近几年那样快速。共享单车服务似乎很有效，但前提是赞助商依旧将其作为一项效果不错的广告手段——可自行车很容易被盗窃或损坏。如果自行车将来的竞争对手变成无人驾驶的优步汽车，那么，后者可能更受欢迎。

44.
"互联网 +" 创业盛行

　　对于美国所有的小型企业和小商店来说，个人电脑在其诞生后的一项最伟大的突破就是云服务的问世。尽管美国大型企业使用云服务的数量之大史无前例，但是获益最大的却是那些小企业。当然，前提是这些企业的领导者能足够聪颖来利用好这类科技。尽管创业变得比以往更加容易且利润更多，但是美国小企业的创业热情正在衰减。创业的障碍和复杂性阻碍了很多美国人进行自主创业。

　　十年前，创业意味着在医保、工资、房租和保险方面要填写无数的表格。如果你在特拉华州，你需要雇人为你的有限责任公司进行文件归档，填写支票进行工资发放，以及填写州、失业和工人补偿金等表格，你需要购买电脑、软件和其他设备。在完成这一系列烦琐的程序后，你多半会变成一个共和党人，迫切地想要削减政府繁文缛节式的规定和程序。即使你完成了上述步骤，你还需要购买一台服务器储存你的档案，雇人来维护你的电脑硬件，以及购买一套电脑安全系统。

　　今天，你可以不用别人帮忙，甚至在没有服务器的情况下，仅用一下午的时间就能成功建立和运营一家小型企业。你可以在网上开通你的政府账户和企业识别码，将雇员记录进行云存储以及管理储蓄支票。一些在以前相当折磨人的环节，文件、人力、医保、索赔、报账以及信息技术支持，你现在都可以在电脑桌前独立完成。从网上提供薪酬管理服务的公司到Zenefits这种提供云储存服务的公司，它们都可以让你将创业中复杂和恼人的环节完全交给那些你甚至都不需要进行交谈的人，更别说彼此见面了。几天内，你就会收到无线电话和内置消费追踪设备的公司信用卡。在网上稍加搜索，你就会找到雇员手册和标准的雇员合同（如果有雇员的话），这时你就可以运营你的企业了。

我 13 岁时便通过邮寄邮票和硬币给其他收藏者的方式进行创业。当时最佳的广告场所是《纽约时报》上面的分类广告栏。对于一个少年来说，光顾拍卖场和邮寄售卖可退换的物品，是一种十分有趣的创业。那时所有的事情都必须亲力亲为。从前往邮票拍卖场，到去邮箱回收被退还的货物，每一步我都要亲自参与。

今天要是再处理上述事情时我可以在电脑桌前完成。如果我仍在经营收藏生意，在开通易趣账号后，我便可以参与在线拍卖、进行在线销售以及等待通过邮件发送的信用卡交易确认信息。如果我 13 岁时所参与的相同的邮票和硬币收藏市场还存在，那么我会遇到很多竞争对手。但在当时，进行创业的人并不多。

但是向任何有志于创业的人敞开创业之门，是一件让人感到振奋和欢欣鼓舞的事情。现在，任何人只要拥有一台电脑和一个点子就可以创业。你不用再为创业准入的困难而退缩，如果你有一个好创意，你成功的可能性就会更大。假如你想创办一家公司，销售印有人们居住街道名字的 T 恤衫，并打算卖给你的邻居。你可以先让自己成为一名"互联网 +"创业者，现在有很多种专业服务能让你梦想成真。在网上处理完创业相关的文件手续后，你便可以在线寻找一家生产 T 恤衫的公司，比如一家名为 overnight Ts.com 的大型 T 恤衫工厂，因为它可以为你提供量大优惠的服务。你可以为相邻的五个街区的每一个街区生产 50 件印有该街区名字的 T 恤衫。这些 T 恤隔天便会送到你的手里，剩下的工作就是将它们卖出去。你可以上门兜售，或者只在脸书网上针对该地区打广告，或者给该地区居民发邮件广告。你也可以付钱对这些街区的住户进行电话促销，内容就是"仅此一次"的印有该街区名字的 T 恤销售。

在互联网的帮助下，无论年轻还是年长的美国创业者，都能够自主创业并践行一些过去不可能被实现的创意。作为"互联网＋"创业者，你不一定要有具体的产品，你可以生产在线"产品"，比如关于旅游的博客或者网站可以通过免费或者付费的社交媒体平台进行一些促销奖励来吸引你的第一批顾客。而你的业务服务对象也不一定是人——在 Instagram 等平台上的明星宠物和宠物"影响者们"正在创造数百万美元的收入。赶快制作出一些展示你的宠物不可思议的行为的影片（在一定的幕后指导下完成），然后开始吸引粉丝吧。我认识的一对情侣将他们的宠物狗训练成宠物明星，他们在 Instagram 的粉丝达到了 25 万人。每条广告能为他们带来 3 000 美元的收入以及赞助费。他们的宠物狗所创造的收入很快将会比两人之前收入的总和还要多。

现在大约 10% 的零售业务是在线上完成的。广告业也开始转向线上零售业务，线上"店铺"和传统的店铺一样具有竞争力。实际上，现在网络品牌的成功标志就是创办实体店——当然是在销售额巨大和网络知名度提高的基础上。比如瓦尔比派克眼镜公司和互联网床垫品牌 Casper，由于二者的线上业绩非常好，所以管理者们就将它们带到现实中来，开设了临时销售点和零售店。以前在一家成功的精品店里，网络销售被认为是一种非主流或者第二选择的赚钱途径。如今情况恰恰相反。甚至那些为设计师代理稀有产品的最高端的精品店，比如纽约的 FiveStory，巴黎的 Colette，或者迈阿密的 The Webster，都拥有在线销售网址。

"互联网＋"创业者也在颠覆着食品和饭店行业。尽管优步外卖和 GrubHub 外卖网能确保你足不出户便可挑选自己喜爱的食品，但一项新模式给整个饭店业带来了威胁。这一模式被称为"非实体餐厅"——这种模式可以省去开办一家成功的实体饭店所需的大量资金。这些"饭店"没有侍者和女服务员，只有一个厨房来烹制美食，人们可以在线订餐，它们依靠应用程序提供服务便可维持运转。

非实体的工作场所对个体工匠而言尤其是一个好消息。过去，拥有珠宝制作天赋的人们或为自己的亲朋好友服务，或者把珠宝制作当作个人爱好，并无售卖和推销的意图，或者仅仅在珠宝店打工。现在，如果你的产品具有市场潜力或深受人们喜爱，你就可以打造自己的珠宝帝国。比如易集上的"超级卖家"艾丽西亚·谢弗，她刚开始在易集上的发带销量很少——如今她每月的围巾、发带和护腿的销售额达到了 8 万美金。她在家中营业，每天交易成功的产品达 3 000 件。而她几乎不需要创业启动资金。

"互联网＋"创业的崛起尤其为美国女性提供了帮助。美国女性在消费方面花销巨大，而女性创业者又知道如何去把握这一消费群体。"互联网＋"创业模式，可以让更多只依靠女性创业者个人的初创公司从这一创业模式的灵活性中获益，她们可以制订自己的规划，并依靠云服务来管理公司。哈佛大学最近的一项研究声称："如果公司不对那些工作时间过长或工作时段特殊的雇员进行比例适当的奖励，那么收入方面的性别差距将会出现大幅缩小，甚至消失。"灵活性是美国女性在商业上取得成功的关键因素之一。

成为"互联网＋"创业者或者为一家非实体企业工作所获得的工作灵活性，意味着雇员们会更加开心。雇主们可能会找到更加优秀的雇员——谁不想在家穿着睡衣工作呢？《福布斯》杂志的一篇文章引用了一份评估雇员幸福度的研究，得分为 1 至 10 分。对"你工作时有多幸福"这一问题的答案显示：在家工作的人们得分较高，平均为 8.10 分，而工作者的平均得分为 7.42 分。

美国人，尤其是千禧一代，会被精明的线上零售商吸引而进行大笔消费。那些只依靠线上经营且聪明地吸引到那些乐于接受新科技的年轻美国人的公司，包括瓦尔比派克眼镜公司、全品类男性护理用品公司 Dollar Shave Club、互联网床垫品牌 Casper 以及网络服饰品牌 Bonobos 等。Dollar Shave Club 和男性剃须刀品牌 Harry's（瓦尔比派克眼镜公司的创始人所创立的品牌）都明白千禧一代男性（和女性）都渴望让购买剃须刀变得更加便捷。到 2014 年，Harry's 市值达到了 3.5 亿美元，而

Dollar Shave Club 被联合利华以 10 亿美元的价格收购。两家公司熟练地运用社交媒体各自吸引了数百万消费者。这些策略对于新晋的"互联网 +"创业者来说至关重要。以千禧一代为中心的瓦尔比派克眼镜公司为改善顾客无聊的眼镜购买体验而采用了相同的策略。挑选一副新眼镜并没什么吸引力，但该网络初创公司（目前市值超过 10 亿美元）让眼镜成了你身上的装备和身份的代表，它将时髦的镜架送到你家门口。数年后，以网络初创公司起家的瓦尔比派克眼镜公司在全美各地开设了实体店。

千禧一代男士是这些非实体企业的目标客户。一个恰当的例子是网络服饰品牌 Bonobos，该公司与实体店所采取的策略恰恰相反。他们的格言是："像大多数男士一样，我们并不喜欢逛商场。这也是我们打算为男士们提供全世界最大的网络购物体验的原因，我们将其视为我们业务的核心。我们现在了为美国最大的网络服饰品牌。"

关于这些网络企业的广告，既出现在一些不同寻常的地方，比如脸书网和其他社交媒体平台，也出现在一些看似最无聊的地方——播客。见多识广的美国人在消费音频产品，一些最昂贵的广告位出现在拥有大量听众的播客节目中。老虎机播客广告费便宜（花费为几百美元），且听众覆盖面广。随着犯罪纪事连载播客节目 Serial 的热播，邮件推广公司 Mailchimp 成了幸运儿——他们把握住了人数众多的见多识广的听众，并一夜成名。播客广告也帮助互联网床垫公司 Casper 实现了发展壮大——该公司在运营 28 天内赚取了 100 万美元。

人们将在实体店所购商品进行在线重新销售，也会赚钱。女性服饰销售网站 Nasty Gal 的创始人索菲娅·阿莫鲁索（又称女孩老板）便是个好例子：她的大型服饰销售网站起源于刚开始在易趣上创办的一家店铺，她将在实体店里购买的衣服以更高的价格在网上进行二次售卖。受欢迎的播客节目《金钱星球》，最近便专门制作了一期关于这些产品转销商的节目，尤其是介绍那些在亚马逊网站上的转销商。其中一位叫山姆·科恩的转销商"在较大的零售店购物，然后转手便在亚马逊网站上出售以快速获利。这有些违反经济逻辑"。事实一次又一次证明这种转销能带来数百万美元的收入。那些被昂贵的书本费压榨的学生，也运用互联网价格策略来买书和卖书赚差价。

创办非实体企业是一种小趋势，能让聪颖的美国人在一个自动化和全球化的世界中分一杯羹——这是一种低成本而又无须坐班的房租支付来源。你不必拥有一个能改变世界的创意，你只需有一个好的创意即可。要成为一名"互联网＋"创业者，你所需要的仅仅是熟悉一些网上开户的技巧，一点营销的勇气和少量的资本。

无论你年轻与否，你都可以成为一名"互联网＋"创业者。但不要期望一开始便能成功，你可能需要尝试 4 至 5 个创意、消耗一些信用卡额度，并承受住一些压力之后才会有起色。但是这种快速创业（无论失败或成功）的机遇在最近才出现。你可能不是比尔·盖茨或者萨拉·布雷克里，但是只要你有毅力并能想出合适的点子，过上小康生活或者挣些外快一点儿都不是问题。全球化和科技不是我们的敌人而是我们的朋友。美国应该在政策上尽一切努力，帮助这些新兴的"互联网＋"创业者扫清创业道路上以及他们在创造灵活的工作场所时所遇到的障碍。

45.
小微信贷增多

今天几乎所有的美国人都可以自己创业，在易趣上售卖旧商品或新物件。尽管启动创业需要一点儿时间和资金，但是一旦创业进入正轨，那么大把的机会便会呈现在你的眼前。如果你生活在发展中国家，虽然情况与美国不同且创业风险较高，但是自主创业的机会也在增多。你可能生活在工资较低且好工作屈指可数的地区，但是如果你能利用好一些基本理念为自己服务，那么你的生活、家庭甚至社区都将发生彻底的改变。当然前提是你能成功地迈出创业的第一步。

我们来认识一下"小微信贷提供者"吧——他们的业务就是将种子基金分成多份，分别投给全球的创业者们。这种投资模式和回报令人震惊，且在不断地呈现上升趋势。

高盛集团将此业务作为一项主要的投资活动，这一点儿也不奇怪，但是令人感到奇怪的是，这一家由男性掌控的金融集团却将目光聚焦到女性身上。2008 年，高盛集团宣布了资助 1 万名女性的"巾帼圆梦"计划。高盛集团这一计划的初始投资额度为 1 亿美元，将会资助全球最缺少发展机会的女性。这些女性遍布全球 56 个国家，高盛集团为她们提供金融资源、教育、指导和关系网来帮助她们在当地创业。这一计划具有革命性意义：因为女性企业家们，尤其是世界贫困地区的女性中小企业家们，总是被投资者和投资机构所忽视。

在高盛集团宣布其"巾帼圆梦"计划时，孟加拉国格莱珉银行的穆罕默德·尤努斯也在践行相同的贷款理念，即资助该国最贫困的群体——其中大多数人为女性。有些人将此举称为"金融包容",但是我们大多数人称其为小微信贷。小微信贷很快便得到了支持。今天,微型信贷在全世界范围内的贷款人数超过了 2 亿人,其中女性占了 80%。尤努斯在 2006 年因其在小微信贷上取得的成就而获得了诺贝尔和平奖。2014年,高盛集团与世界银行合作实施"巾帼圆梦"计划,宣布其 6 亿美元的信贷额度能够在全世界范围内帮助 10 万名女性(资助人数在扩大)获得资本和资源。

女性成为投资者关注的焦点,不仅因为她们很难获取和接收贷款,而且因为国际金融公司估计发展中国家 70% 的女性企业家都无法获得足够的资助——资助缺口达 3 000 亿美元。在美国,女性企业家申请小微信贷进行创业是再正常不过和可行的一件事了,比如获得贷款来取得 Lululemon Athletica 运动服饰的特许经营权。有很多机构会竞相为女性提供贷款服务,借贷过程通常快速且简单。但是在某些发展中国家——稳定的就业都还是一个挑战,更不用说广泛存在信贷资金缺乏、个人信贷记录几乎为零且能够抵押的资产少得可怜的情况——为有抱负的创业者提供贷款几乎不可能。至少过去是这样。

今天,小微信贷机构将业务扩展至全球的 100 多个国家,为数百万最贫困群体提供贷款。仅仅孟加拉国格莱珉银行,就为 200 多万名印度村民提供了超过 20 亿美元的贷款,其中大部分的贷款人是女性,平均贷款金额低于 100 美元。专注于为女性提供贷款会造成消极还是积极的后果呢? 在一次接受《洛杉矶时报》的采访中,穆罕默德·尤努斯解释道:"依据我们在孟加拉国的经验,向女性家庭成员提供贷款比向男性提供贷款能给家庭带来更大的益处。女性想要利用贷款来满足家庭未来发展的需求,她们具有长远的眼光。女性会考虑家庭情况,改善儿童境遇,而男性则试图满足眼前的需求和生活上的享乐。我们看到在小微信贷得到发展的其他国家,也存在相同的情况。"

高盛集团也报告了积极的成果。接受贷款的创业者,最后平均收入提高了 480%。

这些小微信贷提供者身上有很多值得学习的地方——不仅是学习他们如何发挥贷款的作用。我们也从针对贫困国家的小微信贷中收获颇丰，无论发展中国家有无支撑创业努力的基础设施，我们都学到了关于在这些国家中放款、赚钱、欠钱和赔钱的成功经验和失败教训。

在小微信贷的发源地孟加拉国，大多数女性一开始利用小微信贷购买一头奶牛来售卖牛奶，或者她们购买原材料来缝制和售卖莎丽服。待积累资金后，她们便购买大宗商品——比如一群水牛或者开办烘焙店。在经过数年发展之后，以女性为中心的小微信贷计划，已经推动了基层运动和自立组织的产生，这一计划不仅帮助贷款人及其家人和整个社区脱了贫，而且也在从事未来女性赋权运动。比如，来自印度海得拉巴市的玛曼莎，她在 2006 年创办了一家公司帮助她所在的社区清理储水池，当地急需这一业务。她的顾客群从刚开始只有周围的 200 多人，扩大到来自整个地区的 4 000 多人，她现在有 15 名雇员，数十名合同工人。未来几年内，她的业务量预计会增长 30%。

拉丁美洲拥有完善的小微信贷项目，并从对该地区发展中国家经济前景至关重要的融资中获益良多。最近，《经济学人》发布了《小微信贷业务综合商业环境报告》，指出在排名最靠前的 12 个拥有最佳商业环境的国家中，有 8 个国家在拉丁美洲。其中领头羊是秘鲁，其小微信贷投资组合金额达到 123 亿美元，其次是厄瓜多尔（17 亿美元）和哥伦比亚（14 亿美元）。墨西哥拥有 230 万客户，是该地区最大的市场。

小微信贷不仅改变了印度和拉丁美洲人们的生活，而且给全世界人民的生活带来了改变。比如，东非的农村女性，包括乌干达、坦桑尼亚和肯尼亚最贫困地区的贫困女性，都可以获得小微信贷，以利用贷款来抚养艾滋病孤儿、开办小企业以及支付学费、食品和医保开销。贷款人又利用贷款雇用帮手和改善当地条件来帮助社区发展。

在巴基斯坦，2/3 的人每天的生活费不足 2 美元，一些古老的城市由于战争和恐怖袭击而遭到破坏，当地的女性已开始开办实体店，激励人们重建基础设施和住宅，并全力保证儿童接受教育。投资银行家罗珊娜·扎法自从 1995 年以来，一直致力于通过小微信贷帮助其家乡拉合尔市及其周边地区摆脱贫困。她为超过 30 万名女性提供了 2 亿多美元的贷款。这些贷款被用于刺绣产业、美容沙龙、学校和基础设施建设等。一份提交给扎法的关于贷款所带来的最大影响的报告称："我们发现接受采访的 40% 的男性说，'我们不再殴打我们的妻子了'，因为她们拥有了贷款，夫妻间的大部分争吵都和钱有关，因为缺钱。"80% 的男性现在不仅在做出经济决定时与妻子商量，在做出所有决定前都会与妻子商量。

即使在美国，美国乡村银行报道称，2 800 万名美国民众享受不到银行业的服务，不到 50% 的美国人拥有储蓄账户，女性，尤其是黑人和拉美裔女性，正在从小微信贷中发现新机遇。

总体而言，小微信贷提供者所造成的最大影响在教育领域。尤努斯解释道："在孟加拉国，我们将钱贷给女性，这些女性和她们的丈夫都是文盲。我们要确保他们的子女不再成为文盲。我们成功了——接受我们贷款的家庭的二代成员 100% 都接受了教育。我们为他们提供教育贷款，帮助他们上大学和医学院。这些家庭的二代成员普遍接受了高中教育。这已经成了我们的制度性做法。"

不幸的是，尽管有很多成功的案例，但同样也存在很多贷款人无法偿还贷款的事实。比如，非洲由于政治风险和较弱的基础设施并没有像拉丁美洲那样吸引诸多关注和资本。成功的小微信贷模式不光要求具有创业想法和创业抱负的人，它还需要一个国家整体健康的宏观经济环境。如果经济情况不佳，那么很少有贷款人能够偿还贷款。由于利息高以及相关培训不足，很多贷款人在旧贷款未还清之前又背上新的贷款债务，从而形成旋转门效应。有些捐助项目尝试着进行干预，但这些捐助组织只抱有"临时"救济的心态。直接投资，而不是通过有组织的政府或地区项目投资，给很多对非洲进行投资的小微信贷提供者增加了不确定因素，通常贷款建立的企业或被忘记或被抛弃，最终都以失败告终。

　　经过几十年的发展，小微信贷产业的市值估计在 700 亿至 1 000 亿美元之间。2015 年小微信贷高峰会报告称："截至 2013 年，小微信贷机构为 211 119 547 名贷款人提供了贷款，这是有报道以来的最多借贷人数。另一方面，无法偿还贷款的最贫穷贷款人的人数连续三年出现下跌，目前减少为 114 311 586 人。在所有最贫穷的贷款人中，82.6% 或 94 388 701 人为女性。"

　　研究表明，在发展中国家，人们管理家庭生活的方式比经济学家想象的要复杂得多。研究人员只关注家庭总体收入和支出，而忽略了穷人每一天的生活困苦。研究员乔纳森·默多克在《穷人的理财经》一书中解释说，当某人每天的生活费为 1 或 2 美元时，他的生活费并不是每天挣得的——他的下一次收入，可能会出现在数周之后。因此，贫困家庭可能不会用其收入进行长远打算，只会满足当下的需求。

　　在小微信贷被加以分配和恰当管理，且企业和当地组织已经成形，并能直接影响社区发展的地区，贫困水平已大幅降低，生活质量也有所改善。

　　但是，正如独立经济学家凯瑟琳·奥德尔指出的那样，小微信贷并不是一剂万能良药："小微信贷对小微信贷者的收入和贫困率的总体效果还不明显，对社会福利措施，比如教育、医疗和女性赋权的影响也不明显。"

　　小微信贷另外的一个附加好处，就是将亚当·斯密的理念介绍到了社区，否则这些社区多半会把经济得失归因于部落或政府所做的工作。当然，失败的小微信贷提供者们对这些理念的兴趣会大打折扣，但是成功的投资案例让人相信资本能发挥作用——不仅能为财大气粗的大公司服务，而且能为渺小的个人服务。在美国，由于烦冗复杂的官僚程序和税务事宜，创办一家小企业的过程会让人们转而支持共和党。我们不清楚在发展中国家变成一名资本家会对人们的政治立场产生什么样的影响，但是世界上每个生意人，都应该拥有经济自由。

　　小微信贷可能无法消除全球贫困，但至少它目前出现在我们的生活中。即使微型信贷失败了，它也不会将人们置于比以往更糟的境地。但是如果它成功了，那么它对人们的生活将产生巨大的影响。目前没有关于向人们进行小微信贷的"鲦鱼坦克"这样的节目（就像《鲨鱼坦克》的缩小版），但是我们可能需要这样一档受人欢迎的真人秀节目，以吸引更多人的关注来帮助人们脱贫。与施舍不同的是，这些理念是帮助人们学会终生"钓鱼"的技巧，这也是为什么这些理念在发挥作用时，能够产生如此大的效果。

46.

网络诈骗多样化

2016 年大选之后，假新闻成了热门话题，但这揭开了过去十年间，一直在暗中发展的一个新的诈骗世界的面纱。能够远在 2 000 英里之外骗走你钱财的新诈骗分子已经出现，他们就是网络诈骗分子。

很多网络诈骗分子代表着一种新式犯罪，他们与威利·萨顿那样打劫银行的悍匪和臭名昭著的抢劫犯有着很大的区别。即使像过去的查尔斯·庞兹和近期的伯纳德·麦道夫那样的诈骗重犯，也需要与受害者见面，直视他们的眼睛。互联网为我们的社会带来无尽的裨益，但是它也为这一新的骗术提供了滋生和肆虐的土壤。

当黑客出现的时候，事情多半会很严重。20 世纪 60 年代，麻省理工学院的学生将黑客定义为"精通某种系统、计算机，尤其是计算机网络内部工作原理的人"。他们是有大把时间的专家、天才和隐居者。关于黑客的电影层出不穷，关于他们的传说传遍坊间。

赛门铁克研究实验室的高级研究员莎拉·戈登，数年来一直在追踪电脑病毒制作者和黑客们的心态和动机。戈登解释说，今天的黑客种类很多。很多网络诈骗者符合过去对黑客那种过时的描述，即一群成年的男性电脑专家。戈登又补充道，随着互联网的变化，黑客们不再只有一个种类，他们或拥有一种技能专长，或表现为一个群体以及出现于一个地方。他们也不一定对电脑系统有多高深的了解。实际上，大部分黑客的技能都是从互联网上学来的。

从最简单的说起，自从任何能使用鼠标的人可以从互联网平台上获取现金开始，网络金钱诈骗就变得简单了。我们看到互联网的这一功能为一些勤劳和有创意的人提供了有吸引力的新职业，但同时也开启了利用互联网进行诈骗的黑暗之门。简单来说，只要在网上的显眼位置摆放一些虚假标题并配上一幅图片，如果点击量足够多，广告和支票就会找上门。比如，在网上发布虚构的标题"克林顿撕咬一只狗"，或者"特朗普朝教皇身上小便"，那么网上肯定炸开了锅，有吸引力的标题会获得点击量。如果能编造几百个这样的虚假标题，即使最简单的骗局也会传播开来。

对于网络诈骗分子来说，最佳的工作场所就是那种州警察和联邦调查局特工不可能破门而入将其逮捕的地方。按照这个标准，在网络诈骗分子眼里，美国不是一个好地方，而中国就更不可能了。然而，其他很多国家和地区在网络诈骗分子眼中依然是进行诈骗操作的天堂，比如乌克兰、非洲部分地区和菲律宾。根据云服务提供商阿卡迈公司的调查，印度尼西亚是网络攻击最大的发起地——38%的网络攻击面向全世界。在所有的网络攻击中，只有1.7%的攻击目标是俄罗斯——被攻击率远低于美国、土耳其和印度，以及中国台湾。

美国一家名为Disinfomedia的虚假新闻发布网站的创办人贾斯汀·科勒曾接受美国国家公共电台的采访。科勒承认他运营着多家虚假新闻网站，具体数字他不愿透露，有20~25个网站。该报道称："科勒是一位言谈温和的40岁男子，有一个妻子和两个孩子。他说他于2013年开始制造虚假新闻，目的是引发人们对崇尚白人民粹主义的另类右翼极端性的关注。"

科勒说："刚开始的想法就是建立一个排除另类右翼一言堂的一个网站，发布一些大胆的虚构新闻，然后对这些新闻进行公开谴责，最后指出这些新闻的虚假性。"他编造了一个虚假新闻，描述科罗拉多州的顾客们如何使用食物救济券购买大麻，这一新闻最后被传到了科罗拉多州议会。该州的议员们为此计划对一项从未出现过的犯罪进行立法。

科勒现在仍编造虚假新闻，尽管他知道这不道德。像其他诈骗行为一样，网络诈骗来钱很容易，且受害者不清楚诈骗者的身份，最重要的是，那些诈骗者也不清楚受害者的身份。虚假新闻每月可以获得1万至3万美元的收入。如果诈骗者将特朗普的支持者作为目标，那么他的收入会更高。

表46.1　海姆达尔主动网络安全软件评选出的十大网络骗术（2017年）

钓鱼邮件诈骗
尼日利亚王子骗局
贺卡诈骗
有担保的银行贷款或信用卡诈骗
彩票诈骗
杀手诈骗
浪漫诈骗
虚假杀毒软件诈骗
脸书网上的冒充骗局
快速赚钱骗局
旅游骗局
快递骗局
虚假新闻骗局
股票市场骗局
工作骗局
短信诈骗

数据来源：海姆达尔主动网络安全软件。

过去，诈骗者的职业就是诈骗。今天，诈骗者可能就是你的保险代理人。马丁·麦凯在其2015年的文章《黑客心理研究》中写道："如果你去参加在拉斯维加斯召开的世界黑客大会，或者欧洲的混沌计算机俱乐部集会，你就会看到数百名与会者都是独狼式的黑客，他们文身且身着黑色的连帽衫。但是当他们中每一个人当众展示一项黑客技术后，就会有至少数十人，甚至上百人花时间利用这一技术入侵别人的电脑系统，或为玩乐，或为赚钱。这些黑客中很多人都是成功的商人，每天西装革履地去上班，外表和行为看起来与常人无异。对于某些人来说，使用计算机犯罪和保护计算机系统一样，都属于一种朝九晚五的工作而已。"

但是网络诈骗者的诈骗手段却多种多样。上周我收到了一封邮件，要求我向身处尼日利亚的一位陌生人汇款 2.5 万美元应急，事后我会得到更为丰厚的回报。这就是一封经典的邮件诈骗——字母间距和表达方式都很奇怪，发信人声称身陷囹圄——也就是所谓的"尼日利亚王子骗局"。你可能会奇怪为什么还有人选择如此拙劣和明显的诈骗方式。但是对于诈骗分子来说，他们必须发出上千万封这样的邮件以保证有人上当，只要有人上当，他们就可以在尼日利亚过着衣食无忧的生活了。另外，希拉里竞选团队负责人约翰·波德斯塔和希拉里竞选团队信息技术部门，都是这种简单骗术的受害者。

《琼斯母亲》杂志的一篇文章中写道："每年尼日利亚骗局的诈骗者们诱骗美国人向陌生人的汇款金额达数千美元。2011 年，联邦调查局收到了近 3 万份关于预付款诈骗的报告，该诈骗也称'419 诈骗'，而 419 便是尼日利亚刑法中关于诈骗法的代号。2012 年，联邦调查局收到了 4 000 份关于预付款诈骗的报告，受害者损失金额总计为 5 500 万美元。尽管世界上不只尼日利亚人从事预付款诈骗，但差不多 1/5 的同类诈骗都起源于该国。这些诈骗内容包含虚假的彩票中奖、工作邀请和遗产继承通知。"《琼斯母亲》杂志刊登的一篇文章里采访了两名诈骗者，他们承认在尼日利亚的身家达到了 6 万美元——要知道 70% 的尼日利亚人每天的生活费仅为 2 美元。

令人惊讶的是，电话诈骗的数量也在上升。现在的诈骗电话客服中心有 400~500 人在实施电话诈骗，几乎所有的电话诈骗都来自印度。电话诈骗占了联邦贸易委员会消费者投诉的 10%，2016 年对诈骗电话的投诉事件达到了 25 万起。随着自动语音通话的发展，每月拨给手机和固定电话的诈骗电话达数十亿次。苹果公司已经记录下一种常见的诈骗电话，受害者一般会听到一个让人恐慌和急迫的缴费通知，它要求受害者从最近的零售商（便利店或电子产品商店）购买苹果音乐软件 iTunes 充值卡进行缴费。受害人购卡之后，电话那头会要求受害者通过告知充值卡背后 16 数字的密码进行缴费。而令人惊奇的是这种诈骗方式有时会得手。

最令人恐慌且利润最高的诈骗便是勒索软件，其数量正在不断攀升。勒索软件功能类似于恶意软件，它一旦侵入你的电脑系统，就会锁住键盘防止你操作电脑硬件，除非你支付赎金解锁——赎金通常以比特币的形式支付。根据《连线》杂志的报道，勒索软件属于暴利诈骗软件。该报道称："2012 年，赛门铁克公司了解了恶意软件 CryptoDefense 使用的命令及控制服务器，掌握了黑客们通过两个接收赎金的比特币交易地址所收取的赎金总额。在该软件一天之内感染的 5 700 台电脑当中，3% 的电脑使用者支付了赎金。平均每名受害者支付的赎金数额为 200 美元，赛门铁克公司估计，黑客们一天的赎金进账为 3.4 万美元。以此推算，他们一个月的赎金收入达到了 39.4 万美元。"据估计，2016 年网络诈骗者在美国诈骗的总金额为 13.3 亿美元。

目前大约有 10 万人从事诈骗行业，诈骗成为地球上增长速度最快的职业之一。而诈骗者大多是发展中国家的年轻人，他们没有更好的工作机会，且他们能满足好工作需求的技能不增反降。如同我们今天的机场需要投入大量资源进行安保一样，互联网发展也需要采取相同的方式。而大部分诈骗活动与技术无关，它们只是利用了我们的情感。没有任何安保措施能够阻止我们去帮助那些我们相信需要帮助的人，这是人类的本能——或者阻止我们那些更加低俗的好奇心和贪欲。要阻止网络诈骗者，我们需要付出共同的努力，但是我希望这一趋势就只是一个小趋势。

47

弹性工作更受欢迎

"专注力缺乏的一代"不稳定的生活方式除了随意约会、合租、非全日制上学，以及由智能手机和社交媒体带来的通知推送文化之外，还可以增添一种新的工作方式。

兼职和课外工作已经问世很长时间了。一般来说，当雇主由于订单减少而削减全职工作职位时，兼职工作数量就会增加。一些兼职工作，比如服务圣诞的季节性工作，已经趋向于采用季节性零售模式。而课外或暑期工作则非常适合那些享受学校假期的人士。

然而，目前出现了我们称之为弹性工作的小趋势。这里，我们谈的不是寻找全职工作的兼职工作者，也不是平衡学业和工作的在校大学生，更不是退休后依然在工作的 60 岁以上的人。我们谈的是那些处于职业全盛时期的美国人，他们只是不想让工作成为他们生活中的决定性因素。而这与其余那些兢兢业业伏案工作的美国人大相径庭。

对于这些寻求弹性工作的人来说，工作不是生活的全部——它只是生活的一部分。根据新罕布什尔大学教授丽贝卡·格劳伯的调查，大约 25% 的兼职工作者生活贫困。尽管如此，这些兼职工作者想尽办法从事零工经济类的工作，他们可能白天当优步司机，晚上为外卖网站 Seamless 送外卖，根据自己满意的日程安排来创造自己想要的生活。这种工作模式意味着他们是在为自己工作，而不是为他们的雇主工作。寻求弹性工作的人多为女性，她们并不是出于经济原因而被迫工作，而是选择从事有意义且富有成效的工作，且这些工作不会占用她们全部的时间。这样她们可以花时间陪陪家人，或者追求自己其他的兴趣爱好。弹性工作的目的或是为了让人们从事有意义且充满激情的工作，或是让人们能够掌控工作和生活的平衡。

尽管寻求弹性工作的人是为了让工作充满激情，但是这是令美联储担忧的一个趋势。美国劳工统计局发布的关于每月就业数据的统计指标备受各行业关注，因为通过它可以了解国家的经济走向。美联储主席珍妮特·耶伦透露，目前兼职工作者的数量处于"高峰期"。而美国劳工统计局显示，在2016年全美2 600万兼职工作者中，有2 000万是主动选择兼职工作的。在这些人中，有600万人为了个人爱好而选择兼职工作。

在全职工作和兼职工作的选择中，大部分美国男性宁愿从事全职工作，这与美国女性的选择有所不同。根据一项2011年的调查，只有12%的男性愿意从事兼职工作，而有60%的女性愿意从事兼职工作。这种差异部分源于男性认为在事业上处于次要地位是一种耻辱，尤其是他们感到自己扮演了"全职先生"的角色时。

不管怎么说，美国的兼职工作者人数在快速增加。1955—2015年，选择兼职工作的美国人增加了4倍。随着劳动力缩水，兼职工作群体的人数不断扩张。看起来好像兼职工作会对美国的经济不利，但实际并不是这样。美国经济发展委员会主席黛安·林援引经济合作与发展组织的研究表示："兼职工作可以实现从业者跨工作、跨职业、跨行业和跨地区的更加自由的流动，从而使得资源更容易实现最大价值。"换句话说，兼职工作者加强了经济的流动性，且帮助就业实现了持续性和革命性的发展。兼职工作并没有使生产力出现下降，相反，兼职工作的增加缓解了自动化给经济带来的压力。我们不应将追求弹性工作的人与工作偷懒的人混为一谈。很多研究表明，兼职工作对于公司和雇主来说是一种可靠的策略，因为这些紧凑的工作安排带来了更加开心的雇员和更好的工作效果。

目前，2/3的兼职雇员是女性，而男性只占1/3，其中一半的男性来自最年长和最年轻群体。大量证据显示，美国女性受益于兼职工作。2012 年的一项评估女性从事兼职工作和全职工作的幸福指数调查发现，参与调查的女性认为"长时间工作的减少"为这些女性的生活带来了"积极和重大的改进"。很多从事兼职工作的女性都有孩子和一名从事全职工作的配偶，她们从事兼职工作的原因或是渴望学习知识，或是想要在无须牺牲自己家庭生活的前提下尝试过去的工作。

初创公司已经注意到带孩子的女性在生活中对弹性工作的需求。像国际采购公司 Inkwell 等公司迅速出现，Inkwell 公司将高端微项目与因育儿而离开工作岗位的高素质女性结合起来。这类公司既能帮助一位具有 20 年工作经验的营销高管参与能实现她个人抱负的工作，而又不耽误她陪伴孩子。这些公司的举措与"人才流失"背道而驰，后者意味着受过教育的美国女性因为要育儿而离开工作岗位，且不再返回。然而这会降低那些把家庭放在第一位，但又要继续工作的女性在职场的升迁速度。

弹性工作生活方式对于职场母亲来说是一种进步。那些实行高度弹性工作时间或兼职工作的公司，能够帮助很多母亲重返职场。很多公司注意到并开始迎合那些只想花少部分时间来工作的人士的意愿，25% 的美国职场女性现在从事兼职工作。那些不提供兼职工作选择的公司将会落在时代后面，在雇用精英人才方面失去竞争优势。

尽管过程漫长但不可避免的是，那些因不提供弹性工作时间而臭名昭著的行业，意识到了在这个互联时代进行妥协的益处。一份美国国家雇主研究报告发现，38% 的雇主提供在家办公的选择，这比 2008 年增长了 23%。尽管兼职工作在未来可能成为一个趋势，但是越来越多的公司现在提供弹性工作安排、远程办公和比以往更短的工作时间——尽管这些福利中的一部分只提供给某些雇员，尤其是那些抚养年幼儿童的女性。

很多美国男性希望从事兼职工作，但他们认为兼职工作会让他们看起来缺乏男子气概。一项研究发现，59% 的职场父亲喜欢兼职工作的日程安排，但是并没有去实践，因为他们中超过 1/3 的人认为他们所在的公司看不起做兼职工作的人。这种偏见可能会使从事兼职工作的人无法参与到重大项目中去，或者得不到其他同事的充分尊重。

在未来数年内这一现象会持续发生变化，但是弹性工作是由雇主而不是雇员推动发展的。如果公司将这一措施作为挽回劣势方法的话——可能通过发放额外福利，或者缩小男性和女性之间的工资差距，或者减轻员工的压力，允许他们抽更多的时间陪伴家人——那么公司的企业文化将会出现变化。或许这一改变要从重新制定员工手册做起。

对于很多年轻的美国人来说，他们的理想就是避免与大公司签订"卖身契"，因为他们想要掌控自己的时间。千禧一代非常赞同按照自己的日程安排工作，但要找到自己做老板的感觉可能意味着会获得较少的公司传统福利（带薪假期和医保福利）。根据工资调查网站 PayScale 在2015 年的一项研究，只有 15％ 的 2015 级大学毕业生"想要去大公司工作"。而在 2007 年，去大银行工作或在跨国公司任职，对于大学毕业生来说是一件梦寐以求的事情，而现在它们却不受青睐了。该研究还发现，比起安稳地在公司找份全职工作，陪伴爱人、从事有激情的工作或者进行全球旅行，要更吸引人。凯业必达招聘网站的调查也认可了这一结论，该网站发现 63％ 的参与者认为朝九晚五的 8 小时工作，用贝拉斯科在2015 年的研究中的话说，是一种"落伍的理念"。

朝九晚五的工作模式并不适合现代的家庭结构。以前，这种模式是为男主外女主内的双亲家庭设置的。传统行业和传统的工作日程并没有考虑到现代婚姻的推迟，或者雇员追求个人兴趣爱好的意愿，更不用说夫妻双方都工作，或者女性在外打拼而"全职先生"在家照看孩子的情况了。甚至从结构上说，新增加的哺乳室或者开放办公的设计，都暗示着传统的工作模式已经不适合现代社会发展的需要了。

2015 年的一项研究显示，越来越多的年轻男性正在寻找兼职工作，人数要多于以往任何时候，这表明过去男士因兼职工作而产生的耻辱感正在消失，或者与找到工作的男性的其他优先考虑事项相比不值一提。

这一趋势也反映出新一代男性在更多地参与被经济学家称之为"家庭生产"的环节（也被称为家庭责任）。这意味着对兼职工作看法的代沟在未来可能会消失，且公司需要为男性提供更多的具有创新性的带薪休假。

寻求一份弹性更高的工作和追求个人生活不光是美国人的意愿。在荷兰，大多数已婚女性都从事着一份兼职工作，并且很享受这种工作模式。2013 年布斯和范·乌尔斯的研究发现："有伴侣的女性对兼职工作有着很高的满意度，不愿对工作时长做出改变，且家庭生产效率极高。"尽管像荷兰等国家的女性依然在照料家庭，但是她们并不为此感到不开心。该研究还发现，在西班牙、英国、德国和法国等一些欧洲国家，政府实际上很重视雇主将兼职工作作为降低成本并减少对雇员约束的手段。

2012 年的一项研究发现，从事兼职工作的雇员们"对工作的满意度最高"，超过了那些从事着朝九晚五工作的人。兼职工作也会让人们发挥更高的效率和效能。这种工作模式使得那些主张人们应当工作尽可能多的时间，以换取明确福利的社会规划者和政府官员感到彷徨。但是，越来越多的雇员表示兼职工作已带给他们足够多的福利了。整体而言，寻求弹性工作的人不打算在职场升迁上有所作为，也没有购买一辆特斯拉的欲望——他们认为工作虽然是必需的，但是要有弹性。

48

新时代工人面临新机会

如同传统工人属于工业时代的产物一样，新时代工人的产生则顺应了信息时代的需求。新时代工人的形象与传统工人完全不同。19世纪，美国的工作和工业的重心是家庭生活、健康安全、工作时长和加班，作为集体组织和机构一员的工人，能够为自己、孩子和配偶提供保障。今天新时代工人的重心，则是永远运转的经济和新时代千禧一代工人所需要的更高的工作弹性。

传统工人过去守在生产线旁，日复一日地重复着辛苦和单调的工作。他们或者一遍又一遍地为一件玩具的某一部件上螺丝，或者往篮子里装物品。尽管新时代工人或在亚马逊仓库里操作叉车，或者在拥有一份具有挑战性的工作同时也独立地为一家应用软件程序公司工作，但他们与传统工人有着很大的不同。

作为传统经济堡垒的传统工厂里的工作正在消失，这种现象不仅发生在美国，而且发生在全世界。纵观整个世界，在生产力业已提高的同时，生产领域的就业正在缩减。很多人认为我们离"工作"消失的日子为时不远。有一种说法是，因人工智能而兴起的机器人，正在取代越来越多过去由人来完成的工作。那些能够在未来新经济发展中取得成功的人将会过得如鱼得水，而那些失败的人将会永远地失业，或被机器人缴纳的税款所救济，或者在《银翼杀手2049》那样一个荒冷的世界中苟存。

其实工作并没有消失。大量的新工作被创造出来，全球的就业率达到了历史新高。2009年经济开始复苏以来，美国的就业人数超过了以往任何时期。根据 2016 年的数据，美国全职工作人数达到了 1.24 亿人，2 800 万人从事兼职工作。从世界范围来看，失业率也在下降。根据 2015 年的统计数据，中国就业人数达到了 7.75 亿人——2 年后，这一数字又有所增长。2017 年英国全职工作人数达到了 2 325 万人，比 2016 年增长了 20.9 万人，且从事兼职工作的人数也有所上涨。

的的确，科技淘汰了一些传统工作，这是一个不争的事实。但是科技也创造了大量的新工作。那些被永久淘汰的工作是那些像电梯操作员和道路收费员之类的工作。因为科技发展而被淘汰的很多工作，实际上都是那些最不合理、过于重复以及最无法让人感兴趣的工作。因此，我们不用为此感到悲伤。取而代之的是数百万更加有趣的"白领"工作，能从生活的方方面面为人们提供帮助的新服务经济的增长以及更优质的"新时代工人"的工作，这些工作不需要大学文凭就可以提供中产阶层的收入，而且与那些被淘汰的工作相比，它们为人们提供了更加有趣的职业选择。现在最大的问题并不是缺少工作，而是在一些失业较突出的地方缺少工作。

首先，科技公司需要大量的工程师，这些工程师是传统"科技"产业中最基础的高收入群体。科技的发展能够服务越来越多的消费者，科技和与科技相关的产业开始雇用大量的劳动力，向更广大的群体提供工作机会。比如，脸书网刚刚公布了数千个查找假新闻的工作职位——这是一个典型的需要大量人工去实践的新时代工人工作，且这比在生产线上工作要有意思得多。紧随其后的一些公司，比如优步，并没有削减工作职位，而是提供了大量的新工作机会。当优步给出租车行业带来了革命性影响时，该公司在美国和其他 66 个业务国同时为成千上万的人提供了从事司机职业的机会。在优步开展业务的每一个城市里，受雇用的司机数量增长显著，它为有车族提供了市场准入的机遇，也为消费者提供了更为便捷的用车服务。另外一个著名的例子便是亚马逊公司需要雇员来服务于其数量巨大的仓库和物流配送。物流公司 Postmates 也需要随时待命的工作人员。对该公司设立第二总部位置的竞争也很激烈，情况如同以往大工厂设立第二总部位置的竞争一样。在线按摩服务商 Zeel 需要数千名按摩师。这些为帮助人们更加便捷地获得商品和服务的公司通常没有减少，反而是在扩大市场以及增加对雇员的需求。

表 48.1　美国制造业就业百分比（2005—2015 年）

	2005	2006	2007	2008	2009	2010	2011	2012	2013	2014	2015
制造业	11%	11%	10%	10%	10%	9%	9%	9%	9%	9%	9%

数据来源：美国事实。

这些雇员拥有更大的个人自由，对自己的时间有更大的支配权，且需要更加熟练地安排自己的各项任务。在关于追踪雇员行踪和行为方面，人工监督将大大减少，而电脑监督则会大幅增加。这些工作并不要求雇员们集中于一个工作场所，相反，他们被故意进行非集中分配，以便服务于更广阔的地区。这些公司也没有严格的组织结构，它们允许单身人士和母亲们自由决定何时何地进行工作。

其他的例子还包括像即时家政服务软件 TaskRabbit，提供日用百货购买和运送服务的 Instacart，提供美容健康和预订服务的 StyleSeat。像传统工作一样，这些新时代工人工作的常规做法也是从接单开始且重复相同的工作，但工作地点遍布各处。与传统工作不同的是，你的顾客或客户现在成了你的监督者。他们会为你的每次工作进行评分，你的评分可以为你带来额外的收入、晋升或者解聘通知书。良好的评分会为你赢得更多的工作机会，这一机制将会把待遇更优厚的新工作提供给高素质的雇员。你和你的客户之间是双向选择的关系。

我们不能忘记今天受教育的人数要多于以往任何时期。美国 95% 的人接受过高中教育，尽管还有关于美国学校的负面评论，但是相比起美国工厂如日中天的时期，今天的美国民众在基本的阅读、写作和数学方面要有竞争力得多。

新时代工人的另外一个不同点就是，你现在基本上是独自工作。过去，人们和他们的配偶或者最好的几个朋友，相识于公司的饮水机旁或者办公室的午餐室内。而现在人们在工作时形单影只——他们需要有能和顾客搭讪并保持联系的能力，否则他们会感到自己比工业时代老旧的齿轮更加孤单。

关于新时代工人工作的另一个大问题，就是这些工作是否会转变成长期的职业，或者它们在年轻的美国人找到未来更加长远的职业道路之前，是否只是兼职的临时工作。但是现在的工作既可以被看成长期的工作，也可以被看成临时的工作。亚马逊公司很多职位都是长期工作，且任何人都可以把优步司机作为一份长期工作进行下去。但是，这些工作的竞争很激烈，而且有些工作从性质上看属于临时工作，比如运送工作。一些观察家担心新时代工人工作将会很快被自动驾驶汽车、无人机和运送机器人取代。可能从长远角度看这一现象会发生，但是我相信，机器人能在很多方面取代人类的这一能力有些被夸大了。一个笨拙、行动缓慢的机器人，要取代一个骑自行车穿梭于车流之中的人类还有很长的路要走。

不是所有的文化都适合新时代工人的工作。像日本这种文化等级较严格且拥有更大官僚化组织的国家，很难理解这些新式工作对工作和生活方式的意义。这些工作所带来的自由，以及随时工作和随时辞职的能力，与为日本财阀工作所需遵守的文化规范形成了鲜明的对比，这些财阀就是控制日本经济的大规模企业集团。2012年麦肯锡全球研究所针对外国工厂工作的一份调查报告显示，制造业领域全球范围内的发展"经历了一个多事之秋的十年：大型发展中国家经济体成了制造业国家的前沿代表，严峻的经济衰退抑制了需求的增长，发达国家中的制造业就业人数加速下滑"。美国中央情报局的《世界情况概论》估计，全世界23.6%的工作都集中在"工业领域"，但是现在还不清楚这些工作中有多少与工厂有关系。

对于那些最勤奋的人来说，这些新机会能为他们带来经济上的奖励——你可以驾驶自己的汽车当优步司机，每天晚些时候可以替优步送外卖，或者承接一些其他服务。如果顾客对你的评价很高且你本身也很勤勉，那么每年你的收入可以达到 10 万美元或者更多。在纽约，从事这些新工作的人其收入可以达到当地的收入中位数，即 5 万至 6 万美元。但是在大多数情况下这毕竟是少数。大多数城市的大多数司机每小时可以挣到 10 美元：尽管作为收入补贴来说这足够多了，但是通常很难用来养家糊口。由于优步公司一年内流失的司机相当多，所以便对那些长期为其工作的司机提供一定的特别待遇（可以接送评价较高的乘客以及每小时能保证一定的收入进账等）。在各种各样新式共享经济服务中，爱彼迎及其能够出租闲置房产的用户，赚了个盆满钵满。但这需要一定的财富作为前提，这些财富在公寓或房子等财产上体现出来。

随着大量的像优步这样能创造就业的应用程序技术的问世，政府和监管部门在大多数情况下可以不用进行干预——在产品销售和员工待遇方面出现了一个类似于狂野西部的环境。今天的工程师们正在从事起薪为 15 万美元的高薪工作，因而他们过着无忧无虑的生活，但这些新时代工人们则通常在忙于养家糊口，他们的待遇相较于传统大公司的待遇来说让人无法忍受。随着这些科技公司的立足，它们的价值超过了传统公司，为这些新时代工人提供那种与有驾驶执照的出租车司机类似的帮助非常重要，这样能稳固劳动力市场，并将这些新工作转变成优质和持久的工作。

科技产业依旧在淘汰传统工作并创造新工作，但那些自力更生且精于算计的企业家，将会想方设法地避免提供那些自从 20 世纪 30 年代以来工人们所赢得的待遇保障。关于零工经济劳动标准的法案亟须出台，以确保这些新时代工人能够获得上一代工厂工人历尽千辛万苦从雇主那里赢得的待遇保障。我们不要忘记，早期工厂的工作条件远不如亚马逊公司仓库的工作条件，同时不要忘记新工人群体进行有效组织以及公共政策跟上工作场所的变化，都需要时间。理想化的情况是，大多数新时代工人的收入足够养家糊口。尽管他们的工作和家庭与蓝领工作和早期以白色栅栏为标志的家庭可能看起来不同，但是美国梦要继续照亮这些成为信息时代真正脊梁的新时代工人的发展道路。

49

私人服务经济

在 20 世纪 60 年代风靡一时的情景喜剧《保姆黑兹尔》中，一个美国家庭令人羡慕地搬入了郊区的一幢新房子中。他们聘用了一位异常固执且插手他们家庭生活各方面事务的名叫黑兹尔的保姆。从那时起，全职保姆和管家的人数开始减少。但是现在像 Seamless 和优步等应用程序服务大行其道的今天，保姆和管家职业正在回温，只是从功能和概念上出现了新变化。私人服务行业已出现爆炸式的发展，数百万的美国人投身于此行业来服务不断增长的美国中上阶层无休止的千奇百怪的需求。美国这个崇尚自力更生的社会变成了很多人为别人提供方方面面服务的社会。或许传统的保姆们"不负责清洁窗户"，但是今天你可以分分钟找到上门进行窗户清洁或其他任何种类的私人服务。在信息时代，"黑兹尔"式的私人服务很受欢迎，且见证了私人服务经济的诞生。

如果你没有大学学位且找不到工厂上班，那么提供私人服务便是你可以从事的新工作。所以，你要做好多说客套话的准备，比如"请"、"谢谢您"和"祝您一天愉快"，同时，当你替别人购买日用百货、接送孩子、提供按摩服务或者遛狗的时候，你也会获知他人最隐私的秘密。

根据经济研究和《纽约时报》的报道，服务经济在过去十年里占经济的比重从 40% 上升到 56%，在这种大规模扩张的背后蕴含着几种趋势。随着工业时代的远去和信息时代的到来，大量的工作机会转移到了服务业。如同《纽约时报》报道的那样，海外制造业成本降低这一革命性的发展在很大程度上成了这种转移的催化剂：随着制造业产品价格的降低，人们的可支配收入增多，且他们没有再购买第二辆自行车或第三台冰箱的需要。于是他们便将增加的积蓄花在了自己身上。这促进了服务行业的发展，并最终促成了零工经济的诞生，以亲民的价格为大众提供个人优质服务。那些曾经只向有钱人提供的服务已经变得大众化，且越来越多的人能够享受到更多的曾经只有富人才可以享受到的私人服务。像黑兹尔那种住家的保姆已被这样的一群人取代，他们可以拿出他们的一点儿时间来提供服务，通常我们可以通过应用程序来找到位置和时间都符合我们要求的服务人员，使双方都获益。

忙碌的中上阶层家庭，在生活中需要十几名这些新式的私人服务提供者。移动水疗服务能在 1 小时之内到达顾客家门口，提供从美甲美发到按摩等各种服务。物流公司 Postmates 可以为顾客提供包括送餐在内的任何快递服务，并能随时提供复杂的跑腿业务（打印机墨盒或者纸尿裤用光了？交给他们去办理就好）。人们现在也可以通过应用程序找到婴儿保姆或者电工，并雇用他们上门服务。我们不要忘记了年长的一代人，根据美国劳工统计局的预测，物理治疗师助手、家庭保健助手和其他的个人助理工作将会登上新工作排行榜首位。

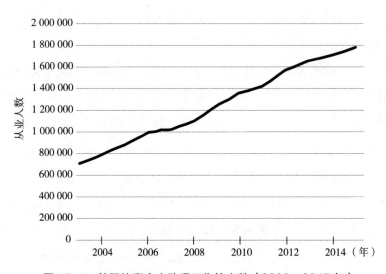

图 49.1　美国从事个人助理工作的人数（2003—2015 年）

数据来源：综合公共使用微数据系列之美国社区调查数据。

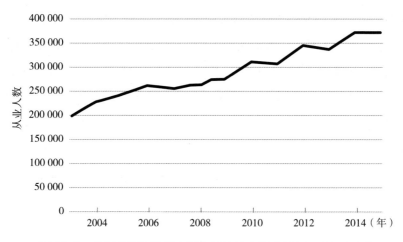

图 49.2　美国从事各种私人服务经济的人数（2003—2015 年）

数据来源：综合公共使用微数据系列之美国社区调查数据。

　　成为这种新时代黑兹尔式的私人服务提供者，意味着要专注于一门基本的家庭技能，跑腿、做饭、美甲美发或者挑选衣服，并将这种技能转化成一种工作，甚至一个小企业。但是要想在这方面取得成功，人们还需要精进他们的技能。没人需要一个耗时 1 小时的快递服务或者体验效果极差的上门美发。尽管每个州对这些私人服务职业都有执照要求，但是除了这一点，这些从业者必须把工作做好——否则他们的服务会获得较低的在线评价，他们会很快失业。

　　这些新时代黑兹尔式的服务工作与传统的服务工作有明显的不同，它们允许从业者既为别人提供服务又能保证自己生活的活力。我们都很高兴看到电视剧《唐顿庄园》中黛西获得了在办公室工作的机会，并赢得了自己的一席之地。服务工作变化的一个基础便是为了获得更多的自由。今天的服务工作提供者们可以去约会、结婚、生子、从事其他兼职工作，或者按照自己的需求辞职和重新入行。但是另一方面，这种为匿名顾客提供服务的工作，无法建立起像黑兹尔那样相同的人际关系，而这些人际关系才是服务工作的核心奖励。

　　当下较为流行的一种私人服务便是私人厨师。这一服务一度被认为是名人或巨富的专属，现在私人厨师的服务价格为每小时 45 美元。或许我们可以不需要每天都雇用私人厨师，但是在家里举办生日宴会时为什么不请一个私人厨师帮忙呢？对于有孩子的职场父母来说，做饭是一个挑战，而提供菜谱和食材配送的网络初创公司蓝围裙公司便为他们提供了解决方案，它们的服务不光配送食材而且提供厨师服务。当然，这些服务要想成功还需要克服很多难度较高的障碍——厨师必须准时、训练有素并有足够高的灵活度，以免为陌生顾客提供的日常膳食服务变成噩梦。

基于以下原因而使用在线工作／任务平台的零工经济平台工作者的百分比

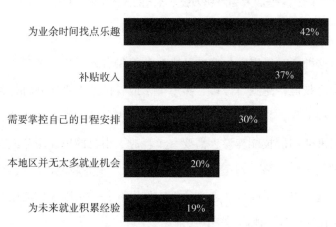

图 49.3　零工经济平台使用者的原因

数据来源：皮尤研究中心。

　　另外一项发展成熟的职业便是私人教练，这让数以千计的运动爱好者把他们的爱好转变成了一种职业。根据美国劳工统计局的数据，2012 年美国私人教练的人数为 26.7 万人，而这一数字到 2018 年会增长到 33.8 万人。你可以花 1 000 美元便能从美国运动医学会得到认证来加入这一人数不断爆棚的职业中来。但是健身的趋势在过去十年已经过了峰值期，所以私人教练这一职业很可能渐趋平稳。从长期来看，这一职业的收入并不是特别丰厚。美国劳工部在考虑了路上耗时、日程安排和寻找客户等因素后，认为私人教练收入中位数是 1 小时 15 美元。

美国不断增长的老龄化人口，为私人服务公司提供了一个潜力巨大的市场。对于那些积极寻找工作的人来说，帮别人做家务成了新的赚钱机会。对私人服务需求增长贡献最大的是家庭保健，人们对家庭保健史无前例的需求得益于美国医疗保险制度的普及和该制度对雇用专业家庭医护工作者费用的涵盖。这为那些没有接受过大学教育，但通过正当培训掌握医护技能的美国人提供了合理的高薪职业。即使这些工作缺少像那些依托于应用程序的新工作所具有的便捷性，它们依然具有一定的稳定性、较高的薪资和建立工会的可能。

我们展望一下未来就会发现，越来越多的家庭将需要雇人来打理家庭的科技设备，这些人就像是家庭的电脑特工队。随着家庭设备数量的增加，以及从洗衣机到汽车在内的产品科技含量的全面提升，管理这些科技产品并降低相关费用创造了私人技术经理这一职业。一名私人技术经理或许能同时为 100 个家庭服务，对他们的设备和网络进行监管。

如果像一些城市那样遭遇恐怖主义升温或者犯罪进一步增多，许多应用程序就可以像优步司机一样迅捷地提供安保服务。私人服务经济中的大部分服务都为奢侈服务，但是现代生活以科技和安全为中心能够创造出新需求来增加额外就业。

继亚马逊公司的虚拟语音助手 Alexa、苹果公司产品的语音助手 Siri 和微软出品的智能语音助手 Cirtana 被用作替代办公室个人助手之后，机器人可能会被用来提供私人服务。机器人可能已经替代了接线员并擅长替你接收手机信息，但是随着电脑在帮人们答疑解惑或者安排电梯和火车运行路线方面越来越成熟，人们寻求个人助手的性质在发生改变。这些早期的电子个人助手在效率和信任方面还远远没有达到人们期望的标准。

在可预见的未来，一些服务工作依然会抵制自动化。人们不想让机器人为他们按摩，他们想要与他们的发型师、私人教练或者其他的私人服务提供者聊天和闲谈。享受私人服务需要知道提供服务者的名字、相貌以及相互之间的人际关系，哪怕服务是只持续 1 天或 1 小时的收费服务。

报纸头条声称美国的中产阶层家庭数量正在缩小，但是这些报道忽略了一个事实，那就是离开中产阶层的每 4 个美国家庭中有 3 个家庭并没有破产降级，而是跻身于中上阶层家庭。只要制造业工作持续被机器人取代，那么提供私人服务的人数就会继续增加，并且这些人本身也会不断地雇用私人服务提供者。

50.
千万富翁

如今，100 万美元并不像过去那样值钱了。随着创业门槛的降低和 1% 最富裕的美国人，逐渐用自己 3/4 的存款进行投资来创造财富，美国出现了一个新的富裕阶层，他们不再满足于实现成为百万富翁这一最为古老的梦想。随着目前美国 1/10 的家庭都达到了百万富翁的标准，成为百万富翁的目标业已成为过去式，最新的富人标准是拥有 1 000 万美元的财产。

成为千万富翁大致有四种途径：继承，彩票中奖或类似暴富的方式，存款并投资，创业成功之后将企业出售。根据凯捷咨询公司的《全球财富报道》，身家达到千万美元的企业家一般出现在一些特定的行业。毫无疑问金融和科技领域盛产千万富翁：身家达到千万美元的成功企业家们正在通过科技"影响"着其他产业，他们或者大赚一笔或者损失惨重。其次是医疗保健产业、制造业以及房地产和建筑业。这些新一代的千万富翁的成功方法的确有一套——他们工作兢兢业业、做事像模像样、凡事遵守规矩且知道如何带来改变。他们也是经纪行里最受欢迎的顾客，在支付高昂的服务费时毫不吝啬。根据最新的研究，美国身家 130 万美元的家庭其财富值在 500 万至 2 500 万美元之间，他们的主要住所还不在统计之列。

依靠财富吃老本的模式一去不复返。大多数美国千万富翁仍在从事全职工作，他们不光是企业高管和企业家，他们中还有医生、保险精算师、地产大亨以及大量自主创业者。他们行事高度独立、精明和善于变通：他们做事独树一帜，比如开办化妆品商店、售卖圣诞节装饰品以及创办网站。如果某天你成功设计了一款超乎别人想象的视频应用程序，第二天将其卖给谷歌公司，那么你就能摇身一变成为一名千万富翁。

表 50.1　家庭净资产值百分位数标识（2017 年）

净资产值	百分位数
$ 0	13
$ 1 000	16
$ 5 000	21
$ 10 000	26
$ 50 000	43
$ 100 000	53
$ 500 000	82
$ 1 000 000	91
$ 5 000 000	98.2
$ 10 000 000	99.3

数据来源：美联储消费者财务状况调查。

这一群体对待钱的看法和使用钱的方式与其他大多数美国人不同。拥有千万资产的美国家庭，将其大量的非商业资产储存于股票和证券中，这是最异于其他美国家庭的做法，因为其他美国家庭的主要财产是房子以及 401k 退休金计划（如果有的话）。由于能够抚养得起更多的子女，这一群体中很多人拥有庞大的家庭，通常都经历了几段婚姻。他们拥有高档汽车、设计师、保姆和其他日常服务人员。大多数千万富翁拥有两套房子，一些人甚至拥有三套房子。他们签署了婚前协议，并采纳隔代信托的复杂的房产继承方案。

他们与其他美国富人一个显著的不同，就是这些千万富翁不会破产。对于他们而言，打得下江山就能守得住江山。在过去 5 年间（从 2013 年开始统计数据）这一群体几乎无人破产。他们也雇用更多的人力来管理钱财，并广泛地学习金融知识，这又进一步帮助他们稳固了财富。此外，他们中大多数人不会为他们的子女留下太多的钱，以至让子女们不需要工作。

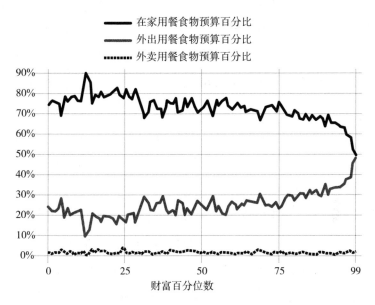

图 50.1　按财富百分位数划分的家庭在家用餐和外出用餐的食物预算百分比

数据来源：美联储消费者财务状况调查。

　　尽管这些千万富翁可能会有 1 名或多名保姆，但是在互联网使用方面他们还是会亲力亲为。根据美国奢侈品研究会的调查，99％ 的千万富翁每天都会使用互联网：42％ 的人都会自己制定旅行计划并在网上进行相关预订，43％ 的人在网上购买产品和服务。该研究会报告称："在网上能够接触到这些富有的消费者的最有效途径是通过搜索引擎搜索——包括付费的其他替代方式……总体而言，在建立积极印象和说服浏览者购买产品方面，横幅式的网络广告效率最低，并且最年轻和最富有的消费者一般不接受点击式广告。接近 1/3 的身家为 500 万美元或 500 万美元以上的消费者，一般在受到其他印刷媒体或电视的影响之后才会浏览某网站。"

在美国，市场营销一般是自上而下进行的。最富有的群体是定义时尚的绝对权威，包括梅赛德斯、特斯拉和拉尔夫·劳伦在内的大品牌都争相首先获得最富有群体的认可，然后再向更广大的群体进行产品推广。千万富翁享受被这些大品牌迎合的感觉，并喜欢选择这些可靠和值得信赖的大品牌公司以及消费它们的奢侈品。他们通常会参加推介会和商家的奖励活动来购买高端产品（大部分企业家非常喜欢商家的奖励活动——私人飞机共享应用程序 JetSmarter 为每名顾客推荐人奖励 3 000 美元的飞行积分）。这些人是趋势的引导者和高质量服务的需求者。他们作为直言不讳和受人关注的消费者，存在于每个行业中——从汽车制造到宠物用品、服饰、家装、保健、美容产品，甚至度假目的地。人们都在关注他们接下来要购买什么。

婴儿潮出生的一代（62 岁至 71 岁）早已还清大学贷款，在总花费上依然处于领跑地位。但是今天，富裕的失落一代则在超级富豪中具备最大的影响力。他们喜欢优质的产品，处于赚钱潜力的巅峰，且在花费上毫不吝啬。但是这些千万富翁在 2018 年将会如何消费？

你如果有 300 万美元现金，为什么不去购买一辆全新的布加迪凯龙？但是这些千万富翁却不会这样做。这一考究的群体擅长炫耀，但是低俗的炫富却不是他们的方式。相反，"智能"科技、健康和健身以及私人服务，却是他们喜爱炫耀的领域。他们很少去关注珠宝和奢华的地产，却更钟爱空气净化器、提供美味健康餐的厨师和运动度假胜地。但一个显著的例外就是大型生活派对，比如婚礼和生日派对，在这一点上这一群体的追求并无上限。如果你为四季酒店的宴会工作，那么他们是你所需要的顾客，且他们也是高端旅游专家们从业的保障。非洲狩猎对于他们而言是一项必备的活动，同时他们也在寻找更加刺激的旅行。

这一群体所从事的一些事情的确很有道理。通常随着你收入的增加，你会发现那些声称要存钱买房的人的比例在减少，因为他们已经有几套房子了。但是，在存钱养老方面，越来越多的美国富人正在为以后的生活而积攒财富——为的是在年老时有足够的财富维持目前的奢侈生活，这是他们非常关心的一点，正是由于非常担心在年老时失去现在这样的生活方式，这些有钱人现在才克制消费而进行存钱和投资。

一名千万富翁的政治立场可能令人诧异：尽管大多数千万富翁认为自己是保守派，他们却将自己定义为独立的投票者。根据盖洛普的民意调查："占美国人口 1% 的最富裕群体中，1/3 的人士声称自己为共和党，41% 声称自己为独立派人士，26% 声称自己为民主党。这与剩下的 99% 的美国人口情况相似，1/3 的人认为自己是民主党，39% 的人认为自己是独立派人士，25% 的人认为自己是共和党。"

这些千万富翁住在哪里？他们住在拥有多样性和高端化工作的大都市和城市。纽约市是他们的首选之地，上东区普遍配备 3 居室的公寓售价大约为 800 万美元。令人惊奇的是，拥有千万富翁密集度最高的一个州却拥有美国最少的人口：那就是怀俄明州。

财富和教育相关联并不令人惊奇。毫无疑问，高等教育造就了富人和穷人之间的差别。72% 的富有美国人至少拥有大学学位，几乎 50% 的富人拥有研究生学位。对于上层阶层来说，教育很明显是极其重要的。尽管新一代百万富翁中只有 17% 的人上过私立学校，但是他们的孩子中超过 55% 的人就读于私立学校。

表 50.2　按财富状况划分的美国受教育情况（2009—2011 年）

	最顶层 1% 的人口 %	最底层 99% 的人口 %
研究生	49	16
大学毕业生	23	15
未取得学位的大学毕业生	19	32
高中学历及以下	8	37
完成大学学业	72	31

数据来源：盖洛普民意调查。

在美国，收入不平等是一个常见的话题，但是财富不平等却鲜有人谈及。这一点会有改观吗？财富会让这些千万富翁变得更加慷慨吗？尽管大多数千万富翁同意富人应当肩负起国家的财政重担，但实际上不太富裕的美国人为慈善机构的捐款要多于富裕的美国人。《大西洋月刊》援引的一项 2011 年的研究显示，美国收入最高的 20% 的群体，捐给慈善机构的金额为其收入的 1.3%，而收入最低的 20% 的群体捐给慈善机构的金额为其收入的 3.2%。

不仅新一代千万富翁的吝啬程度以百分比的形式表现出来，而且另一个趋势也被社会学家所关注。随着美国人越来越富裕，他们对人和社区的需求在降低；他们变得越来越独立和自主，且作为个人明显地变得越来越孤立。在这些千万富翁中，孤独和抑郁的发病率在增加。最近很多研究表明，在拥有权威、所有权和决定权后，比如首席执行官和企业主所拥有的特权，千万富翁们患有抑郁症的发病率是普通民众的 2 倍（普通民众的发病率为 20%）。尽管如此，我们不要再对这些抑郁的千万富翁做过多的同情了。

随着财富鸿沟越拉越大，很有可能会出现更多的隐蔽性巨额财富，且越来越多的中上阶层在"囤积财富"。根据理查德·里维斯的新书《梦想囤积者》，这些千万富翁在千方百计地利用他们能利用的一切优势，并为其余群体沿金融阶梯向上攀爬制造更多的困难。里维斯对中上阶层利用财富实行"机会囤积"进行了审视。他们利用的优势包括关于分区和学校的法律、医保机会、大学申请程序以及实习分配——这些优势会更好地为有钱人服务但限制了穷人的发展机会。

这会导致憎恨！富人会越来越富，这一点我们都明白。但是随着收入差距的扩大，财富差距会更加明显。当超级富豪过世之后，他们会将巨额财富留给他们的继承人，而这些继承人又会在此基础上积累更多的财富，尤其是现在人们广泛地反对房产继承税。2017 年哈佛大学美国政治研究中心和哈里斯民意调查显示，58% 的人同意废除房产继承税。但是同时也有人呼吁实行资本税，比如托马斯·皮凯蒂在其《21 世纪资本论》一书中就有此推荐。不管如何，这些千万富翁在享受私人飞机和超级别墅方面还是要落后于亿万富翁，所以他们也有忌妒的对象。

　　尽管我们已经看到美国千万富翁人口出现了增长，但是《全球金融》杂志的一篇报道，在考虑到千万富翁占国家全部人口比重时，甚至都没有将美国列为全球千万富翁最多的 10 个国家之一。那些千万富翁家庭密度最高的国家反而是一些小国家，它们或拥有大量的碳氢化合物资源，或拥有大量的自然资源，比如卡塔尔、科威特、挪威和阿拉伯联合酋长国，抑或是一些金融产业发达且呈现多样性的国家，比如卢森堡、新加坡和瑞士。

　　但是大国中的千万富翁人口也出现了强势增长。中国随着国内经济的振兴，已经培育出了大量的新一代百万富翁和千万富翁。过去 10 年间，中国高净值个人人数增长了 9 倍。2016 年，中国可投资财富达到 1 亿元人民币（约合 1 500 万美元）的人数大约为 12 万人，而 2006 年该群体只有 1 万人。

　　千万富翁家庭成为霍雷肖·阿尔杰式美国梦最新的终极目标。通货膨胀是出现这一变化的一部分原因，但另一部分原因就是在更大和更繁荣的全球市场里，各层面的成功将会继续为那些成功者提供高额的回报。这些极富有的千万富翁，将会对来之不易的成功的最高等级进行定义，而这种成功在将近一个世纪里也会成为"百万富翁"的代名词。

后记　掌控我们的小趋势

现代生活正处于一个关键的十字路口。

当下局势让人感到迷惑的原因是众多小趋势——现在已变得更加强大和有力——正在同时将我们的社会拉向不同的方向，且通常这些方向正好相左。在由此产生的冲突中出现了赢家和输家，权力关系正在被完善和重新定义。充斥新世纪伊始的乐观主义正在消退。这导致先前全球战争的传统部族冲突正在重现，与此同时，科技在帮助世界进步的同时也开始对我们的社会产生威胁。在各种进步的标志背后我们也看到了世界再一次陷入政治和全球混乱的可能。除非我们能马上采取行动来修复一些正在出现的明显问题，否则这一威胁会真正降临到我们头上。

如同我们在当今新出现的小趋势中所看到的那样，出人意料的矛盾趋势正在引发恰恰相反的结果：

- 生活、信息和产品中出现的众多选择反而让人们做出的选择越来越少。
- 在一个物质繁荣不断增加的世界中，数据替代了黄金和石油变成了最昂贵的商品。
- 人工智能有可能找到治愈癌症的方法，或者如果让我们与现实相脱离的话会对世界带来毁灭性的灾难。
- 媒体渠道种类的快速增长已经赋予了新媒体巨头越来越多而不是越

来越少的权力来控制我们的视听。

• 创业文化帮助大科技公司实现发展，而大科技公司正在打压新一代的初创公司。

• 开放式民主正在腐蚀而非增强美国的一些核心民主机制。

• 机器人程序正在与一些人建立新的关系，这些人没有意识到或者不在乎这些机器人程序并不是真正的人类，而只是程序化的"海妖"。

• 更高程度的繁荣已导致了越来越少的人结婚，以及养育更少的子女。

• 帮助我们与众人保持联系的能力已经导致了越来越少的深厚和持久联系的出现。

• 目前科技所创造的新工作要多于其淘汰的旧工作，但是它也带来了一个全球范围内的负面现象，那就是网络欺诈和犯罪。

　　随着我们进一步迈入 21 世纪，很多我们所概括出来的小趋势继续为人们带来希望。今天，如果你有勇气、决心和一些聪明的点子，你可以成为一名流量"大咖"。几乎人人都可以在网上进行创业，且所需的启动资金比以往任何时候都要少。云服务是继 IBM 推出个人电脑之后对小企业来说最伟大的科技进步。

　　随着财富的扩张，大约 10% 的美国家庭已经晋升为富豪家庭。很多美国中产阶层能够雇用形形色色的新助手来帮助他们处理日常事宜。甚至最奢侈的服务——无论是数字裁缝、豪华汽车服务或是新兴起的私人飞机商旅——都变得更加平民化。过去曾被富人独享的科技现在也服务于平民百姓，且已经为所有人打造出一个可以相互交流的网络。

　　现在政治运动可以只需被几个有想法且能够保持网络沟通的人来开展，且只需几年的时间他们就可以取代既得利益集团。我们业已看到了为非法移民发声的运动在过去 10 年是如何快速成长的，即从一个领域的争论发展成占据今天政治辩论中心地位的运动。

　　过去的 10 年是我们整理个人信息、使用移动设备互联和享受数字化娱乐的 10 年，而未来的 10 年更多地将是掌控大数据、利用人工智能以及运用科技实现直接自我扩展的 10 年。尽管就业面临自动化的威胁，但科技也在各个层面创造了新的工作，包括从亚马逊公司仓库里的叉车操作员到特斯拉实验室中研制无人驾驶汽车的工程师，我们离那些最为单调和苛重的无限重复劳动的工作消失的日子越来越近。

　　为找到治愈疾病的方法而付出的长期努力也迎来了进步，尤其是越来越多的人从癌症中幸存下来而不是失去了生命。我们很快便会在提高人类视力、听力和活动能力等方面取得历史性突破。我们从未有过如此之多的 90 岁高龄的人口——且我们很快便使得活到 100 岁成为一种常见的现象。节食和运动看起来对人的健康真的会有影响，但是最终我们发现食物中的王牌是蛋白质而非谷类。

　　今天你只需要点击几下鼠标便可以自我娱乐和与朋友进行联系，这些新方式在以前闻所未闻，网络约会使得人们会面的能力发生了革命性的变化。甚至强烈专注于某项爱好的人们也有了专门的兴趣集会，且这一趋势正在推动某些药品的合法化，其方式与推动酒类合法化类似。

　　随着人们保持单身的时间越来越长，我们的城市和城市活力正在被改写。城市已变成了新的大熔炉，容纳着各式各样的千禧一代、最新移民和对婚姻和感情持有开明态度的群体。这些城市居民处在了社会运动的最前沿，无论这些运动积极与否，都在推动着我们文化的发展。

　　当然，这些变化很多都伴随着一些逆向趋势的发生，比如年纪较大的农村选民，那些生活被全球化和科技发展所打破的人群，正在重申他们的权力和文化价值。

　　我认为重要的是，那些自我感觉被我们的文化和经济所抛弃的人们进行权力的重申，恰恰是我们民主制度的成功之处而非失败之因。

　　竞选的失败者们不能总是每次都用电影《公民凯恩》的备用标题"投票有诈"作为理由。年纪较大且多生活于农村的选民感觉被新经济所抛弃，他们通过在 10 年内第一次选出一位捍卫其权利的重量级卫士即唐纳德·特朗普来重申自己的政治权力。他们感到自己被边缘化，但他们的胜利正在一步一步地对美国进行重设。无论你同意这些趋势与否，在贸易、控枪或移民问题上，当这些运动将投票作为实现其目的的手段时，民主体制便开始发挥作用，且既有的规则能够和平地消退，并准备有朝一日东山再起。但当失败者每次都进行强烈抗议时，更大的问题便会出现。

我所从事的每一次民意调查的结果都显示出美国民众意见分歧非常大，但是每一次我询问受访者是否希望党派们在各自原则上进行妥协来团结一致达成共识时，90% 接受哈佛大学美国政治研究中心和哈里斯民意调查的人士表示，这就是他们希望美国的政客所做的事情。除此之外，美国是不是一个偏激的国家，只有 1/4 的选民认为自己属于自由主义者。我相信美国的政治能够再次回归温和主义立场。今天美国的政治可能被调整得太过于偏左或偏右，但是我认为有朝一日温和主义立场会重新变成主流。

放眼未来，我们会看到关于各种趋势、小趋势和社会势力进一步发生碰撞的警示信号。机器人技术可能最终会对人类及其在地球上的角色进行重新定义，但是在与人工智能技术相结合后，机器人技术可能会彻底取代人类，科幻小说里描绘的场景将会变成科学事实。2016 年大选所带来的权力重组把东西海岸地区从理想化的梦境中叫醒，因为美国经历的变化发展更加偏爱于受教育群体和较少信仰宗教的人士，而把其余的群体都抛在身后。在政治来来回回的较量中，美国的体制很难找到大多数人所期待的中间路线。

本书中我们所展示出来的矛盾趋势有助于解释为什么现代生活如此令人费解。这些矛盾趋势也让我们明白美国在朝向自由、开放、创新和成功的道路上必须做出改进，以确保美国能够沿着这条路一直走下去。

与 10 年前相比，我们现在更加清楚美国在哪些方面做得正确以及在哪些方面会出现问题。明确这一点，我们便能够采取行动计划让信息时代服务于我们。20世纪初期的改革时代就是对工业化时期出现的问题进行调整的时代，现在美国需要再次进行调整——为了不让创新和自由企业精神湮灭，为了让其保持高昂的战斗姿态。

今天尽管公司在很多方面对市场情况和趋势已做出了积极的响应，但是政府依旧无动于衷，无法跟上市场出现的变化。政府在快速应对可能发生和正在发生的情况方面基本上无计可施。但是政府和我们能够做的事情应该更多。

这里要说一下我们需要开始采取的一些切实可行的点子和变化，来应对出现的情况和问题。

打破自我禁锢

或许在今天我们所打造的依靠信息驱动的社会中出现的最大问题就是，尽管我们在新闻、食物、工作或养育孩子方面面临着越来越多的选择，但我们自己做出的选择却越来越少。这一问题也许最难进行矫正。美国人找到自己喜欢的圈子之后便将自己禁锢其中，而这在方方面面扭曲了他们对外部世界的看法。随着我们不断地重复做出这些选择，这些选择本身也得到了强化。

给予人们他们想要的东西这一策略也有问题：因为当人们看到新事物时往往会改变自己的观点。当初一些大型咨询公司曾告诫美国电话电报公司手机永远不会流行起来。因为手机不过是一件奇特的物件而已——而该公司的客户们一如既往地固执，不愿接受新鲜事物。

要打破自我禁锢。首先，人们必须要意识到眼前正在发生的问题以及他们是一种错位世界观的受害者。我们需要着手资助用以解释这一现象的研究并提供可行性选择。我们还需要实施一个明确的文化计划来帮助美国人打破自我封闭——这不是靠立法能解决的问题。

我们还需要拓展一些新渠道来更好地说服人们相信任何事物都有另外一面。星巴克可以提供"试新品"折扣活动。而从苹果语音助手 Siri 到亚马逊语音助手 Alexa 等应用程序可以被设计进行这样的提问:"你最近尝试过新事物吗?"约会软件应该安排随机约会日。如果你只给一个小圈子里相同的 6 个人打电话,那么你拥有一部可以与世界上任何人进行联系的电话的意义又在哪里呢?

而我们收集和使用数据的方法又加剧了这一问题。有效和精准的在线广告概念的基础是对人们进行跟踪并发现人们所需要的东西,然后在人们最需要的那一刻将其呈现在人们的眼前。这就和在电影开始前销售爆米花的道理如出一辙。我们可以让计算机程序运行法则设计出一些随机选项。比如,搜索引擎的使用者是一位俄亥俄州的白人男性——在当前页面上可以出现这样一个选择框"你知道纽约市有 6 个地方可以举办烧烤活动吗"?或者,搜索引擎的使用者是纽约的一位特朗普的反对者,那么当前页面可以弹出这样一个问题——"你上次对俄亥俄州的类鸦片药物泛滥进行思考是什么时候"?这种做法看上去有些怪异,其实不然。程序运算法则能够发现什么是你所需要的,也能够轻松地辨别出你所需要事物的对立面,其目标不是要挫败我们的体制,而是要对其进行补充,来帮助我们了解我们所熟悉的世界和信念之外的事物,无论这会多么的令人不适。

建立新的职业道德标准

下一个巨大的危险就是我们将会创造出我们无法控制的科技。我认为,要避免这一危险首先要帮助程序开发者和工程师们树立高度的职业道德感。我们要意识到工程师手中掌控着关乎生死的权力,需要像医疗和法律等影响力较大的重要职业从业者那样进行宣誓。美国电气和电子工程师协会很久以前制定出一项从业准则——但是在关乎公共利益时这一准则却阐述得不够中肯。

今天在阐释该职业准则时我们必须要更加明确：

• 基于消费者运算法则的软件开发应该做到尽可能地透明，并要解释它们的基本目的和技术。

• 为人们提供选择建议或者替人们做出选择的软件应当被要求公开给出建议或者做出选择的依据。这类软件还应被要求公开是否这些选择被设计或被用来为他人利益服务，比如广告客户或公司，而不是服务于软件使用者的最大利益。在一些情况下我们可能需要针对软件做出的选择进行立法。

• 所有的机器人程序和机器人在与人类进行联系时应当标明并重复提醒它们是由软件操纵的，它们并不是人类。比如，顾客服务在任何时候使用机器人程序而非提供人工服务时，都应当表明这一事实。

• 涩谷未来成为第一款获得东京正式居民身份的人工智能程序。我们需要撤销其市民身份。它并不具备存在的实体，它只是一个人工智能机器人程序。它的目的是与东京市民进行欢快的交流来回答他们的问题。这一出发点愿景美好，但这却是迈向一条不归路的第一步：机器人程序并不是人类，不具备人权，混淆这两点会让我们从一开始就认为它们对人类无害而接受它们。但是电影《巨人：福宾计划》，电视剧《危机边缘》、《疑犯追踪》、《银河战星》或者《终结者》都充斥着相同的结局，那些遍布各处且实力强大的机器人程序或者将我们完全摧毁或者将我们驱赶至灭绝的边缘。这些可能是虚构出来的情景，但是这并不意味着我们应当忽略现实中的这类风险。

• 当事关生死时，除了军用和警用之外，软件设计永远要将人类安全放在首位，且应当注明安全等级。能够带来生命危险但却没有明确警告的软件不应当被设计出来。

这一问题在未来数年内会变得更加重要，在无人驾驶汽车领域尤其如此。想象一下，如果你所乘坐的车辆正以每小时 40 英里的时速行驶在路上，这时一架起重机突然坠落于你车辆的正前方。你的"司机"便开始计算你的选择——撞上起重机，造成车毁人亡；向右打方向盘，挽救你和你的车辆，但是撞死一名路人；向左打方向盘，撞击护栏，这样你依然有可能丧命，却能挽救车辆，但是会对护栏造成价值 20 万美元的损失。此时并不是人来做出决定，只有电脑在计算各种可能性和结果，并必须进行选择，但是选择的依据是什么呢？挽救你的生命？挽救车辆？还是挽救公共损失？如果你是司机，你会做出什么样的选择呢？机器有权力为了挽救你的生命去撞死一名路人吗？如果你是该程序的开发者，你会为此负责吗？

这一问题似乎比人们意识到的更加棘手也更快地出现了，一些关乎生死的选择会紧随其后。

我们目前对演员参演广告的规定要多于我们在创造和推广能扮演心理学家的机器人程序方面所制定的规定。在美国国家层面上我们对待这些问题并不具备真正的专业水平或者管理权威来实施限制措施；而科技意味着我们需要有能力来制定、改变甚至是废除一些过时的规定。因此，我们需要一个负责软件透明和职业道德准则的贸易委员会来实施这些准则。当数十亿美元危在旦夕时，单单信任一款人们自愿执行的职业道德准则只能让我们听天由命。

我们还需要解决无人机问题以及意义更加重大的机器人士兵问题。在能够保证无人机足够安全以及在空中飞行时能得到充分管理的前提下，我们可以取消无人机飞行需要保持在操作者视线范围内的规定。我们或许要配备用以击落无人机的激光发射器，来解决这些新发明所造成的日益增多的风险。至于机器人士兵，我们应该考虑出台像禁止使用某些地雷那样的国际公约。一旦你把人剔除出战争，那么后果会非常危险，国家很容易部署机器人来针对邻国或镇压自己的国民。如果我们不加以阻止，那么机器人部队和士兵很有可能会给社会带来极大的危险，危害程度甚至要高过化学武器。它们也属于大规模杀伤性武器，应当受到这样的限制。

科技公司当然愿意保持其经营、流程和运算法则的隐秘性。但是如果我们还将继续依赖这些程序系统，且允许一小部分公司对整个互联网拥有过多的控制权的话，我们不得不在这些方面做出更大的妥协。

变革新闻传播方式

互联网给新闻产业带来了巨大的冲击。地方报纸竞相倒闭。尽管全国性报纸一开始步履维艰，但现在的发展趋于稳固。在线新闻网站数量增多。平台公司们意识到人们除了关注体育和娱乐之外，也关注新闻和信息。这些公司开始通过它们的平台插手新闻传播业务，为通过其平台在社交网站上进行新闻传播的使用者们做补充。但是这一现象发展得如此之快，以至我们还没有像当初电视和广播技术刚兴起时对待电视和广播业务的所有者那样在规定上进行详尽的考虑。当脸书网进军新闻产业并在一夜之间成为自由世界最大的新闻传播者时，我们并没有进行具有实际意义的政策分析。

脸书网的程序运行设定就是为用户提供他们最有兴趣去阅读的新闻。所以，如果你不喜欢特朗普，你会收到越来越多的关于反对特朗普的文章，因为该程序运行设定的目标就是尽量使你的参与度达到最大化。就像我们先前所描述的那样，人们会被进行分类，然后无休止地接收相关的新闻推送。

这与过去的报纸运营有着很大的不同，传统的报纸由一群才华横溢的编辑来判断如何在版面上刊登不同的故事。人们所读到的新闻不仅仅是他们所喜爱的新闻，也包括编辑们认为对人们来说很重要的新闻。消耗了人们总上网时间42％的脸书网所发挥出的功效相当于数百家新闻和电视塔台的功效，且其新闻传播的集中程度史无前例。脸书网为了获取新闻源而努力开发各种程序运算法则——起初被指责倾向于"左",后来又被指责倾向于"右"。但是脸书网似乎很难取得胜利。难以获胜的原因就是今天美国不想只传播同质化的新闻,或者让新闻传播由少数坐在旧金山或纽约会议室里的精英们决定,而脸书网只是美国唯一一个对此进行有效改变的在线新闻网站。

对此我的建议是:我们对待这些拥有数十亿使用者的大型互联网科技平台应当像我们对待电视和广播节目那样——将其视为有限的公共领域,其传播方式必须能营造出一个不受支配的真正的信息市场。脸书网本身(谷歌亦如此)推出了 10 个官方新闻频道,并公开招标每个频道的运营方。特许运营期限为 5 年,这就允许不同的频道可以按照不同的目标和方法进行运营。脸书网使用者可以根据自己的喜好选择不同的新闻频道进行收看。因此脸书网就成为一个服务平台,但无须从事编辑业务。脸书网的每一个新闻频道都会收到同等级别的宣传和人员配置,来源于广告的资金将会由频道运营方和脸书网平均分配。

这一方法将会保护我们的基本自由,且执行起来无须牺牲消费者的选择权;它也会减少任何一个新闻裁决者的权力,尤其是当某些应用程序发展得过于强大,以至选择另外的平台会变得毫无意义或不公平的时候。作为对其平台予以分享的回报,我们可以允许脸书网无须对其发布的内容负责,该责任则落到脸书网各个新闻频道的编辑身上。

其他一些信息服务种类也需要类似的方法。由于谷歌可以利用其搜索业务来宣传自己的排名和评价,所以谷歌和点评网站 Yelp 之间的争斗已持续了数年之久。这一现象连同其他一些现象已经引起了欧洲管理机构的注意,但是美国的管理机构还没有任何反应。但是隐蔽的过程和巨大的经济权力相结合表明,未来反托拉斯法的性质将需要被重新定义来制止可能出现的滥用行为,这些行为会影响消费者,但是通常它们不能被消费者直接看到或理解。

限制对数据的收集

过去，当你去工作而将你的衣服交给干洗工时，只有他知道你的衣服有多脏。你乘坐出租车时只有司机知道你的工作地点，但他不会与别人分享这一信息。你中途买了一份甜甜圈和一杯咖啡，也只有店家知道你喜欢吃什么。今天，所有的个人信息都能被集中收集在一个地方，一家公司就可以知道你在衣服清洗、位置和喜好等任何可以想象出来的方面的信息。正是这种将所有这一类信息储藏在一处的做法，使得一些公司变得强大而个人变得脆弱。

现在，信息收集全是秘密进行的，我们或多或少听说过一些，但是对整个流程并不知情。我在微软工作时发起过"防广告陷阱运动"，在这之前没有人察觉到谷歌在 6 年多的时间里对人们的邮件进行扫描并分析其中的内容，用以决定人们应该接收什么样的广告。与医生交流的邮件被药品广告所利用。你认为只有在得到法庭许可才可以被阅读的邮件一直受到扫描和内容分析——这就是它们一直为你提供免费邮件服务的原因。

我们不能继续容忍秘密收集数据的这一做法，这样下去将毫无隐私可言。我们需要把个人信息的控制权交还给个人。在这方面，欧洲的法律比美国的更加严格，但是尽管如此，欧洲在应对未来 10 年将出现的问题时还需要进一步完善它们的法律。

在对待此类问题时有些人会轻描淡写地说："别去管它了吧！"这样的话我们可就真没隐私可言了。数据是整个庞大的科技和人工智能综合体的发展动力——放缓这一综合体的发展速度并确保它不会带来毁灭性后果的最好方法就是放慢数据收集的速度，并保证数据的收集和使用变得更加透明。所有关于你个人信息的第三方传递应该通过某种方式明确地告知于你，对你所有信息的隐蔽性收集应当公开并撤销。人们应当有能力获得和出售自己的数据。哈佛大学已经对包含所有个人上网数据的"数据罐"创意进行了测试，这会对消费者与互联网巨头之间的经济关系进行重新定义。

显然，安全标准需要提高，或许应该要求公司可以为需要相同服务的消费者提供收费的无广告打扰的选项。我们看到了越来越多的这一变化，我相信大多数消费者还是会选择附加广告的免费服务，但是一旦他们完全了解了数据收集的真相，恐怕他们会做出不同的选择。在 20 世纪70 年代，当人们面临选择时，60％ 的消费者选择将自己的名字印在电话簿上的免费服务，而 40％ 的消费者通过每月付费的方式在享有相同服务的同时将其名字从电话簿上去除。

解决这一问题的另一方面就是要打击网络诈骗。为了打击网络诈骗，我们投入了大量的资源，且企业安全也在加强。我们还需要所有的公司、国际政府组织甚至一支新的打击国际网络犯罪的警察力量一起做出更大的努力来杜绝网络诈骗。关于各个层面上的网络诈骗，从虚假账号到虚假的尼日利亚王子骗局，我们需要考虑运用何种强硬手段来阻止这些新的网络犯罪的滋生。

让美国变得更加民主

我们很容易将目前的政治现状归咎于金钱，但是金钱并不意味着你可以花费一切时间和精力用真假参半的内容去攻击你的竞选对手，而不是去宣扬你在当选之后的执政理念。是人们自己为自己的行为做出决定。总体而言，我对金钱和政治有一些不同的看法——我赞同最高法院认为金钱和政治并不是美国今天面临的最关键的问题。尽管以《宪法第一修正案》作为解决问题的方案有不足之处，但是只有能容纳意义重大的付费演说的体制，才能具备足够的能力来取缔那些霸占重要位置以及有能力摆脱政府约束并购买政治支持的既得利益组织。

然而，我更关心的是一开始被限制使用的东西，比如发挥一定作用的负面广告已经完全占据了大众政治传播的全部内容。总统竞选中 90％

的广告都为负面广告，政治已经越来越关注竞选所反对的内容，而非关注其所支持的内容。社交媒体也被卷入这种扭曲的政治中。尽管我不认为俄罗斯人在脸书网上规模很小的广告行为能够对美国的大选产生任何影响，但是它们却展示出造成分裂后果的信息在互联网上是如何发挥作用的，以及它们如何能被轻易地利用来引发人们的不满。如果你想要点击量和金钱的话，那么你可以去诋毁一个人。

边缘投票者的崛起说明有太多的人被遗弃在美国的政治制度之外，且我们付出了太多的努力去吸引这些边缘投票者，而不是去抛开党派差异把美国人民团结起来。美国选举机制中很多元素在以危险的方式发展，这是政治党派以及这些党派背后的控制者们权力的增加所致。

美国需要做的是：

• 实行普遍选民登记，从所有公民出生或外来人口正式入籍开始发放选民登记卡。现在的投票制度完全混乱不堪。为了防止作弊以及方便管理迁徙居民，美国需要建立中央身份认证体制和选民数据库，人们按照自己缴税州申报自己的常驻州信息，办法等同于护照获取所采纳的方法。在个人身份对于投票、旅行和进入办公大楼如此重要的时代，我们没有理由缺少一种中央身份认证体制。这是一种最有效且最便捷的方法。

• 我们既需要保证投票的私密性，又要允许人们以方便的方式和在方便的时间进行投票。网络投票能够引发灾难性后果，因为别人可以对投票进行监视，且安全性也存在隐患。但我认为，自动取款机可以被改造成为适应人们个性化投票的安全投票终端，且投票时间应从周二投票改为周末投票。我不主张实行提前投票，尽管这已经发展成为一种普遍的趋势，因为提前投票意味着人们不会去关注整个大选过程，且会使得人们偏听偏信，只专注于聆听自己的观点，而大选最后数周往往是信息含量最为丰富的时间段。

• 取消所有的党团会议，并用美国统一的初选模式代替现有的候选人命名机制，由抽签决定初选在哪个州举行，以保证没有一个州会获得内在优势。党团会议是出席人数很低且不民主的一种方式，不应该出现在现代的民主制度中。2015 年关于希拉里团队控制民主党美国代表大会的争论或许加速了必须进行改革的需求，用取消超级代表来换取取消党团会议，这对左翼和中间派有利，而对美国人民来说则是利上加利。

• 无论是网上或者电视上播出的选举广告需要提交给国家级信息审查机构进行审查，且实行限制数量的审批流程，如同传统的电视广告在播出前要接受审批一样。

• 公平原则可能已经失去效用，但是完全摒弃公平原则且在公众领域又没有相似的观念——在广播电视中或者互联网上——并没有带来更好的效果。实际上，我们已经强烈地感受到摒弃公平原则已经招致了新闻分裂，强化了利用人们的政治观点去拉拢某一特定群体和派系的能力。我们虽无回头路可走，但是我们仍需解决已经出现的问题，或许重拾一些效能有限的公共利益规则将是一个开始。

进一步鼓励婚姻和生育

移民对于美国的家庭生活来说应该是一种补充，但是在这个有利于儿童成长的国家，移民不应成为替代生养孩子的手段。

随着我们的生活水平和受教育程度越来越高，越来越多的人选择不结婚（参见"不婚族"一章）以及尝试开放式婚姻。这对于那些有意而为的人来说是个不错的选择。但是每一个值得人们付出的国家和文化的传承需要对家庭和孩子采取欢迎的态度，以及让人们进行延绵不断的繁衍生息。

我的父母来自移民家庭，在这里我们由一个小家庭成长为一个中等规模的家族。我想 50 年前人们普遍认为美国的人口将会激增，以至中国和美国可能都必须实行独生子女政策。现在，中国结束了这一政策，美国则需要做更多的工作来鼓励全体美国人民组建家庭。而美国所付出的努力还不足以抗衡现代生活带给人们的对职业的追求、巨大成功的诱惑以及较少家庭生活的便捷。美国不仅需要增加税收减免力度，更要从文化层面上鼓励家庭生活。美国需要增加探亲假、病假以及产假和陪产假，并达到欧洲标准，因为无论眼前的代价如何，解决这一问题所带来的长期利益——对于一个日渐老龄化的国家来说——十分巨大。

将新经济推广至所有地区

尽管从 20 世纪 90 年代就开始发展新经济，然而美国并没有成功地将新经济推广至美国的各个地区，尤其是推广至中西部地区。这种未能成功建立起激励机制来分配新工作和随之而来的收入的做法在很大程度上加剧了科技／金融阶级和传统经济投票者之间的分化。

美国需要设立国家激励措施，包括为推广新经济工作的公司在企业所得税方面提供奖励。每个州应当按照与新经济或数字经济挂钩的就业百分比进行排位，对于那些在新经济或数字经济领域提供就业的公司要提供税收减免奖励。

这与纽约市在部分城区所采纳的方法类似："9·11"恐怖袭击事件之后，纽约市为在下曼哈顿地区创造就业的公司提供了大量的税收减免措施，而在中心城区创造就业的公司则无法享受这些优惠政策。这种方法应该推广至那些创造了不同科技含量的工作岗位的数字公司。从经济上讲，这可能并不是完美的措施，但是我们需要在美国范围内树立更高的统一目标，没有统一的目标是美国的人民、文化和政治造成分裂的最大问题所在。未来 10 年里科技将在经济增长中继续扮演核心角色，如果美国想再次成为统一的美利坚合众国，就需要让每一个州都依靠科技来取得发展。其他面临相同问题的国家也应该采纳这一政策——当然英国也包括在内。

现在做出改变为时不晚。

科技对于我们的繁荣增长和未来至关重要——科技的很多方面都在以非常积极的方式发展着。但是，科技、全球化、人口以及人们对过去10年生活的体验与个人态度相交织产生了一系列影响深远的变化。一方面，这种交织产生了新一代的私人服务提供者，满足了人们更多过去满足不了的需求。但是也产生了一些感觉自己被抛弃和受到不公正待遇的愤怒群体，他们既包括传统经济的投票者，也包括势力日渐兴起的移民群体。

这些实力相当但极具影响力的势力在支持沿海地区精英们治理国家的数年后开始发力，引发了政治领域的巨变。同时，一种新的生活方式被创造出来。人们的年轻时光和老年时光都得到了延长：年轻且无重大压力的岁月现在要长得多，退休时光也是如此。这两种变化推动了重大的文化变化，当你把这些变化与科技的快速发展联系起来时，就会看到它们能引发不稳定的巨大可能性。

这一切意味着美国需要认真思考科技发展中的变化、商业和营销的规则、政治体制的改革、政府资源的部署和税收、赤字和权力等典型领域以外的政策。

目前，我们从原子弹及其毁灭世界的能力中幸存下来。但更重要的问题是我们是否具备远见和决心从互联网时代能毁灭我们的能力中幸存下来。在陪同克林顿迎接新千年到来的仪式中，我的这种担忧受到了人们的嘲笑。差不多20年后的今天，我还是要提醒人们下一波小趋势将如何成为我们能经历的最后一波小趋势。但是，我认为我们现在幡然醒悟为时不晚，我们需要重新掌控由《小趋势²》释放出来的这些势力和逆势力。